作者：钱汶杰

素朴的管理之道

SUPU DE GUANLI ZHI DAO

钱汶杰 著

上海交通大学出版社
SHANGHAI JIAO TONG UNIVERSITY PRESS

内容提要

《道德经》是一本讲"道"的书，而"道"也被视为中国式管理的核心内容，尤其是《道德经》中以人为本的管理理念、无为而治的管理原则、人尽其才的人力资源管理策略、道法自然的管理艺术与方法、上善若水的管理智慧等。本书主要从宏观到微观，阐释了《道德经》这本伟大的著作中蕴含的管理总则及管理的目的与意义，从管理者素养角度论述领导者修身的方式与重要性，并进一步梳理了《道德经》中蕴含的管理思想、方式、伦理、策略，最后提出领导方式与管理创新，注重实践，与时俱进。本书所有阐释不是纯然理论的叠加或者学术阐释，而是以生动的事例来把复杂的深邃的管理智慧表述得通俗易懂。

图书在版编目(CIP)数据

素朴的管理之道 / 钱汶杰著. —上海 : 上海交通大学出版社, 2023.6

ISBN 978-7-313-28231-6

Ⅰ.①素… Ⅱ.①钱… Ⅲ.①《道德经》-应用-管理学 Ⅳ.①C93-02

中国版本图书馆CIP数据核字(2022)第257305号

素朴的管理之道

SUPU DE GUANLI ZHI DAO

著　　者：钱汶杰

出版发行：上海交通大学出版社　　地　　址：上海市番禺路951号

邮政编码：200030　　电　　话：021-64071208

印　　制：洛阳和众印刷有限公司　　经　　销：全国新华书店

开　　本：710mm×1010mm　1/16　　印　　张：16

字　　数：234千字　　彩　　页：1

版　　次：2023年6月第1版　　印　　次：2023年6月第1次印刷

书　　号：ISBN 978-7-313-28231-6

定　　价：59.00元

序　言

《素朴的管理之道——〈道德经〉中的管理智慧》一书于2023年初即将问世。这部著作几易其稿，终于完结。因为我本科是学习工商管理专业，研究生又学习传播管理专业，所以经常有朋友让我推荐一本非专业人士都能看得懂的管理学著作，还有朋友让我推荐一本通俗易懂的《道德经》解读著作。其实，我是比较犯难的。因为目前市面上的图书，就管理学方面而言，除了非常专业的管理学著作，就是管理学方面的畅销书，如《从优秀到卓越》《杜拉克管理思想全书》《市场营销管理》《定位》《沃伦·巴菲特之路》等，但是这类书西方学者研究的比较多，而且偏向学术价值。后来，我研究了《道德经》之后，惊讶地发现《道德经》其实就是一部管理学的著作，甚至可以纳入高校战略管理课程，尤其是MBA的战略课程。《道德经》里讲的最高的管理策略就是"无为而治"，最大的管理艺术就是"上善若水"，以及自然、虚静、恬淡、柔弱、人性假设等管理思想，这些对当代管理者很有启发，这些道本思想在21世纪的今天仍然很超前。

管理有法，但无定法，很多管理者总想要寻求一条管理的定法，即管理之道。这个"道"，其实就是《道德经》的理论基点。"道"可以是方法、规律、原则、理念、途径，但是这些都是"道"之用，而非"道"之体。"道"是看不见、摸不着的，但又是无所不在、无时不在的。如果要论管理之道，就是老子说的"上善若水。水善利万物而不争，处众人之所恶，故几于道"。老子提倡的管理之道就是"我无为而民自化，我好静而民自正，我无事而民自富，我无欲而民自朴"。最终的管理目标就是"无为而治"。作为一个好的管理者，需要"无为"，但不要妄为。满足被管理者的人性需求，管理需要强调“自然”，遵循自然规律，一个企业才能越做越大，越做越强。企业追求的是利润，利润如何才能最大化，靠的就是管理的效率；什么样的管理算作有效率，就是按照老子的管理思想来解决企业存在的问题。同时，一个企业的境界需是高的，“太上，下知有之。其次，亲而誉之。其次，畏之。其下，侮之”。意思就是高明的管理者治民，被管理者知道有他而已；次一些的管理者，被管理者亲近他、赞誉他；再次一些的管理者，被管理者畏惧他；最次的管理者，被管理者轻蔑他。优秀的管理者施道，悠闲自在，贵言。“是以圣人无为，故无败；无执，故无失。”“故物或行或随，或歔或吹，或强或羸，或挫或隳。是以圣人去甚，去奢，去泰。”因此，优秀的管理者不仅仅境界高，格局还大，他们不会妄为，所以不会失败；不会把持，所以不会被抛弃。每个管理者的禀性不一，有的前进有的后退，有的喜欢低调有的喜欢吹牛，有的表现刚强有的羸弱，有的追求稳妥有的喜欢冒险。因此，成为优秀的管理者一定要除去那种极端的、奢侈的或者过度的行为。

《道德经》分为两部分内容，一部分讲“道”，一部分讲“德”。管理学所研究的对象是人的管理活动，我们把《道德经》的管理之道应用于实践的时候，不可忽略的一点是“德”，“德”应该是一个管理者修为的核心。一个管理者如何修炼成为一个优秀的人？老子说：“圣人后其身而身先，外其身而身存。非以其无私邪？故能成其私。”管理者遇事谦让反而能领先于其他人，置身度外反而能保全自己。这都是因为大公无私，所以才能成就其自身。“贵以身为天下，若可寄天下；爱以身为天下，若可托天下。”管理者要有为管理而献身的精神，这样一个企业或者集体才能托付给他；不愿献身管理天下的人，你又怎么能够将天下托付给他呢？在管理学中，与其他一般管理者比较而言，“俗人昭昭，我独昏昏；俗人察察，我独闷闷……众人皆有以，而我独顽似鄙。我独异于人，而贵食母”。别的管理者看上去非常精明，我要昏沉懵懂；别的管理者都能自我主张且有作为，而我要坚持自己；我和别的管理者不同的地方，就是把保证能吃饭当作最大的事情。管理者始终要明白一个道理就是“大成若缺，其用不弊；大盈若冲，其用不穷。大直若屈，大巧若拙，大辩若讷”。用今天的话来说就是，最完满的东西看起来是残缺的，但它的作用永远都不会衰竭；最充盈的东西看起来是空虚的，但它的作用永远都不会穷尽。最正直的东西看起来是弯曲的，最灵巧的东西看起来是最笨拙的，最善于说话的看起来像不善言辞的。管理者的“德”就是强调作为一个优秀的管理者要有社会责任。其实商业伦理和社会责任并不矛盾，一个好的企业能够整合到方方面面的资源，就是靠企业的信誉，靠的是企业建构的文化，靠的是企业承担的责任。清代商人胡雪岩曾说：“如果你有一乡的眼光，你可以做一乡的生意；如果你有一县的眼光，你可以做一县的生意；如果你有天下的眼光，你可能做天下的生意。”这就是对老子“道大，天大，地大，人亦大”最好的注脚。

本书是讲《道德经》素朴的管理之道，是以“素朴”的视角来研读老子的管理思想，这也符合老子一再讲求的“天下之道至纯至简”的思想，正如庄子在《庄子·天道》中所述：“静而圣，动而王，无为也而尊，朴素而天下莫能与之争美。”清静而能成为圣人，行动而能成为王，无为才能够取得尊贵的地位，保持素朴的天性，天下就没有什么东西可以媲美了。“素朴”管理的三个维度就是“简易”“不易”“变易”，相信您读完本书，会有所感悟。

是为序。

钱汶杰

2022 年 2 月于珠海香洲区

目　录

第一章　《道德经》的管理总则

本章重点论述《道德经》管理之道的总则，实际上就是形而上学之道的一种存在，是老子管理之道发生、存在和发展的规律总结。管理开始于一群人为了实现共同的目标和解决集体问题而形成的体制，这是管理的本源。但是正如老子所言，可以表述的道都不是永恒的道，管理之道也是这样。管理之道是一个无形无象的实体，看不见摸不着，但是要按照它的轨迹运行。本章概述了运用“功成弗居”的管理方法去调节各种管理行为，使得管理主体对管理客体发生作用。老子强调“用身教重于言教”的方法来做好管理，更不赞成用行政方法干预，还重点论述了“使民不争”“和光同尘”的组织文化，是一个组织价值观的体现，是一个组织的处事方式。老子还提出“不如守中”的管理者要求。一个优秀的管理者除了自己要储备扎实的专业知识、拥有丰富的经验和高超技艺，最主要的是对员工的管理不要用政策限制太多，有的老板甚至出台很多政策，束缚员工，这是不可取的。管理的核心是人，但是管理的目的是要讲究效率，追求社会效益和经济效益。如何能达到效益最大化，就要守中，最后达到“天长地久”的管理目标。

一、天地之始

老子的《道德经》包括两个部分的内容，一个部分是道经，就是前面 37 章，另一个部分是德经，就是第 38 章到第 81 章，如果把“道经”这个部分的内容放在前面就是“道德经”，如果把“道经”的内容放在后面就是“德道经”，也有这个称呼。无论是“道德经”也好，还是“德道经”也罢，这部书最核心的就是讲“道”。

我们先说说什么是“道”。从金文的“道”来看，右半边，最上面画的是一缕头发，头发下面画的是一个鼻子，头发加鼻子就代替了一个人，下面画的是一个脚印，右半边的意思表示这个人在走路。左半边，画的是一条十字路的一半，按照字面的意思就是一个人沿着笔直的大道走路。今天来看“道”是一个形声字，从辵（chuò），从首，首也是声。辵，就是忽走忽停的意思。《说文解字》中说：“道，所行道也。从辵，从首。”这个“道”的含义就是人走路。走什么路呢？走笔直的大路，就是走正道，不走歪门邪道。“道”的含义按照《故训汇纂》这部书中的说法有 307 种含义，比如“道路”“言说”“道理”“道义”“理法”“阴阳”等，在此就不赘述了。《道德经》一共五千字左右，其中写到“道”的地方就有 73 处，可见老子对“道”的看重。

关于“道”，如果用今天的一个流行词表示，就相当于“系”，比如当下有佛系、道系、儒系、法系，等等。佛系就是什么都行，什么都可以，什么都没关系；儒系就是有些迟疑，让人稍等一下，对人总是说抱歉，总是说对不起；法系就是来得比较干脆，把人拒之门外，不见，免谈，按规矩办；道系有那么点老子的意思，就是闭嘴不谈，要么独来独往。人和人是不一样的，所持的“道”也不一样，为人处世的风格就不一样。但是这些“道”都不是老子所讲的“道”，老子的“道”究竟是什么呢？我们先来看第一章第一句：

“道可道，非常道”。

对于这句话的理解有三个层次，这三个层次主要是从断句来看的，低层次的人断句是“道可/道，非常/道”，意思是说“道”是特别的，异乎寻常的。中间层次的人断句是“道可/道非/常道”，这样理解的人，“道可”，道理是可以讲出来的，从表面上来看是好懂的；“道非”，但是道理又是抽象的，空洞的，没有事实根据的，因此，不容易被人接受；“常道”，就是人们理解一个大道理都是要从正反两方面去反复思考，肯定、怀疑、否定、再肯定，这符合道的特性，就是常道，一阴一阳谓之道。道理，仁者见仁智者见智。高层次的人断句是“道/可道，非/常道”，这是最接近老子思想的。

这句话有两个“道”，第一个“道”就是构成宇宙的实体，是老子所指的“道”，是抽象的，无形的。在西方人的眼里就是“上帝”。“上帝”是西方人想象的一个存在，谁也没有见过上帝，但是都认为它是存在的，这就是抽象的存在。大道无形，看不见，摸不着，但是客观存在。第二个“道”是表达或者描述的意思，“常”是恒久不变的意思，为什么不用“恒”这个字呢？在长沙马王堆出土的汉代帛书《老子》把“恒”改为了“常”。《道德经》分为帛书本或者帛书甲本、乙本，帛书《道德经》为了避讳汉文帝刘恒的名字，所以把“恒”改为了“常”。因此，今天我们看到的是“非常道”，断句应该是“非/常道”，“常道”也就是恒久不变的道，恒久不变的道就是真理。春秋时齐国有个制造车轮的高手叫轮扁，有一天，齐桓公坐在那里一本正经地看圣人的书，轮扁在旁边说，你看的都是糟粕的东西，齐桓公就很生气，这不是纯粹在捣乱吗？你一个工人在旁边絮絮叨叨，而且说的话不着边际，齐桓公就对他说，你说出充分的理由我就不杀你。轮扁就说，我在制造车轮的时候，速度必须是不快不慢才能把车轮削得很好，但是什么速度算快，什么速度算慢，这个只有我自己心里知道。我现在已经七十多岁了，我想把我的手艺传给我儿子，可是我没有办法把心里知道的传给他，也就是只可意会，不可言传，我担心有一天我的手艺会失传了。大王，您今天只是读的圣人的文字，但是您不知道圣人内心想的什么，那又有什么用呢？齐桓公听了以后，觉得有道理，就没有处置这个木匠。这就是“道可道，非常道”，能够用言语表达出来的道，就不是恒久不变的道。

“名可名，非常名”。

这句话中第一个“名”就是抽象的“名”，也是无形无象的，第二个“名”是称谓的意思。“常名”就是“恒名”。“名”对应的字就是“实”，关于“名”与“实”的论争，从古至今，一直存在。历史上最有名的就是“白马非马”论。战国时公孙龙牵着马走到关口，按照条文规定是“不允许牵着马进入关内”，而公孙龙辩称说“白马不是马”，你没有说白马不让进，最终把这个看门士兵的说得哑口无言，他大摇大摆地进了关。“名”与“道”一样，一旦用语言表达出来，就不是恒久不变的。

为什么“道”不能命名呢？因为道很大，大到无边无际，但是“道”是存在的，无处不在，而且是无形的，如果你给它命名了，那你就是能够看得见它，知道它的边际了，因为“道”不仅没有办法命名，而且不能命名。这个“道”有点类似于师父所说的“法”，有一天一个徒弟问师父什么是法。师父正坐在一棵树下，手里拿着带有叶子的树枝，就问徒弟说：“此枝叶多，还是树上的叶多？”徒弟说：“当然树上的叶多。”师父就说：“什么是法？我所知法如树上叶，我所说法如手中叶。”什么意思？就是师父告诉你的法，就如掌中叶，掌中叶子怎么了？死了。而师父所知道的法，就是他心里藏着的法，就如树上的叶那样鲜活，那样有生机，因此，你要想知道什么是法，最好自己悟，别人告诉你的都是死的，只有自己悟出来的才是鲜活的。“道”也是这样，因此，很多人看到老子就问他什么是“道”，老子从来都是闭口不言。老子的“道”是世界的本原，这个概念是个终极概念，既无限大，又无限小。不可言说，只可内心感悟。经常有人说：“你知不知道？”我们只能淡然地说一声：“不知道。”“道”也好，“名”也好，老子说的“道”只是老子本人专属的，你自己悟得的“道”才能成为自己的“道”。

当下的“道”有各种各样，为人处世有道，管理企业有道，治理国家有道，从政有道，求学有道，经商有道，就是夫妻之间也有道。每个人的理解不同，每个人的经历迥异，对“道”的理解不一样，不可一概而论。因此，你永远得不到老子的“道”，你得到的只能是你自己的“道”而已。

我们要领悟“道”的真谛，把握好人生方向。有位樵夫天性很愚笨，有一天他到山上去砍柴，竟然发现了他从来没有见过的一种动物，他问那个动物说：“你叫什么？我可从来没有见过你。”那个动物回答道：“告诉你吧，认识我的人都叫我‘领悟’。”樵夫激动起来，就动了歪心思，心想：我这个人就是一根筋，缺少“领悟”，我要是把它捉回去的话，我不就能够领悟了？他心里刚刚盘算完，

"领悟"就开口说了："你现在准备捉我回去，是吗?"樵夫吓了一大跳，心里想：太厉害了，都能看穿我的心事了，我假装不在意，趁它不注意的时候捉住它。这时"领悟"又说了："你又想坏主意了，想趁我不注意的时候捉住我，对吗?"樵夫十分害怕地想：这个动物每次都能看穿我的心事。"领悟"最后说了："我看穿了你的心事，你现在有些害怕了。"于是，樵夫在心中暗自责怪自己：我内心所想的，"领悟"都知道，我到这里来的目的是砍柴，我不能有其他的欲望。想到这里，樵夫拿起斧头只顾砍柴了，但是一不小心，斧头掉下来，竟然意外地压住了"领悟"，樵夫很轻易地得到了"领悟"。

老子的"道"强调的就是顺其自然。歌德曾经说过："生活就像一面镜子，你怎样对待它，它就会用同样的方式对待你。"人或者事都是这样的，当你越想得到的时候，你越是得不到。为什么呢?正如寓言故事里的樵夫一样，你越想得到，你的心态就越不能放正，考虑事情就不周全，漏洞百出。"领悟"为什么那么高明，能看穿人的心思？因为旁观者清，它看出了你的纰漏，因此，结果就会适得其反。这很符合墨菲定律，就是"任何事都没有表面看起来那么简单；所有的事都会比你预计的时间长；会出错的事总会出错；如果你担心某种情况发生，那么它就更有可能发生"。①

我们要学会用"道"去行事，就是按照自然的准则去办事，你就会得心应手。

我们接着看老子的表述：

无名天地之始，有名万物之母。故，常无欲，以观其妙；常有，以观其徼（jiào）。此两者同出而异名，同谓之玄，玄之又玄，众妙之门。

这段文字里老子提出了两个重要的概念："有"和"无"。无，是天地的开始；有，是万物的根源。天地的开始、万物的根源是什么？就是老子的"道"。接着有两个字要弄清楚，第一个是"妙"，

①(美) 阿瑟·布洛赫：《墨菲定律》，山西人民出版社，2012年版，第4页。

"妙"这个字很有意思，是由"少女"两个字构成的，少女与妙有什么关系？少女往往与哪些词语连在一起呢？常与"冰清玉洁""纯真"等联系在一起，"故常无欲，以观其妙"，所以，常从"无"中去观察天地的妙，从"无"中去观察到少女的什么，主要本真的东西，除了本真的东西，少女也在一天天地长大成人，这个过程是复杂多变的，"玄之又玄，众妙之门"。实际上，作为一个女人，你的天真无邪随着年龄的变化也会发生变化，"变"是核心。

第二个字就是"徼（jiào）"，这个字通"窍"，踪迹或者边界的意思。有和无，"此两者同出而异名"，只不过是同一来源的两个不同称呼罢了。"有无相生"，这是老子的一个重要命题，无中生有，有中生无，"有"和"无"是同一个概念的两个方面。"有"与"无"是万事万物变化的总门。"玄"是黑色的丝结，后来就是指黑色，这里是"有""无"的合体，就是"道"，要研究产生万事万物的"道"，就要研究它的"妙"，也就是它的本来面目，从而发现它的玄机。

"欲以观其妙"，这句话中还有一个"欲"字，要从"欲"这个角度去研究，去观察，是不是"妙"，也就是说要看你是"有欲"还是"无欲"，如果你是"无欲"，那就是少女之心，赤子之心，平常之心。"欲以观其徼"，就是从欲望的角度去看事物的本质或者端倪，这是理解万事万物的一把万能钥匙。春秋时吴国的君子季札有一把宝剑，他路过徐国的时候，去看望老朋友徐君，徐君看到了季札的宝剑非常喜欢，但又不好意思开口索要，季札看出了徐君的心思，就说，等我把事情办完回来后就送给你。当季札办完事再去见徐君的时候，徐君已经去世了，季札非常难过，来到徐君墓前，把宝剑挂在了树上，然后转身离去。漫画家朱德庸说过一句话："人的欲望就如同牙膏一样，当它被挤出来后，就很难再挤回去。"

其实，这一章老子真正告诉我们什么是"道"。首先说道是"无"，"无"当然不是没有，而是凭你的肉眼看不到；其次说道是"始"，是万事万物的源头所在，有了它，才有了我们的大千世界，但是它又不可描述。最后说道是"常"，什么是"常"？永恒不变的东西。永恒不变东西是什么？就是真理，它的存在不以人的意志为转移。经常有人会问："你知道不知道？"我们有时候总是把"道"字挂在嘴上，其实我们对"道"是一无所知的。不知道自己不知道，是愚笨的；知道自己不知道，是谦卑的；知道自己知道，是自以为是的；不知道自己知道，才是聪明的。只有领悟了"道"，即使你不出门，也可以知道天下发生的事情。

"玄之又玄。"我们来看这句话当中的"玄"这个字，这个字在《道德经》中出现过12次之多，如"同谓之玄""玄牝""玄牝之门""玄览""玄德""玄同"等。"玄"，《说文解字》中说："玄，幽远也。黑而有赤色者为玄。象幽而入覆之也。"玄象，就是指天象。古人喜欢观天象，看到很远很远的地方，什么也看不见，黑洞洞的，所以把黑色与玄联系起来了。而《释名》中对"玄"的解释又是另外的看法，不过最终也归为黑色。《释名》中是这样说的："玄，县（悬）也。县之意为虚，故引申为玄妙。空虚之处，色黯然而幽，故引申为黝黑。"这个"县"怎么写的呢？其实"县"与"悬"是通假字，悬着的东西，就是虚的，空虚的地方比较深邃悠远，看起来也是黑的。我认为"玄之又玄"和哲学里说的否定之否定是一样的意思。黑格尔在《逻辑学》中阐述了辩证法的三大规律，就是对立统一规律、质量互变规律、否定之否定规律。物质会经过一个肯定、否定、否定之否定的过程，否定之否定后的物质是它自身但是实际上又不是它自身。举个例子来说，大家都见过收割上来的稻穗，你把稻穗扯下来的籽如果拿去播种就叫种子，长出来的小的禾苗叫秧苗，再大一点就是稻叶，成熟了的叫稻穗，收割后你又把稻穗扯下来一些籽。但是这个时候的籽就与播种前的籽不一样，但又是它自身。这就是"玄之又玄"。

"玄"类似于今天所说的"黑洞"。"黑洞"是宇宙空间中存在的一种天体。很多人望文生义地将其想象成一个大黑窟窿，其实不然。黑洞的引力极其强大，能量极其大，它的质量是太阳质量的100多亿倍，这就意味着黑洞能够在自己的引力场中吸纳上千个太阳系，而且"黑洞是时空曲率大到光都无法从其事件视界逃脱的天体”。也就是说它能够把光全都吸进去。有没有比黑洞更厉害的呢？如果有，那只能是老子的“道”。

我们如何能达到“道”那样的能量？通过修行。我国汶川地震时，有一位母亲在房屋倒塌的瞬间用身体支撑塌下来的房子，保护了自己的孩子。当救援人员发现时，孩子毫发无损，而他的母亲却早已停止了呼吸。救援人员在婴儿的被子里发现了母亲的手机，屏幕上有条编辑好的短信：“亲爱的宝贝，如果你能活着，一定要记住：我爱你。”一个柔弱的母亲到了关键的时候，她的力量是无穷无尽的。如何能够达到“道”的能量，一个母亲用自己的行动说明了一切。我们总以为“道”离我们很远，其实“道”就在我们身边。我们并不会将企业等组织视为一个机器，而是需要用人文精神来组建运转。我们通过学习《道德经》来领悟“道”的精神，在现实社会践行“道”的原则，可以帮助我们参透管理的核心，实现组织目标。

二、美之为美

天下皆知美之为美，斯恶已；皆知善之为善，斯不善已。故有无相生，难易相成，长短相较，高下相倾，音声相和，前后相随。

万事万物都包含两个方面，“美”与“丑”，“善”与“恶”。“美”，从甲骨文看，是一个人头上戴着漂亮的装饰品站立着，这就是“美”，是漂亮的。许慎《说文解字》中认为“美”是个会意字，从羊，从大。段玉裁注说：“羊大则肥美。”因此，很多人喜欢把“美”拆成“羊”与“大”，也就是“羊大为美”。其实，“大”字的上面并不是羊头，而是羽毛一类的头饰。古代人头顶上插几根羽毛，表示美丽的意思。其实古代人头顶插羽毛还有另外的意思，比如打仗的时候，一方的士兵会插一根羽毛，它的作用是比较大的，因为双方厮杀的时候，杀得天昏地暗，已经不能分清谁是谁一方，这个时候就凭头顶上插的一根羽毛来辨认，并且插一根羽毛，还可以辨别风向。大家都喜欢美，没有哪一个人喜欢丑，但是你不喜欢丑，我们就把这个世界上的丑全部消灭掉，剩下的全是美吗？不是，你为什么认为它是美的，因为你看到丑，所以美与丑是相对而存在的，没有了丑的存在，也就没有了美存在的意义。这就是“天下皆知美之为美，斯恶已”，天下的人都知道美之所以为美，丑的观念也就出来了。“善”与“恶”也一样，“皆知善之为善，斯不善已”。都知道善之所以为善，恶的观念也就产生了。

老子提出了美学领域里的两个重要命题“美丑”“善恶”。“美丑”“善恶”是一对矛盾对立的两个方面，不仅仅对立，同时在一定的条件下是可以相互转化的。“美丑”“善恶”怎样转化？张爱玲有一句名言：“生命是一袭华美的袍，爬满了虱子。”

接着老子一连串提出几个对立双方，如“有无”“难易”“长短”“高下”“音声”“前后”等。这些对立的双方，人们不能偏爱哪一个方面，否则就会转化到另一个方面。

“有”和“无”相对而生，没有“有”，就没有“无”。困难和容易也是相互的，比如对于一件事而言，在你看来是很难办到的，但是对于别人而言是简单的。长和短也是一样，在你这里，这个东西是长的，但是还有更长的，相对于别人而言，你成了短的了。高和下互相对立才有分别，音和声相互对立才显得和谐悦耳，前与后也是这样，你以为你站得很靠前，可是你的前面还有人，你相对于其他人又算靠后的了，永远都如此。印度的《五卷书》中写道：时代分为两天：这一天是安全，另一天却充满恐怖。生活有两面：这一面是幸福，那一面却是痛苦。中国有很多的俗语，比如说“兔子不吃窝边草”，可又说“近水楼台先得月”。“兔子不吃窝边草”出自高阳《胡雪岩全传·平步青云》，原来的意思是与自己的邻居要好好相处，不能在自己家门口干坏事，后来口口相传变成了男女交往中不要对身边的人下手。“近水楼台先得月”出自苏麟自荐诗中，下句是“向阳花木易为春”，谁离得近谁先得到。其他还有说“宰相肚里能撑船”，又说“有仇不报非君子”；说“车到山前必有路”，又说“不撞南墙不回头”；说“瘦死的骆驼比马大”，又说“拔了毛的凤凰不如鸡”；说“苦海无边回头是岸”，又说“开弓没有回头箭”；说“嫁鸡随鸡嫁狗随狗”，又说“男怕选错行女怕嫁错郎”，等等。这些看似矛盾，实则辩证统一。从这当中我们得到的启示是：过去的事情，就让它过去，永远不要回顾；未来的，等来了以后再说，不要空想。现实中很多事情让我们矛盾并痛苦着，就像路遥《人生》中写的：“她真诚地爱高加林，但她也真诚地不情愿高加林是个农民。”

我们接着看老子的表述：

是以圣人处无为之事，行不言之教，万物作焉而不辞，生而不有，为而不恃，功成而弗居。夫唯弗居，是以不去。

什么是圣人？“圣”，如果写成繁体字，就能看出它的意思，上左边是“耳”，表示能够听得进道，明事理；上右边有“口”，表示宣扬道义教化大众；下边是“王”，也就是说一个人做到有耳有口，才是成为王的条件。什么是“王”？施行仁德的人。《说文解字》中说：“圣者，通也。”也就是说，圣人是一个通才。通才，用今天话说，不仅仅是什么都懂，关键是德才兼备。《资治通鉴》中说“才德全尽谓之圣人”。圣人都是有道之人，有道的人用“无为”的法则来处理世事，用“不言”的方式来施行教化，让万物兴起而不加倡导。

什么是“无为”的法则？不是什么事都不做，而是做什么或者不做什么都不主观刻意。老子刚开始提出“无为”概念，主要针对的是君王等统治者“有为”。什么是君王的有为，就是攻城略地，颁布若干法令，最终导致老百姓怨声载道。老子提出无为，就是不要恣意妄为。对普通人来说就是无欲而行，顺应自然，不乱折腾。

“不言”的方式就是值得我们今天大力提倡的教育理念，对学生的教育要潜移默化或者春风化雨。

万事万物，应顺其自然。姜太公钓鱼这个故事，想必大家都熟悉，商纣王无恶不作，周文王决心推翻商纣王的统治。太公姜子牙是炎帝的后代，受师父之命帮助文王。但是姜子牙要考验一下周文王。一天，周文王在打猎的路上看见有一个老人在河边钓鱼，这个老人就是姜子牙，周文王觉得这个钓鱼的老人很奇怪，用来钓鱼的钩是直的，而不是弯的，也不用鱼饵，而且鱼钩离水面有几米高，嘴里还在念叨：“鱼儿快上钩啊，快上钩。”周文王很纳闷，就好奇地与老人攀谈起来，结果发现这个老人是个人才，首先分析当时的时事政治，然后滔滔不绝地讲了如何为政、如何强国之类。周文王听得如痴如醉，于是恳请姜子牙帮助他治理国家。尽管姜子牙当时已经七八十岁了，后来顺利地被列为国师，不久又被封为国相。最终姜子牙帮助周文王和他的儿子推翻了商纣王统治，建立了周朝。这就是歇后语“姜太公钓鱼——愿者上钩”的来历。只要你有才能，早晚都会发光的。这就应了下面这句话，唐代名将郭震在《古剑篇》中说：“虽复尘埋无所用，犹能夜夜气冲天。”虽然被泥土掩埋不能发挥作用，但其赫赫剑气形成的不凡光焰仍然夜夜照亮夜空。

另外圣人“生而不有，为而不恃，功成而弗居”。字面的意思是生养万物但是不据为已有，抚育万物但是不自恃己能，立下了功劳而不自我夸耀。“夫唯弗居，是以不去。”正因为他不居功，所以他的功勋就不会失去。

怎么叫会过日子？日子无论是荣耀还是耻辱，得到还是失去，成功还是失败，富有还是贫穷，幸福还是痛苦，我们都是一天天地过。我们在人生旅途中经历许许多多的人和事情，我们都要摆正心态，昨天只是今天的回忆，明天只不过是今天的梦想，唯有今天才是当下的现实。我们应该忘记昨天的一切，哪怕你的功劳再大，一定要活在当下。

范蠡从小就失去父母亲，同兄嫂一起过着贫困的生活。他博学，但是怀才不遇，行为怪异，被人视为疯子。范蠡的怪异行为引起了文种的注意，他认为范蠡是贤能之人，而贤能之人，必有佯狂之讥，就是说具有独特本领的人才往往会被别人讥笑，其实是因为普通人往往参不透贤能之人的内心。文种决定亲自拜访，范蠡知道文种来了，反而躲起来不见，文种多次前去，最后才见到了范蠡。范蠡也是考察一下文种是否诚心诚意，后来料定文种一定还会再来，就对自己的嫂子说：“今天有重要客人要来，帮我借件新衣服穿一下。”他嫂子借衣服回来后范蠡刚穿上，文种就又来了，两人一见如故，志同道合。范蠡在帮助越王勾践成功以后，竟然离开了越国。他在齐国给文种写信说："蜚鸟尽，良弓藏；狡兔死，走狗烹。越王为人长颈鸟喙，可与共患难，不可与共乐。子何不去?"这段文字中，蜚，同"飞"，字面的意思是：飞鸟都射杀尽了，好的弓箭就收藏起来。狡猾的兔子都捕了，猎狗就会要被煮掉。越王这个人只能共患难，不能同享乐。你为什么不离开呢？文种在收到信以后便称病不上朝，但最终还是被赐死了。成语"鸟尽弓藏"就是这么来的，范蠡"功成而弗居"，逃过一劫。

今天，在职场上，有的人确实很有能力，取得的业绩也比较多，就开始膨胀，在领导面前太把自己当一回事，甚至有的人对领导还指手画脚，像这种人，领导绝对不会重用。领导不喜欢阿谀奉承、出风头和过于自负的人。

大家记住：你有功，不要自以为有功；你有名，不要自以为有名；你有德，不要自以为有德。你的功劳要让人感觉到都是天下人的，与自己毫无关系；你虽然声名远播，但是不要沾沾自喜；你的德威，是大家给予的。清代文映江写了一首《咏针》，警告一类人："百炼千锤一根针，一颠一倒布上行。眼睛长在屁股上，只认衣冠不认人。"

如何能做到"功成而弗居"呢？六祖惠能有一句话：菩提本无树，明镜亦非台。本来无一物，何处惹尘埃。怎么理解？从字面上理解：菩提树是空的，明镜台也是空的，身与心都是空的，本来无一物的空，又怎么可能惹到尘埃呢？你的心上有尘，你使劲用力地去擦拭，尘是永远擦不掉的。有的人说，既然心上尘擦拭不掉，我就把心掏出来，那也不行，因为尘本非尘。尘就是妄念，生活中的一切不好的东西产生都是因为人的妄念在作怪。我们应该内心少一些尘埃，活得更自由自在一些。

人在任何类型的组织中都处于重要的地位，领导者以"无为"的方式管理人员，在潜移默化中就可以培养员工的价值观。同样，身为组织中的一员，做到不卑不亢，洒脱自如，无论走到哪里都可如鱼得水。

三、使民不争

不尚贤，使民不争；不贵难得之货，使民不为盗；不见可欲，使民心不乱。是以圣人之治，虚其心，实其腹；弱其志，强其骨。常使民无知无欲，使夫智者不敢为也。为无为，则无不治。

老子说“不尚贤，使民不争”，意思就是说如果社会上不推崇贤能之人，人人都不会争夺名位这个东西。一切功名利禄，都是浮云。可能有的人读到这里，认为你既然说什么名什么利都没有用，都不要了，是不是大家只要像叫花子吃豆腐一样一穷二白就可以了呢？不是，大家看这句话的时候不要忘了一个词：“争。”你是贤能之人，你有才干，得到名无可厚非，但是如果你是个庸才，整天打击异己，抬高自己，争取名位，这是老子所嗤之以鼻的。但是当你看到别人戴着名表，穿着名牌衣服，住着别墅，开着豪车，过得如此的风光的时候，有的人心里就不平衡了，就会不择手段去争，这就不对了，有人说这是一种社会病态。对于这些，有人说，人生有三种苦，哪三种苦呢，得不到而痛苦，但是得到了，发现不过如此，也痛苦，然后就放弃了，后来发现，这个还是重要的，又觉得痛苦。或者得不到，或者得到了，或者放弃，都痛苦，还不如把这些得失看淡一些，保持一颗平常心。就像林清玄在《人生最美是清欢》中所说：“如果你要享受清欢，唯一的方法是守住自己小小的天地，洗涤自己的心灵，放下执念，不浮不躁，不慌不忙，以清净心看世界，以欢喜心过生活，以平常心生情味，以柔软心除挂碍，淡定从容地过好每一天。”

老子说：“不贵难得之货，使民不为盗；不见可欲，使民心不乱。”不把奇珍异宝看得很重，就没有人会去做盗贼，眼不见心不烦，不要为外物所累，做鸡鸣狗盗之事，你有宝物也不要到处炫耀，让人产生邪恶的念头，杀人越货。就像唐朝诗人王昌龄所写的诗句：“洛阳亲友如相问，一片冰心在玉壶。”到了洛阳这个地方，如果有亲友向你打听我的情况，就转告他们我没有受到任何功名利禄的玷污，我的心依旧像玉壶里的冰一样纯洁无瑕。

作为管理者，要根据人性的弱点来实施自己的管理战略。我们知道清明寒食节就是有关晋文公和介子推的。晋文公当时流亡，流亡期间一直过着食不果腹、衣不蔽体的生活。有一次，晋文公饿晕过去了，介子推看到以后，就从自己的腿上割了一块肉煮成汤给他吃，晋文公吃了以后，才知道原来是介子推腿上的肉，晋文公大为感动。后来晋文公归国为君侯，分封群臣时却忘了介子推，介子推不愿争什么功，就携着老母亲在绵山隐居。后来晋文公亲自到绵山邀请介子推，介子推就躲到山里，从此不再与世人见面。晋文公派手下放火烧山，逼迫介子推出来，但是山烧了个精光，也没有看见介子推。晋文公就派人去巡山，结果发现介子推抱着母亲被烧死在一棵大柳树之下。晋文公非常内疚，下令介子推死难之日不允许生火做饭，所有人只能吃冷食，因此称为寒食节。第二年晋文公率众臣登山去祭奠，发现那棵老柳树死而复活，因此赐老柳树为“清明柳”，还把寒食节后面的一天定为清明节。

我们重点不是说寒食节，而是说晋文公能够笼络人心，让介子推如此心疼他，做到“使民无知无欲”。晋文公为什么最终能够成为霸主？晋文公一回国，就训练百姓，过了两年，就想使用他们。子犯说：“百姓还不知道义，还没能各安其位。”晋文公回国以后致力于教民，教化百姓，让他们安于他们的生活。后来征用他们，训练作战，大臣子犯就说：“百姓不仅不知道信用，也不知道信用的作用。”为了让百姓看到信用，百姓做买卖不追求暴利，都明码标价。晋文公说：“现在可以用百姓了吗？”子犯说：“百姓虽然知信守义，但是还不懂得礼，没有养成谦让风范。”因此晋文公下令举行盛大阅兵，依照军礼执行，让百姓看到礼，建立严格的等级官职规定。最后等到百姓看到一些事情就能明辨是非了，然后才使用他们。最后伐曹国，攻打卫国，大败楚国，称霸诸侯，这都是晋文公教化的结果。

“是以圣人之治，虚其心，实其腹；弱其志，强其骨。常使民无知无欲，使夫智者不敢为也。”因此，圣人治理天下，是要净化老百姓的心灵，满足老百姓的温饱；减弱老百姓争名夺利的不好的心志，强壮老百姓的筋骨。通过这几个方面把老百姓伺候得好好的，心理正常，生理健康，精神丰富，衣食无忧，这样老百姓就没有伪诈的心理，也没有争名夺利的想法，就达到了教化的目的，民风淳朴，人心善良，天下安定。正如《荀子·乐论》所说："君子耳不听淫声，目不视邪色，口不出恶言。"君子耳朵不听淫荡的音乐，眼睛不注意看女子的美貌，嘴巴不说出恶毒的语言，把社会所有有欲望之人全部脱胎换骨，俯首听命。这样那些聪明之人便不敢肆意妄为。最后就达到"为无为，则无不治"这种效果，用无为的方式方法去处理政事，没有治理不成功的。

商代的纣王是如何一步一步走向堕落的，其实就是从一双筷子开始的。据说，纣王开始为王的时候，也很勤俭节约，小心谨慎，但是有一天人送给他了一双做工精美的象牙筷子，纣王爱不释手，每餐必用，逢人便拿出这精美象牙筷子叫人欣赏。有一些阿谀奉承的人就说这双精美的筷子应该配上美玉的餐具，一些人就开始为他打造玉制的餐具，纣王自然很高兴，重赏这些进献玉具的人。过了一段时间，又有人说你的筷子是象牙的，餐具是玉的，而你吃的是粗茶淡饭，这也不配啊，所以纣王开始让人搜罗天下美食，奇珍异兽、山珍海味都成了纣王的美食。有了这些以后，过了一段时间，有人又说你吃这么好，你看看穿的什么啊，粗布麻衣，这不配啊，纣王就开始让人做各种华贵的衣服。吃得好，穿得好，有人又说你还要住得好才配啊，所以纣王又开始修造宫殿，雕栏玉柱，亭台楼阁，轩榭廊舫。好，他就这样一步一步堕落到奢侈生活的深渊里了。纣王享受的一切从哪里来，必然是掠夺老百姓，老百姓财匮力尽，民不聊生。而纣王整天饮酒作乐，众叛亲离，最终玩火自焚。

宋朝赵汝鐩写了一首诗歌《送聪上人归四明》："办得四方游，孜孜讨入头。归云起斋钵，高浪送行舟。笠戴天童雨，鞋穿雪窦秋。平常心是道，莫更问人休。"平常心就是道心，烦恼心就是凡夫心，道在平常生活中，挑水砍柴，无非妙道，坐行住卧，皆在道场。

管理的目的是提升效率，学会恰当地利用人性可以使组织发展得生机勃勃。领导者鼓励员工在实践中不断提升自我，锻炼能力并不是要比得过别人，而是引导员工提高工作热情，保持兴趣。在这里我们仍然需要强调，“不争”不是要管理者教导员工凡事不参与行动，不发表意见，完全“躺平”。而是告诉员工不陷于与他人的比较之中，应专注于个人与组织为一体的发展，这样才能让员工保持忠诚。

四、和光同尘

道冲而用之或不盈，渊兮似万物之宗。挫其锐，解其纷，和其光，同其尘。湛兮似或存，吾不知谁之子，象帝之先。

“冲”，就是虚空而不满的意思。“盈”是满的意思，但是这句话中是“尽”的意思。“道冲而用之或不盈，渊兮似万物之宗。”大道是空虚无形的，似无实有，但它的功能是无穷无尽的，大道，取之不尽，用之不竭。它深不可测，如同宇宙的黑洞，但是万物有源，万法归宗，是世间万物的宗主。

“挫其锐，解其纷，和其光，同其尘。湛兮似或存。”它锋芒隐匿起来了，把世间的纷乱也化解了，存蓄着光耀，与尘埃混同。意思很明白，人如何存在于世？清朝乾隆年间郑板桥传世的名言就是四个字：难得糊涂。也就是说，人在该装糊涂的时候就得糊涂。乾隆十六年（1751），郑板桥受莒（jǔ）州知州之邀去莒州游玩，行走到莒北綦（qí）山西山旺的时候，受到当地王员外的热情款待。王员外久闻郑板桥大名，非常想得到郑板桥的墨宝，就请郑板桥吃当地最有名的糊涂菜。什么是糊涂菜？就是先用面浆把鸡、鱼、肉等包裹起来，然后小火慢慢油炸，炸至表面金黄。郑板桥品尝以后，觉得色、香、味俱全，赞不绝口，问王员外菜名，王员外就说：这是我们当地的糊涂菜。王员外见郑板桥喜欢，赶紧叫人拿来墨宝，让郑板桥题字，郑板桥欣然提笔写下四个大字：难得糊涂。“难得糊涂”由此传遍大江南北。据《广陵奇才：郑板桥传》中说：郑板桥总结了他的一生“一生碌碌，半世萧萧，人生难道就是如此？争名夺利，争胜好强，到头来又如何呢？看来还是糊涂一些好，万事都作糊涂观，无所谓失，无所谓得，心灵也就安宁了”，难得糊涂是人生的一种境界。

“吾不知谁之子，象帝之先。”大道，它看起来是虚无的却又真实存在。我不知道它是从哪里产生出来的，好像在天帝之前就已经有了。

“和光同尘”实际上是一种积极的处世策略，不是同流合污，而是对别人要有宽容之心，对纳谏要虚心接受，对万事万物要有容纳之量。

唐玄宗末年，安史之乱，安禄山造反，唐明皇出逃，太子李亨即位，也就是肃（sù）宗。肃宗要请宰相李泌出山，李泌不答应。有一天，肃宗请李泌吃饭，李泌不吃荤菜，肃宗就拿来两个梨，亲自炖给他吃，想感动李泌，让他做官，他还是不肯答应。出行的时候，肃宗与李泌坐在一起，大家都知道，穿黄袍的一般是皇帝，不然谁有这个胆量，可是，在旁边穿普通衣服的，是李泌，人家说那是山人李泌，肃宗听到后，要给他封号司马，他还是不愿意，肃宗父子三代都是李泌暗中帮助，但是从不想做官。肃宗对唐玄宗的宰相十分不满，走到李林甫的墓边，便吩咐人挖他的坟，烧他的骨头，李泌极力反对，说奸臣是可恨，但是当时的皇上用错了人啊，你这样做相当于在揭唐玄宗的伤疤，如果这样做了，你们父子之间以后就不好相处了，肃宗明白以后，大哭，说没有明白这里面的道理。后来，唐明皇做太上皇了，肃宗竟然重用奸臣李辅国，李泌一看世间无道决定隐去，最后逃到衡山里面修道。李泌在衡山过着隐士生活，不久，唐明皇与肃宗先后去世，李豫继位当皇帝，就是唐代宗。唐代宗登上帝位，立马要召李泌回宫，强迫他娶妻吃肉，李泌却奉命照做了，后来因为奸臣常衮作梗，怂恿皇上让李泌迁任杭州刺史，李泌也照做了，并没有责怪任何人的意思，再后来李适继位当皇帝，了解到李泌在外流放，要他当左散骑常侍官，他也接受了，而且不远千里地向皇帝提各种建议。历代帝王宫廷是是非复杂的地方，李泌在唐玄宗、肃宗、代宗、德宗四代父子骨肉之间周旋，调和矛盾，从古至今他是第一人。李泌为什么能如此游刃有余，在于他用“冲而用之或不盈，渊兮似万物之宗。挫其锐，解其纷，和其光，同其尘”这个策略。

俗话说：树大招风。木秀于林，风必摧之。三国时魏国文学家李康在《运命论》中说：“故木秀于林，风必摧之；堆出于岸，流必湍之；行高于人，众必非之。前监不远，覆车继轨。”在一片森林之中，有一棵树长得特别旺盛，并且突出于其他树木，那大风刮来，一定先把这棵高高凸起的树给摧残断，这句话就是告诫人们，不要风头出得太多，早晚要被其他人所发难。如果你真的跑在别人的前面，只要你审时度势，谦虚谨慎，戒骄戒躁，会更加顺利。千万不可我行我素，目空一切，清高自傲，孤芳自赏，一定会遭遇不测。社会上总会有一些忌妒别人的人存在，你无法改变现实，因为忌妒别人是一种心理疾病，在潜意识里总是要占有别人的东西，如果不能占有，这种人会无情地打击别人甚至摧毁。《增广贤文》中也写道：“枪打出头鸟，刀砍地头蛇。风吹鸡蛋壳，财去人安乐。谁言碧山曲，不废青松直；谁言浊水泥，不污明月色。”

曾国藩出兵征讨太平军前，有一个人赠予他一把家传的古剑。曾国藩的岳父欧阳说：“涤生（曾国藩的字）今日喜得宝剑，老夫也非常高兴。不过老夫喜爱以前读过的一首古剑铭，现在我把这首古剑铭赠送给你：轻用其芒，动即有伤，是为凶器；深藏若拙，临机取决，是为利器。”说起利器，人们只是想到它的锋利，但是，就锋利这点而言，所有的凶器都具备。不过，利器之利，反而在于它的深藏若拙和临机取决。无论是为人处世还是排兵布阵，平时都要深藏锋芒，关键时刻果断出手。曾国藩明白岳父的良苦用心，一生做人都是神光内敛，不露锋芒。真正有本领的人都很低调。曾国藩曾经说：“理不足则多辩，信不足则多言。”意思是说，理由不充足的人才狡辩得多，不是因为他能言善辩，而是因为他不肯服输；不信守诚信的人才喜欢夸夸其谈，不是他真的有本事，而是为了维护自尊。

低调做人，高调做事，适当地隐藏自己的实力，你的人生会更加丰富多彩。《日瓦戈医生》中有一段文字让人深思："现在我说的您要特别注意听：在别人心中存在的人，就是这个人的灵魂。这才是您本身，才是您的意识在一生当中赖以呼吸、营养以至陶醉的东西，这也就是您的灵魂、您的不朽和存在于别人身上的您的生命。"

不管身居何位，管理者要意识到员工是组织运转的主要推动力。面对员工，尤其是那些非常重视自我、希望个人被尊重的年轻群体，管理者需要放低姿态，注重对他们人格的保护。

五、不如守中

天地不仁，以万物为刍（chú）狗；圣人不仁，以百姓为刍狗。天地之间，其犹橐（tuó）籥（yuè）乎？虚而不屈，动而愈出。多言数穷，不如守中。

要理解刍狗是什么，我们要先说牺牲。牺牲是指祭祀用的牲畜，色纯称为"牺"，体全称为"牲"。牲畜是指猪、牛、羊一类的动物，但是用这一类大的牲畜祭祀都是富裕或者贵族人家，普通老百姓都是用狗来祭祀，但是有的老百姓家里特别穷，连真的狗也没有，人们就用草扎一条狗来代替，相当于祭祀的时候用稻草做一个猪头来代替真的猪头一样，跟今天送花圈是一个道理。刍狗扎好以后，在还没有用来祭祀的时候，人们对它都非常重视，甚至碰都不敢随便碰，但是等到祭祀一结束，就把它扔到地上不管了，乱踩乱踏。

魏源《本义》中记载："结刍为狗，用之祭祀，既毕事则弃而践之。"说的就是这个道理。"天地不仁，以万物为刍狗"有两种理解，一种认为上天并不仁慈，她把万物当作没有生命的贡品，另一种认为天地看待万物无所谓仁爱，对待万物就像对待祭祀时用草扎的小狗一样，一切顺其自然。换句话说，天地顺其自然，就犹如雨水随风入夜，润物无声。《庄子·骈拇》中说："凫胫虽短，续之则忧；鹤胫虽长，断之则悲。"野鸭的腿虽然很短，但是如果给它续上一段，它会十分痛苦；鹤的腿尽管很长，但是如果截掉一段，它也会感到十分悲痛，说明了不管做什么都不应当违背自然规律。人生就如落叶，顺其自然，随遇而安，一切均需随时、随地、随缘。

齐国有一个姓国的人，他是当地的首富；宋国有一个人姓向，他应该算当地最穷的人了。姓向的从宋国专门到齐国向姓国的请教致富的方法，姓国的就告诉他说：“我这个人善于偷。一年就自给，两年就自足，三年就大丰收，从此往后，便开始施舍，施舍到的大的有州小的有弄巷。”姓向的这个人大喜，只是知道了做盗贼，却不知道他做盗贼的办法，于是穿墙破室，只要是眼睛能够看见的、手能够碰到的统统偷走，没过多长时间，就人赃俱获，而且被判了罪，连同他之前所拥有的财产都被没收了。姓向的埋怨姓国的欺骗了自己，后来出狱后就去找他算账。姓国的说：“你是怎么做贼的？说来我听听。”姓向的就把自己偷盗的情况一五一十地说了。姓国的说道：“你做贼没有讲究方法？现在我把方法告诉你吧。我听说天有时，地有利，我偷盗的时候，天时地利，云雨很滋润，山川也孕育着万物，都使我的禾苗成长，滋养我的庄稼，筑我家的墙，建我家的房屋；陆地上我盗的禽兽，水里我盗的鱼鳖，哪一样不是盗得的？所有庄稼、土地、树木、禽兽、鱼鳖都是天地所生的，哪有我所拥有的啊？但是我偷天所拥有的就没有祸殃；但是金玉珍宝、谷物锦缎这些财物，是别人聚集的财物，这不是天所拥有的啊。你偷盗那些东西被判刑，活该，怎么能怨恨我呢？”姓向的人听完姓国的话后更加迷惑，认为姓国的还是在骗自己，找说辞，于是到东郭先生那里去请教。东郭先生说：“你全身所有的东西难道不都是偷来的吗？偷盗阴阳中和之气来成就了你的生命，形成你今天的身体，还有你的身外之物哪一样不是偷盗来的呢？诚然，天地万物都彼此相互关联，不能够完全分离；你竟然把它们看作私有而霸占，你这是非常糊涂的。姓国的人的‘偷盗’，他是符合公道的，所以没有被抓；而你的偷盗，则是出于私心，因此要被问罪。”我们做任何事情都要符合大道，也就是天地之道，天之道的运行周而复始，永不停息，谁也不能阻挡。人要和大自然融为一体，一切按照自然规律，才会符合大道。那些舍弃大道走捷径的人，其实走的是邪路，表面聪明，其实非常的愚蠢，要“守中”，保持虚静。

“圣人不仁，以百姓为刍狗。”同样，圣人也没有什么偏爱，就是取法于天地的自然，就是说圣明的统治者对百姓也不应该有厚有薄，而应该平等相待。

“天地之间，其犹橐籥乎？虚而不屈，动而愈出。”橐籥，就是风箱，是以前用手推拉的鼓风工具。老子把天地比作一个可以来回推拉鼓动的风箱，只要拉动就可以鼓出风来，生生不息，无穷无尽。风箱中间因为空虚，所以不会枯竭，越鼓动风就越多。人的身体就像一个小风箱，如果用风箱的原理来修身，则生命力会更加旺盛。

“多言数穷，不如守中。”现在政令繁苛，只有一种结果就是加速灭亡，还不如终止。这里所说的“中”，不是“中正”之道，而是虚静或者中止的意思。

《吕氏春秋》记载了宓子贱鸣琴而治的典故。宓子贱是孔子的学生，鲁国国君派他去治理单父这个地方。宓子贱刚到单父不久，该地的大小官吏就都前往拜见。宓子贱叫两个副官拿记事簿把参拜官员的名字登记下来，这两人听命而行。当两个副官提笔书写来者姓名的时候，宓子贱却在一旁不断地用手去拉扯他们的胳膊，使两人写的字一塌糊涂。写完后，宓子贱又拿着乱糟糟的名册，把他们狠狠地训斥了一顿，嫌他们写得不好。两个副官受了委屈、侮辱，心里非常恼怒。事后，他们向宓子贱递交了辞呈。宓子贱不仅没有挽留他们，而且火上浇油地说：“你们写不好字还不算大事，这次你们回去，路上可要当心，如果你们走起路来也像写字一样不成体统，那就会出更大的乱子！”两个副官回去以后，满腹委屈地向鲁君汇报了宓子贱在单父的所做所为。他们以为鲁君听了这些话会向宓子贱发难。没有料想到鲁君竟然负疚地叹息道：“这件事既不是你们的错，也不能怪罪宓子贱，他是故意做给我看的。过去他在朝廷为官的时候，经常发表一些有益于国家的政见，可是我经常扰乱阻挠其政治主张的实现。宓子贱有意掣肘的做法实际上是一种隐喻，他在提醒我今后对他治理单父的事不要干扰过多，在他治理时不要掣肘。”鲁君说罢，立即派其亲信去单父对宓子贱说：“从今以后，单父不再归我管辖，全权交给你。凡是有益于单父发展的事，你可以自主决断。你每隔五年向我通报一次就行了。”于是宓子贱在单父按照自己的理念将其治理得井井有条。宓子贱在治理单父之时，每天十分逍遥自在，闲暇时就弹琴取乐，悠闲自得，很少走出公堂。

而后，孔子的另一个弟子巫马期来治理单父。巫马期治理单父之时十分勤奋，早出晚归，日夜不得安宁，事事都亲自办理，很多事搞得他头昏脑涨，好不容易将单父治理好了，自己也病倒了。于是他向宓子贱请教治理单父的方法。宓子贱说：“我治理单父之时任用贤人，顺从百姓本性，而你治理之时，用的都是自己的力量。”后人称赞宓子贱的治理之法，四肢安逸，耳目不烦，心平气和，而百官得其位，人民得其道，只是因为顺从了治理之道的缘故。而巫马期则智力疲劳，身体困乏，政令繁多，未能得治民之道。

由此可见，如果想要达到最好的治理效果，上级不能对下级干扰太多，避免在其施政时掣肘；治理的人不能对人民干扰太多，以免政令繁冗，使民不知所从。所以说，“勤政”不一定是最好的方式。权力是管理者控制组织的主要手段，但权力也会削减员工的自由。管理者一定要慎用权力，用对权力。

六、谷神不死

谷神不死，是谓玄牝（pìn），玄牝之门，是谓天地根。绵绵若存，用之不勤。

这句话中的“谷神”是什么神。“谷”，《说文解字》中说：“谷，泉出通川为谷。从水半见，出於口”。字形上面的部分像水的样子，但不是全部水的样子，表示的意思是从山中出洞而尚未成河流的泉脉；下面是一个谷口，整体的意思就是两山间的夹道或流水道。“神”，始见于西周金文，商周的时候把“申”作为神仙的“神”。那么，我们就先看“申”这个字。它是个象形字，在字形上，甲骨文中的申字，是由两边电火发光的线条和电光闪射或者延伸形状组成。在字义上，“申”字的本义就是闪电，十二地支的第九位，十二生肖中的猴。古人的认知能力有限，他们把各种难以解释的自然现象都看作神，比如，古人不清楚，闪电是怎么发生的，他们认为是有一种什么力量在操控，就是神。后来加上“示”字偏旁，就形成了“神”字。“示”字是一个供台或者祭台，而“申”字既表声也表义，两者合起来就是神的意思。在金文中，一个人跪在祭台前，向天地祈祷，因此，《说文解字》中说：“天神，引出万物者也。”天神产生了宇宙的万物，是本源。“谷神不死”，山涧中的泉水汩汩流淌，没有停息的时候。“道”，如同谷神一样，永不枯竭，绵延不绝。

“玄牝”，“玄”，是一束丝的形状，丝在染色的时候扎成一束，跟今天的扎（zā）染相似，染完色以后，要悬挂起来晾晒。小篆“玄”就是悬挂着的丝，上边为悬挂的地方，下边是丝。“玄”又是“悬”的古字，前文已经说过。《说文解字》中说：“玄，幽远也。黑而有赤色者为玄。”丝悬挂在下面，因为天上的风刮来刮去，下面挂的丝有时候看不清楚，就像黑色一样。因此，“玄”是深邃黑色的意思。“牝”，从牛，匕声，根据甲骨文，“匕”为雌性动物的生殖器官。“玄牝之门”比喻产生万事万物的地方。“道”，是母体，就像“玄牝之门”，是产生并滋养万物的总根源，连续不断，“不勤”就是不知道劳倦，不能够穷尽；“勤”就是“尽”的意思。

女娲造人的传说就说明了老子“绵绵若存，用之不勤”的宇宙之源的认识。女娲究竟是什么呢？据《山海经·大荒西经》记载：“有神十人，名曰女娲之肠，化为神，处栗广之野，横道而处。”晋代郭璞注为解说：“女娲，古神女而帝者，人面蛇身，一日中七十变，其腹化为此神。”女娲是怎么造人的呢？据传说开天辟地之后，天上有了星星、太阳还有月亮，地上也有了大山、河流、草木、鸟兽、虫鱼了，但是没有人类。不知道什么时候开始，出现了叫作女娲的女神。郭璞介绍说她一天当中能够变化七十次，有一次，女娲行走在广阔的平原上，内心感到十分孤独，觉得应该添一点什么东西，让它有点生气，不这么沉闷，她边走边想，添什么呢？有一天，女娲来到一条小河边，在一个池子旁边蹲下来照见自己，她笑，池水里的影子也笑，她假装生气，池水里的影子也生气，她就突发奇想：世间为什么没有跟我一样的人呢？她看见了河边有黄泥巴又细又软，于是在那儿像小孩子一样捏起泥巴来，用泥巴仿造自己的形象捏出很多小人，女娲捏呀捏呀，女娲把这些泥人全捏好后，一放到地上，他们便一个个成了活灵活现的真人。他们纷纷围着女娲，而且喊她“妈妈”。越捏人越多，她也越累，后来干脆用树枝沾泥水甩出很多泥点子，然后女娲吹口气，这一个个泥点子就变活了。据说当时用泥捏的小人就变成了贵族，而那些泥点子甩成的小人无论形体和智商都比较低下，就成了奴隶。也有人说人类不是这样来的，传说远古的时候，天地发生大劫难，地球上的人类全部被毁灭了，只留下女娲和伏羲兄妹俩，为了繁衍后人，女娲和伏羲分别从两座山上向下扔石头，如果两石相碰撞的话，就是天意两人要成为夫妻，最终两石头相撞了，于是女娲和伏羲二人结为夫妻，繁衍子孙，才有了今天的人。

什么才是一个人真正要追求的东西？美国作家亨利·戴维·梭罗在《我生活的地方，我为何生活》中说：“生也好，死也好，我们仅仅追求现实。”在《瓦尔登湖》中作者道出了自己理想的生活状态：“不必给我爱，不必给我钱，不必给我名誉，给我真理吧！我们身体内的生命像活动的水，新奇的事物正在无穷无尽地注入这个世界来，而我们却忍受着不可思议的愚蠢。”

现在我们生活在都市，穿梭于钢筋水泥之中，使用的都是电子用品，交通拥挤，生活节奏紧张，有时候甚至感到喘不过气来，这时候你不妨去郊外或农村走走，呼吸一下新鲜空气，仰望天空，也许你会知道生活真正的意义所在。在管理学的思想中，将复杂的简单化是一项重要的任务。遇到问题，忙忙碌碌不一定会有好的成效，顺其自然也许才能找到突破。

七、天长地久

天长地久。天地所以能长且久者，以其不自生，故能长生。是以圣人后其身而身先，外其身而身存。非以其无私邪？故能成其私。

提及“天长地久”这个词，我们首先会想到唐朝白居易《长恨歌》中的诗句：“天长地久有时尽，此恨绵绵无绝期。”意思是即使天是长的地是久的，也都会有尽头，但是唐玄宗李隆基与杨贵妃之间的一段恨事却永远不能断决，尤其是“恨”没有尽头。当时已经到了唐宪宗在位的时候了，白居易任盩（zhōu）厔（zhì）县的尉。有一天，白居易与友人陈鸿、王质夫到马嵬驿附近的仙游寺游玩，他们聊到杨贵妃的事，尤其是杨贵妃死后，唐玄宗朝朝暮暮情，生死两重天，都不能阻断他们之间的思念之情，让人垂泪。

白居易用的其实就是老子的句子，老子的意思就是天地永远会存在下去。天地之所以能长久，是因为天地不是为了自己存在而生存，因此才会永远存在的。“不自生，故能长生”，天地滋养万物而唯独不生自己，反而得到了长生。你如果效仿天地，忘记自己，天下为公，你也能像天地一样长生。“圣人后其身而身先，外其身而身存。”懂道的人所有的事都让别人占先，自己反而能够赢得别人的尊重；所有的事把自身的安危都置之度外，生命反而能够得以保全。“非以其无私邪？故能成其私。”这不就是因为他不自私，所以能够成就自己吗？圣人都是把自己放在后面，而是让别人先，超脱于自己而让别人获得利益，成了大家的榜样，受到大家的拥戴，因此能够凸显自己，并保全自己。反过来理解，如果天地和万物为了生存相互争夺，圣人和百姓为了利益互相竞争，那么天地实际上就成了普普通通的一个事物，圣人实际上也就成了平平凡凡的一个人了，还能有什么过人之处呢？

老子用朴素辩证法的观点来说明利他和利己是辩证统一的，利他与利己是相互转化的。要对他人有利，就要心里装着别人。俄国作家陀思妥耶夫斯基说：“大凡善良的人总喜欢把人往好处想，总是把人想得比实际上更好，总爱夸大他们的好处。”还有，我们不要把本该属于别人的东西占为己有，自己的东西也不要仅为自己所用，而应该把自己和别人都放在同等的地位。当然，我们有时候讲公私要分明，是指自己不能贪图别人的利益。贪污国家的利益，宋代王安石《辞集贤校理状》中说：“公义不亏于上，私行不失于下。”

"亏"就是损害的意思，大致的意思就是做公义的事而不能损害国家的利益，做自己的事不能损害老百姓的利益，公私分明，对上要绝对忠诚，对下要负责，做到上不违反国法，下不损害民众的利益。

利己主义者是非常可怕的。日本作家芥川龙之介的短篇小说《罗生门》中有一个故事。"罗生门"原为日语，本来是日本京都罗城的城门，后来借指人世间与地狱之界门，有事实与假象之别。在那个亘古的年代，有一个仆人被主人赶出来了，失去了谋生的职业，没有经济了来源，头脑里只有两种选择，要么当强盗，要么被活活饿死。正在这时，刚好走到一个到处都堆满尸体的地方，也就是叫作罗生门的这个地方，起初他很害怕，后来被逼无奈，就壮起胆子，想从尸体身上的衣物里去找到一些财物。他一个一个地翻开尸体，结果竟然发现有一个衣衫褴褛的老妇人正在一根一根地拔一具年轻女尸的头发，他冲上去责骂她没人性，竟然不放过尸体。老妇人说她只是想用这些头发做个头套去谋生罢了，还说"不干，就得饿死，没办法"。她说："曾经这个妇人，用蛇肉晒干当作鱼干来卖，吃了鱼干的人们觉得很好吃，妇人得以维持生计。我并不觉得这妇人做错了，她跟我一样都是为了生存啊！"于是，这个仆人像一下明白了什么似的，既然大家都是为了生存，那就没有什么不可以的。这时他露出凶相，冷笑一声，麻利地扒下老妇人的衣服，而且一脚把她踹到地上，然后扬长而去。从那以后就再也没人见过他。

有的人一直是一个利己主义者，但是利己主义还有分类。屠格涅夫在《罗亭》中写道："世上有三种利己主义者：一种利己主义者是自己要活着，也要让别人活下去；另一种利己主义者是自己要活着，却不让别人活；最后一种利己主义者是自己不想活，也不让别人活……"而雷锋曾经写了这句话："自己活着，就是为了使别人过得更美好。"

利己是人的本性，管理者要善于利用人性的弱点来驱动下属达成组织的目标。可以说，人性一直贯穿了管理的过程，对管理的职能发挥着重要的影响。洞察人性可以让管理的决策更能体现效果。

第二章 《道德经》的管理者素养

本章重点讲《道德经》管理者的素养，包含："上善若水"的沟通交际素养、"明白四达"的智慧素养、"宠辱若惊"的沉稳素养、"见素抱朴"的朴实素养、"知者不言"的身教素养、"秉持三宝"的大局素养。

一、上善若水

上善若水。水善利万物而不争，处众人之所恶，故几（jī）于道。居善地，心善渊，与善仁，言善信，正善治，事善能，动善时。夫唯不争，故无尤。

"上善若水"，老子要说的是什么善？什么水？善是分很多种的，不同的人分法不一样。《唐六典》卷二《吏部》记载了"四善"："一曰德义有闻，二曰清慎明著，三曰公平可称，四曰恪勤匪懈。"概括一下其实就是德、慎、公、勤四个字，崇德修身，清正廉洁，公道正派，勤政务实。《孟子·告子》上载："恻隐之心，人皆有之；羞恶之心，人皆有之；恭敬之心，人皆有之；是非之心，人皆有之。恻隐之心，仁也；羞恶之心，义也；恭敬之心，礼也；是非之心，智也。仁义礼智，非由外铄我也，我固有之。"孟子的"四善"讲的是同情心、羞耻心、恭敬心、是非心。同情心属于仁，羞耻心属于义，恭敬心属于礼，是非心属于智。老子把善分上善、中善、下善。下善如膏腴，中善如醴泉，而上善若水，为什么如水？最高境界的善就是像水一样的德行。

有的人心静如水。东周时候郑国有一个会相面的巫师叫季咸，他能根据人的面相预测人的死亡时间，能够准确到何年何月何日。

郑国的人都怕他说出即将发生不好的事，所以一个个都怕见到他。列子听说这个人以后，觉得季咸很了不起，于是对老师壶子说："我以前认为您的理论和学问是功高盖世的，现在听说了有个叫季咸的人存在，我才知道，天外有天啊！"壶子听了弟子的话后说道："我只讲了道的外表，还没有讲到实质呢，你就开始妄下结论，如果只有雌鸟而没有雄鸟的话，怎么能生出蛋来呢？你明天把季咸叫来，我见识一下。"第二天，列子就把季咸请来了。壶子沉默一句话也不说，季咸相完面后就走了。列子追上季咸问道："怎么样？"季咸就压低声音悄悄地对列子说："你的老师啊，脸色就像死灰一样，他活不了多长时间，最多超不过十天。"列子一听，吓了一跳，赶紧把季咸说的话告诉了老师，谁知壶子却笑了："怕什么，刚才他来的时候，我心静如水，止而不动，因此他看到的是我闭塞生机的样子。明天你再把他请来相面。"第二天，列子又把季咸请来了。季咸看完壶子的面相后告诉列子说："你的老师因为遇上了我，现在有一线活下来的希望。"列子又去给壶子传话了。壶子笑着说："刚才我给他看的是天地间的生气，我排除了一切私心杂念，一线生机从我脚后跟到头顶。他刚才看到的就是这一线生机。你明天再请他来！"后来，列子又请季咸来给壶子相面，季咸看完之后很疑惑地对列子说："你的老师昨天刚有了一线活下来的生机，今天怎么精神焕发的？我无法给他看相了。"列子进屋把这些话又告诉了壶子，壶子说："我刚才给他展示的是空虚境界，明天你再请他来看看。"第二天，季咸又被请来了，他刚进屋就大叫一声，然后转身就跑了。列子拔腿就追，季咸像丢了魂似的拼命地跑，后来列子没有追上，就对老师说："这次他又看到什么了？"壶子说："刚才我让他看的是我的大道，逗他而已。他不解大道，当然什么都看不出来。"说完，壶子哈哈大笑起来。大道是什么？大道接近于水，你不理解水一样的德行，当然无法理解大道。

老子讲的到底是什么水？到底是无情的，还是有情的？刘禹锡的《竹枝词》中写道："杨柳青青江水平，闻郎江上唱歌声。东边日出西边雨，道是无晴却有晴。"水是无情之物，还是有情之物，

“闻郎江上唱歌声”这句是关键，一位情窦初开的少女听到情郎的歌声时心潮起伏难平，“东边日出”是“有晴”，“西边雨”是“无晴”，“晴”和“情”谐音，少女听了江上的歌声，心情忐忑不安，难以捉摸。虽然江上的水，从自然角度来说无所谓情感，但是有了少女的介入就不一样了。水，本来是没有情的，现在有情了。老子所讲的水当然不是无情的水，水不仅有情，而且懂道。

有情的水是有德行的水。水有什么德行？第一，“水善利万物而不争”。水的善滋养了万物，但是从没有与万物争短长，就是“不争”。水是什么形状，如果现在让大家回答这个问题，可能确实无法回答，水没有形状。其实，不是没有形状，而是形状太多，你要求它是什么形状就是什么形状，你用圆形的器皿盛它，它就是圆形；你用方形的器皿盛它，它就是方形。它的德行，就像一个温柔的少女一样。形容少女用柔韧这个词，因此，又有女人如水的说法。第二，“处众人之所恶”。它总是处在众人不愿意去的低洼的地方，甚至是人们厌恶的地方。水可能处的位置很高，如天空中的水蒸气、云朵等，或者在青藏高原上的水，它的德行是什么呢？无论处在多么高的位置，都会往下流淌，这个跟我们人类相反，人总是要往高处走。刚才说到了水虽然无情，其实有情，而且有大智慧，比人聪明得多。

有七善，哪七善？“居善地，心善渊，与善仁，言善信，正善治，事善能，动善时。”“居善地”，善地就是低洼之处，是人们讨厌的地方，但是恰恰这个地方才是好的地方，好的位置。我们就是找好自己的位置，你的位置在哪里，一定要弄清楚，如果你把自己的位置定得很高，有句话叫越高摔得越狠。“心善渊”，人的心胸不仅要豁达，而且要深远，像水一样，深不可测。“与善仁”，水泽被万物，但是不求回报，这就是“仁”。“言善信”，怎么样才能让人相信？这个是难题，但是如果你能做到像水一样，这个问题就迎刃而解了，只要像水一样，遇到圆形的障碍物就拐弯，遇到方形的障碍物就折回来，你四面堵它，它就静止，你疏浚它，它就通畅。如果你在人际关系中能见方见圆，就能见到真心，大道至简，如此而已。“正善治”，水能够荡涤各种污秽的东西，能够用水准去衡量一切事物，协调各方，这就是擅长治理。“事善能”，水总能适应新的形势，并与环境融合得比较好，你把它盛到圆形的器皿里，它就是圆形，你把它盛到方形的器皿里，它就是方形，甚至你把它盛到不规则的器皿里，它就是不规则形状的，因此，水是什么形状，主要看你怎么装它。作为人，能够做到吗？“动善时”，水在冬天是冰，在夏天是水，在天上是雾，在地上是河，而且会根据时间变化来调节自己，应时而动。如果你做到水的这七善，就不会招来怨咎。

受水的启发是：为人处世的要旨就是“不争”二字。水的形状千变万化，但是水是有形的，而道是无形的，因此“故几于道”，也就是接近于道，水的品格虽然如此，还不能与道等同，只能说是接近，但还有差距。

孙叔敖是春秋时候楚国的相，当时的职位是令尹。孙叔敖年轻的时候，有一天出去玩，路上遇到一条蛇。这条蛇有两个头，有两个头的蛇毒性是比较大的，他就把蛇杀了，而且他把杀死的蛇深埋地下回家了，一到家中就哭了起来，他的母亲就问他你为什么哭啊，而且哭得这么伤心。孙叔敖说：“我听别人说，只要见到两头蛇的人，他不久一定会死，今天我见到了，恐怕可能活不了多久了，您以后由谁赡养啊。”多么孝敬的孩子，自己马上要毙命了，还想着别人的死活。母亲说：“你杀死的两头蛇现在在哪里？”孙叔敖说：“我怕其他人会看见，就把它深埋了起来。”他母亲就说：“善有善报，恶有恶报，你做了善事，上天一定会报答你的。”后来孙叔敖不仅没有死，而且还做了大官，出任楚国令尹。

据说，有一天，楚庄王认为当时楚国的一些车子太小，于是下令将全国所有的车子都改成高大的车子，否则不让使用。孙叔敖知道后赶紧去劝谏，说如果大王用命令行事，老百姓肯定要听从，但是老百姓心里不服，劝说大王不要动不动就用命令来解决问题，不如把城镇的街巷两头的门槛都做高，老百姓自然就会加高车子了，虽然结果一样，但是老百姓是接受的。孙叔敖任相期间，一人之下，万人之上，但都是轻车简从，吃穿简朴，楚庄王多次重赏，孙叔敖都拒收。

孙叔敖临终前，把他的儿子叫到病床旁，对他说："楚王曾无数次想封给我全国最好的地，但我没有要。我死以后，楚王一定会再次封给你最上等的地，你坚决不要。如果你不得不接受，就接受楚国与越国之间长满荒草的地，这地方最差，土地贫瘠，而且楚国人和越国人都认为这里有鬼，因此没有人想要这块地。"孙叔敖去世后，楚庄王果然要将一块最好的土地分给孙叔敖的儿子，但他的儿子记住了父亲的遗言，坚决不要，最后不得已接受了一块荒废的地方。后来楚国混乱，凡是曾经接受上等封地功臣的后代都受到了打击，只有孙叔敖的后人保留着的那块土地没有受到打击。列子说："孙叔敖的智慧，知道不以利为利。知道处于别人所厌恶的地方，这就是得道者与众不同之处。"

"水"的优势还在于它慢慢地浇灌人心，管理者通过循循善诱让员工融入组织，可以充分调动员工的积极性。因此，管理者的心态要平和，不可以摆架子，用"水"的智慧来达成目的。

二、功遂身退

持而盈之，不如其已。揣而棁之，不可长保。金玉满堂，莫之能守。富贵而骄，自遗其咎（jiù）。功遂身退，天之道。

"持而盈之，不如其已。"你手里拿着杯子，不停地往里面加水，如果加满了，你还不停止，那么水就要溢出来。"揣而棁之，不可长保。"打造一把刀子，如果把刀子的刃磨得很锐利，用一段时间后它就会卷，卷了以后，你再磨，用了又卷了，再磨，如此往复，最后刀子就被人扔了。老子先说大家都懂的道理，接着就是重点了："金玉满堂，莫之能守"。意思是即使你金玉堆满房屋，谁也不能长久守住这个财富。从古至今，莫不如此。"日中则昃，月满则亏。"就像太阳到了正午就要偏西，月亮盈满了就要亏缺。任何事物发展到一定程度都会向相反的方向转化。

"月满则亏"，正如苏轼写的诗句："月圆月缺月无边，分合离散最相思。莫使人间愁断肠，此间情谊岂能忘。”月有阴晴圆缺，此事古难全，但是日久见人心，即使离别多日，再见时你我初心从未改变，不负彼此相思。庭院里花开花落，天上月圆月缺，人世间生生世世，起起落落，分分合合，没有尽头。古代有个对联是这样的：上联：月圆月缺，月缺月圆，年年岁岁，暮暮朝朝，黑暗尽头方见日。下联：人散人聚，人聚人散，觅觅寻寻，来来往往，落花过后始逢春。曹操《短歌行》中也说：“对酒当歌，人生几何！譬如朝露，去日苦多。”

古代王公贵族，荣华富贵，应有尽有，但是你再看看他们的后代，还有多少是富裕的？清代吴敬梓在《儒林外史》第四十六回中写道：“大先生，‘三十年河东，三十年河西’。就像三十年前，你二位府上何等气势，我是亲眼看见的。而今彭府上，方府上，都一年胜似一年。”其实这句俗语是说郭子仪的孙子的。郭子仪本来留下了很多财产给儿孙们，可是儿孙们不知道守住财产，挥霍无度，最后导致家产败尽。他的孙子沿街乞讨，有一天来到河西庄，这个时候想起了他的奶妈，然后就准备去她家，但是物是人非，已经找不到奶妈家了，就去问路，问了很多人，没有人知道。天已经黑了，这个时候，来了一个人，他还是没有放弃，就继续去问路，一问，这个人竟然就是奶妈的儿子，然后就把他带到了自己家里。一进门，他看到奶妈家粮囤得到处都是，牛马也成群结队，很像一个富裕人家，他就说：“你家这么有钱，你还需要干活挣钱吗？”奶妈的儿子就说：“家产再大，你也会吃空吃穷的，母亲在世时带领我们发家致富，我们必须要勤俭持家，才会永远有钱。”郭子仪的孙子听了之后羞愧难当，奶妈的儿子就让他管账，但是他对管账也一窍不通，奶妈的儿子连连叹息道：“真是三十年河东享不尽荣华宝贵，三十年河西寄人篱下。”其实真是这样，河水流经弯道时，在离心力的作用下，表层的水流向凹岸，而底下的水流向凸岸，时间长了之后，凹岸被侵蚀掉了，凸岸反而堆积起来了，原来的西岸就变成了今天的东岸了。因此老子说：“富贵而骄，自遗其咎。”富贵而且骄纵，一定会给自己带来一些祸害。

《隋书·贺若弼传》中记载一个人叫贺若弼，他的父亲贺若敦是北周将领，曾经对北周权臣宇文护十分不满，跟人聊天时骂了他。这传到宇文护耳中后，宇文护大怒，令其自杀。贺若敦在临死之前叫人把贺若弼叫到面前，说自己转战南北，功勋无数，就是因为口无遮拦而惹下了杀身之祸，现在十分悔恨，又对他说："我是因为口舌之祸而死，你一定要将这教训牢记在心中。""引锥刺弼舌出血，诫以慎口"，就是拿出锥子将贺若弼的舌头刺出鲜血，告诫他永远不忘说话谨慎这个教训。周武帝对太子培养要求很严格，但是太子宇文赟的德行不好，不怎么靠谱，又害怕父皇知道，于是极力掩饰。有一日，上柱国乌丸轨对贺若弼说："太子这个德行日后不能身担大任。"贺若弼表示同意。后来乌丸轨对武帝说："太子不是帝王的合适人选，我以前和贺若弼也说过这件事。"周武帝召贺若弼问实情，贺若弼想起了老爹的临终教诲，意识到皇家的事情要少掺合为妙，以免祸及其身，矢口否认了自己原先的观点。后来，太子一登基，就把传话的乌丸轨处死，贺若弼因为沉默逃过一劫。后来隋炀帝杨广即位后，贺若弼就被疏远了，于是他心理不平衡，时常对其他人说一些对皇上不满的话，而且觉得自己论功劳至少应该封一个宰相，还说现在两个宰相都是饭桶。杨广给贺若弼扣了顶"诽谤朝政"的罪名，把他杀了。贺若弼被刺了舌头，最终还是死在了口舌之祸上，老子说得真好，"富贵而骄，自遗其咎"。

最后老子提醒人们："功遂身退，天之道。"功成名就时，要懂得收敛，这才符合道的运行规律。有功不倨傲，有名不恃名，有财不扬财。有句话叫"富不过三代"。这句话来自古语："道德传家，十代以上；耕读传家，次之；诗书传家，又次之；富贵传家，不过三代。"一个家庭如果做人处世善良仁德，那么一定薪火相传，可以传承十代以上；其次是耕读、诗书传家，而仅靠富贵传家的，很少会超过三代。除了富贵，还有"否极泰来"。晋朝傅玄《口铭》中说："病从口入，祸从口出。"意思是一般灾祸都是从口里生出来的，说话不谨慎容易惹祸。

俗话说，静时常思己过，闲谈莫论人非，切记祸从口出、言多必失。

管理学家们发现，人们在晋升到一定的高度后，往往会想着向更高的地方攀爬。但是能力是否适配更高的岗位是关键的问题。管理者的能力素养直接影响了组织的效率与决策制定，如果管理者觉得自己还没有打磨好技能，切忌冒进。

三、明白四达

载营魄抱一，能无离乎？专气致柔，能婴儿乎？涤除玄览，能无疵（cī）乎？爱民治国，能无知乎？天门开阖（hé），能无雌乎？明白四达，能无为乎？生之、畜之。生而不有，为而不恃，长而不宰，是谓玄德。

"载营魄抱一，能无离乎？"老子一开始就提出了第一个问题，什么问题呢？人的灵魂与肉体融为一体，能永不分离吗？首先我们要搞清楚一个问题，灵魂是肉体的一个组成部分，还是肉体是灵魂的一个组成部分？要了解这个问题，我想让大家思考一下我们自己，我们自己身上的衣服，到底是我们穿着衣服，还是衣服里装着我们？

东汉初年冯异立下了汗马功劳，比如他率兵在北平击破铁胫军，还招降了匈奴于林闟（tà）顿王。但冯异为人处世懂得谦虚退让，出行的时候与别的将军相逢，就把马车驶开让路。他带领的部队行止进退都有标明的旗帜，号令分明，在各部队中最为整齐。每到一个地方宿营时，其他将领们坐在一起争说自己的功劳的时候，冯异却常常一个人退避在树下休息，军队中送他个美称"大树将军"。攻破邯郸以后，要给将领们重新安排任务，对部队也要重新部署，士兵们都说愿意在"大树将军"的麾下，光武帝因此很推崇他。要做到冯异这一点，必须要荡涤心中的污垢，抛弃一切杂念，致虚守静，才能居功不傲。

对于灵魂与肉体，我们在观察时，只能看到肉体，而无法看到灵魂，灵魂是一种深处的东西，即使你看透一个人的内心，但是你无法企及他的灵魂，就像我们看到一个东西，我们只能感受这个东西外在的存在，是圆形的或方形的，是红色的或黑色的。即使我们能观察到他的情绪，他的喜怒哀乐，甚至能观察他的行为所体现的内心的品质，但是我们还是不能感受到他的灵魂。

我们每天都会经历很多，有的是快乐，有的是痛苦，有的是恐怖，有的是喜悦，但是最让我们刻骨铭心的是我们的痛苦。我们的痛苦从何而来？有人说："人之所以痛苦，在于追求错误的东西。"那么什么是错误的东西呢？比如，你住的是小房子，到朋友家玩，你看到人家住的是大房子，你就开始痛苦，其实你并不知道，住着大房子的人也痛苦，因为他看到有人住着更大的房子，如此下去，痛苦便没完没了。其实，你想想，再小的地方也可以很大，再大的地方也可以很小，关键是看你的心有多大。如果你的心量很大，即使住着很小的房子，但是你的心遍及世界，你住的地方就有世界那么大。我们经常会听到人说"出家无家处处家，出家无亲处处亲"就是这个道理。

"专气致柔，能婴儿乎？"聚集精气达到一种柔和，能像初生的婴儿一样吗？柔和的状态，就是最和谐的状态、最素朴的状态、最原始的状态。这个状态不是温柔的状态，温柔是指温情柔顺；也不是轻柔的状态，轻柔是动作轻而温顺。"涤除玄览，能无疵（cī）乎？"洗掉思想上的尘垢，能心地宽广如一尘不染的明镜吗？人为什么有烦恼，因为追求的东西太多，追求的东西多了，心灵的污垢就多，心灵污垢越多，内心总是会波澜起伏。因此，洗掉了心灵上的污垢，就会变得澄澈，就会平如明镜。据说有一个年轻人整天郁郁寡欢，后来他找到一位老者帮忙解开心结，这位老者先让他把所有的烦恼倾吐出来，然后让他握紧拳头，问他感觉如何，他说没什么感觉，后来老者拿了一个核桃让他握紧，并叫他使劲捏，这个年轻人直喊疼痛，然后老者说，你捏了感觉疼为什么还不放手，因此，你所有的痛苦都是源自你内心装的东西太多，把内心的东西都放下，你就不痛苦了。人要学会放下。很多人都懂这个道理，为什么就不执行呢？

谁不想拥有"宠辱不惊，看庭前花开花落；去留无意，望天上云卷云舒”的自由快乐的生活呢？有个和尚让一个年轻人背着篓子上山，并且说你每走一步就弯下身捡一颗石子放到篓里去，等装满后来山顶找我。这个年轻人按照和尚的要求开始不断地往背篓里一颗一颗地装石子，当他装满时，终于走到了山顶，然后和尚问道：你一路上欣赏了风景没有？这个年轻人说，我只顾低着头捡石子了，哪有闲情欣赏风景呢？你为什么心里总是很沉重，因为你在人生的旅途中总是每走一步就把自己想要的东西放到了自己的背上，所以你的内心会越来越沉重。这个年轻人就问有什么办法可以破除，这个和尚说，你把你的名誉、金钱、家庭、事业、爱情和固定资产等全部抛弃就可以了，这个年轻人长久不语。和尚说，你再把篓子背下山，但是你每走一步就丢掉一颗石子。年轻人照做了，下山的步伐越来越快。年轻人终于明白了，心结也打开了。其实，人之所以有痛苦，就是因为欲望太多，即人们常说的“庸人自扰”。世界上有两种人没有烦恼，一是婴儿，一是懂得放下一切的人。“天门开阖（hé），能无雌乎？明白四达，能无为乎？生之、畜之。生而不有，为而不恃，长而不宰”。老子说的是什么意思呢？口鼻自然地开闭，呼吸吐纳，能雌守，通达四方，不玩弄权术和心智，生养抚育了万物，不据为己有，为世间立下卓越功勋，不自恃有功，滋养了万物，居于主宰地位，这就是大道，就是大德。

老子的这六问对管理者提出了清除私欲杂念、一心为公的修身要求，也希望管理组织的人运用智慧来领导下属。

四、宠辱若惊

宠辱若惊，贵大患若身。何谓宠辱若惊？宠，为下得之若惊，失之若惊，是谓宠辱若惊。何谓贵大患若身？吾所以有大患者，为吾有身，及吾无身，吾有何患！故贵以身为天下，若可寄天下；爱以身为天下，若可托天下。

洪应明在《菜根谭》中说：“宠辱不惊，闲看庭前花开花落；去留无意，漫随天外云卷云舒。”这句话讲的是一种境界，是说为人做事能视宠辱如花开花落一样的平常，只有这样才能心境平和；视去留跟天上的云卷云舒一样变幻，只有这样才能淡泊自然。这句话道出了我们对事对物对名对利的态度：得之不喜、失之不忧、宠辱不惊、去留无意。老子的这段文字讨论了“宠辱”问题，老子的观点是，宠爱或者耻辱就像是受到惊吓一样的。重视大患，就好比重视自己的身体一样。什么称为“宠辱若惊”？得到宠爱，心里是卑下的，因此得到它就感到惊恐不安，失去它呢，也会万分惊恐。

对于“宠辱若惊”这句话，我们首先说说“宠”字，这个字从宀（mián），从龙，龙亦声。字亦作龙，《毛诗·小雅·蓼萧》中说：“既见君子，为龙为光。”毛苌传云：“龙（音宠），宠也。”龙，是一个虚拟物，具体是什么样子呢？《本草纲目·翼》中说：“龙者鳞虫之长。王符言其形有九似：头似驼，角似鹿，眼似兔，耳似牛，项似蛇，腹似蜃，鳞似鲤，爪似鹰，掌似虎，是也。其背有八十一鳞，具九九阳数。其声如戛铜盘。口旁有须髯，颔下有明珠，喉下有逆鳞。头上有博山，又名尺木，龙无尺木不能升天。呵气成云，既能变水，又能变火。”龙，后来成为中华民族的象征，因此，“宠”是讲的非常道。而“辱”呢？有学者研究说，“辱”上面是“辰”字，是“蜃”字简省的写法。蜃指一种大蛤蜊，蛤蜊外壳坚硬，先民们用它的壳制成除草的农具。“辱”字下面是手形（又），指用手持蚌镰耕作除草之意。可能为“蓐”或“耨”的初文。“辱”是讲的常道。不管是“宠”也好，“辱”也好，都是道。从古至今，历来重视“宠辱”，把它作为道德评价的标准之一。

唐朝的郭子仪功盖如山，在古代功劳如此高的人一般都不会有什么好的结果，可是郭子仪却能够得以善终，这与他有正确的宠辱观有关系。据说，郭子仪从朝廷隐退以后，皇上赐给他汾阳王府。在汾阳王府兴工动土的时候，他就就拄着手杖，一瘸一拐地去建筑工地上监工，他对一个正在砌墙的泥瓦匠说，你要把墙基砌牢固一些啊。这个泥水匠就对郭子仪说，请王爷放心，我家祖孙三代都是泥水匠，而且一直居住在长安，盖了很多王府，我们只是看见王府的主人一直在换，但是还没有见过哪栋房屋倒塌了的。郭子仪听了他的话以后如有所悟，扭头走了，直到王府盖完，中间一次也没有去过。

丰子恺散文集中有一篇是《荣辱》，里面讲了一个自己经历的事，说他在赶路的时候，一个军人误认他是其长官，给了他一个有声有色的敬礼。但是不久军人发现认错人了，白白地给一个陌生人敬礼，立刻“妈——的”一声取消了他的敬礼。你遇到这种情况会怎么办？丰子恺最后说：“作如是想：因误认而受敬，因误认而被骂。世间的毁誉荣辱，有许多是这样的。”在荣辱这一点上，有人说：“避开耻辱，但别去追求荣耀，没有什么东西的代价比荣耀的代价更大。”莎士比亚说：“不管饕餮的时间怎样吞噬着一切，我们要在这一息尚存的时候，努力博取我们的声名，使时间的镰刀不能伤害我们；我们的生命可以终了，我们的名誉却要永垂万古。”

接着老子讨论了“贵大患若身”。什么称作“贵大患若身”？我之所以会认为人一定有祸患，是因为我有这个肉体存在，倘若没有了我的肉体存在，我就没有什么祸患了，因此，只有把天下看得和自己的肉体生命一样宝贵的人，才能把天下交付给他；爱天下和爱自己的肉体生命一样的人，才能把天下的责任托付给他。这也就是《庄子·齐物论》中说：“非彼无我，非我无所取。”字面意思是如果没有对方，也就没有我；如果没有我，也就失去一切可以执取之物。就是说如果没有一件物体的存在并相互靠拢，另一件物体的存在就没有意义。如果宇宙中只有我一个意识，除我之外没有二物，我的意识就没有任何意义，在我们这个世界中最好不要有“我”这个主体的存在，为什么呢？因为有了我的存在，就有了彼此，你和我有别，我和他不同，一旦有了分别，就会有纷争。

因此，《庄子·逍遥游》中说“至人无己”，“无己”就是“无我”，道德修养最高的人都能够顺应自然，忘掉自己，没有什么功绩心，没有什么名利心。

《吕氏春秋·孟春纪·贵公》中写了一个寓言故事“楚弓楚得”。有一天，楚王出游，把他的弓弄丢了，左右的随从请命说要去找回来。楚王说不用了，理由是失去的弓因为丢在楚国的境内，一定也是楚人得到，为什么要找回来呢？你们觉得楚王的心胸挺大的了吧？孔子听了这件事后评价道：楚王的心胸还不够大。为什么呢？因为楚王说的范围还不够大，他只是说有人丢失弓，有人得到弓而已，但是你要想为什么一定要是楚人？如果不是楚国人的话是不是一定要找回来？但是我们仔细一想，孔子的心胸更大，在孔子的心中，每个人都与天下的人一样，没有“楚国”或者“齐国”之分，没有国与国之间的界限区分。

后来这件事又传到了老子的耳朵里，老子也发表了一通议论，他认为孔子的心胸还不够大，要再把“人”字去掉就好了。孔子认为荆楚人没有大局观念，太局限于荆楚了，因此把荆楚去掉。老子说：“去其人而可矣。故老聃则至公矣。”在老子的心中，人与天地万物都是一样的。

我们可以看到在失弓得弓这一点上，儒家和道家的观点不太一样，那么佛家又是怎么看的呢？明末高僧莲池大师在《竹窗随笔》中写了一段文字：“进之则王失弓，王犹故也，无失也；假令王复得弓，王犹故也，无得也。虽然，犹未也，尚不能忘情于我也。又进之，求其所谓我者不可得，安求其所谓弓也、人也、楚也。”意思是说楚恭王出游时丢弓了，随从想要找回来，楚王极力阻止，楚王还是有大海一般的胸襟的，而孔子确实也有容纳乾坤的肚量，但是我们仔细分析一下，尽管这样，楚王还是不能忘情于弓的。原因是什么呢？因为楚王虽然丢了弓，但是楚王还是原来的楚王啊，他本身并没有失去什么，假如楚工重新找到了弓，楚王也还是楚王啊，他本身也并没有得到什么，说明楚王还不能忘情于“我”的。如果更进一步推测，要想找到真正的“我”都是不可得的，何况什么弓啊、人啊、楚啊。

在一些组织中，领导者会把员工进行分类。部分员工被归类为具有“外控”的倾向。这类员工面对领导者的赞扬或批评都会有较大的情绪反应，面对这类员工，领导者要对他们进行清晰的任务指导和采取较为柔和的训导方式。

五、见素抱朴

绝圣弃智，民利百倍；绝仁弃义，民复孝慈；绝巧弃利，盗贼无有。此三者，以为文不足，故令有所属，见素抱朴，少私寡欲。

针对社会的乱象，在这一章老子提出了三个治世思想："绝圣弃智""绝仁弃义""绝巧弃利"。抛却聪明和智慧，才能让老百姓得到多倍的好处；抛弃仁慈，背弃道义，老百姓才会回复到孝慈的本性；抛弃走捷径和利益，就不可能有盗贼产生。"圣智、仁义、巧利"这三者全是掩饰，不足以治理天下。因此，要让老百姓的思想都有归属。保持原汁原味的纯朴本性，最好别有私欲杂念，也不谈什么"圣智礼法"，那就没有忧愁了。

轩辕黄帝整天为老百姓们操劳，但是把自己的婚事给耽搁了，也有一些美女找上门来，而且全部长得如花似玉，但他却不为所动。他的父亲暗自着急，他的母亲为此事甚至哭瞎了眼。他母亲说，这么多姑娘，一个比一个懂事漂亮，你是不是看花了眼，你要挑一个啊。黄帝说："我不选是有原因的，长相无所谓，就要一个有本领的，不过现在虽然说媒说了这么多，但是没有一个有本领的。"两位老人不吭声了。

有一天，黄帝到西山打猎，刚到那里，在山半坡的大桑树下看到有一位女子手扶着树，还有一条腿跪在地上，正从嘴里往外吐丝，地上已吐出很大很大的茧。黄帝简直看呆了，那女子还在吐丝，一会儿金黄色的，一会儿银白色的，闪闪发光。黄帝着了迷，也忘记了打猎，这是谁家的女子，这么有本领，还会吐丝，这以后纺织成布做成衣服，该多美。黄帝就去问那女人，这个女人长的比父母亲还老。黄帝说："大姐，你会吐丝？""对呀，会啊。""能不能教教俺？""做梦！""为什么呀？""我父母把这个本领传给我了，说不允许传给别人，除非他是我丈夫！"黄帝抬头又打量了一下，这个女人长得不仅老，而且奇丑无比，个子还低，黄帝心想：怎么办？我崇拜有本领的，摆在眼前的机会要让它溜走吗？他没有多想就说："我愿意成为你丈夫。”多么直白！那个女子听到这话，就直接走到黄帝跟前，两人并肩坐在一块青石板上。黄帝说：咱们订下终身大事了，但是你家住在哪里？从何处来？到何处去？那女子说：我啊，原是王母娘娘的侍女，叫嫘祖，因为触犯了天规，被贬下凡了。黄帝听罢，抓住了嫘祖的双手，半天不知道说什么好。后来黄帝回到家里，把选嫘祖为妻的事跟父母亲讲了，老两口差点气死，你说说看，高矮胖瘦成群结队地都来相亲，你都不要，你到最后选了这个粗糙人。当然，自从嫘祖来之后，这里的人都学会了养蚕、缫丝、纺纱、织锦，越来越多的人穿上了新衣裳。大家都夸奖说：还是黄帝有眼光。这就是“少私”。

“私”是一个形声字，从禾，厶（sī）声，隶书演变到楷书以后就写成“私”。北方叫禾主人为私主人，“私”的本义是一种禾名，后来借指男女的私处。如汉代伶玄的《赵飞燕外传》中写道：“早有私病。”这就是私处的意思。私心杂念，就像长在地上的杂草一样，去除的最好办法不是用大火把它们全部烧掉，因为烧是烧不掉的，因为它的根还在，来年还会长，即“野火烧不尽，春风吹又生”。那么连根拔掉不就没有了？但是当你看到人世间凡事种种的时候，你又心生杂念，又要拔掉，年复一年，日复一日，没有尽头。对付私心杂念，就跟对付杂草一样，只能种很多的庄稼，有用的庄稼越来越多，草就没有生长之地，私心杂念采取堵是没有办法堵住的，就像治理泛滥的河流，不是靠堵，而是疏导。《道德经》就是用来疏导别人的，从而消除私心杂念，回归本心。

如果形容一个男子生性风流，会称“牡丹花下死，做鬼也风流”。还有人说有的男人是用下半身思考的，但是也有像柳下惠一样坐怀不乱的。据说，春秋时鲁国有个男子，叫颜叔子，单身，巧的是他的邻居是一个寡妇。有一天晚上刮起了狂风，紧接着狂风暴雨，隔壁寡妇家里的房子被摧毁了，而颜叔子家里的房子还好好的，整片地方就这两户人家。寡妇没有办法，只能大晚上来到颜叔子的家。寡妇先敲了敲门，然后说明了来意，谁知颜叔子说，他不会开门的，让她回去。寡妇冻得瑟瑟发抖，就问颜叔子为什么不让她进去。颜叔子说：你是个寡妇，我年纪轻轻的，我要是让你进来的话，别人看到会怎么想，这样对咱俩都好。寡妇都快被气死了，外面实在冷，寡妇快顶不住了，无奈地对他说：你像柳下惠一样坐怀不乱不就行了，柳下惠还把陌生女人抱入怀中用身体取暖呢，两人也没有什么不好的绯闻啊。颜叔子答到：正因为柳下惠开了门，所以我不能开门，我要用我的不开门，来效仿柳下惠的开门。寡妇只好生气地走了。后来人们根据这个典故猜测出柳下惠坐怀不乱的故事。据说柳下惠在家中坐，也是风雪交加的夜晚，听到外面有人敲门，开门一看，发现一位陌生的美女，已经被冻僵了，奄奄一息了。柳下惠来不及多想，赶紧将美女抱入怀里，走进屋子，用自己的身体给美女取暖，抱姑娘在怀中。柳下惠虽然温香软玉在怀，但是不曾有任何非分之想，一心想着救美女，将美女抱了一整夜，天亮了，美女苏醒了，非常感激柳下惠。不管这个事情真假，但是说明了一点就是人还是应该“寡欲”。

老子讲“少私寡欲”，注意这里用的词是“少”“寡”，“少”“寡”不等于没有，谈“少私”，不是说一点私心没有，讲“寡欲”，也不是一点欲望没有，四大皆空。寡欲就是少欲，要求人没有欲望，这不符合人类的本性，有但又要节制，能满足一些欲望即可，但不可以膨胀，不能贪得无厌，少私寡欲就是要知足。什么是养生？有一段顺口溜是这样说的，“吃饭七成饱，穿戴适当少，耐点饥和寒，益寿又延年。”这与“若要身体安，三分饥和寒”的道理一样。

一杯水是比较轻的，如果端在手里，时间长了你就会感觉到很沉。人要懂得清心寡欲，心里的负担才会比较轻，人才会精神爽快，如果总是被一些欲望所累，那你的心会愈来愈感觉沉重，以至于有一天不堪一击。老子说过：“无为则无心，无心则无欲，无欲则无求。”道家的思想精髓在于人生淡然才能与世无争，无欲无求，万事随缘，要完善自己的内心。

人的需求层次是不断上升的，一旦较低层次的需求得到满足，对更高层次的追求就不会停止。这个经典的管理学理论揭示了人的本性，从这一点也可以看出在当代社会强调“寡欲”是多么重要。

六、知者不言

知者不言，言者不知。塞其兑，闭其门，挫其锐；解其分，和其光，同其尘，是谓玄同。故不可得而亲，不可得而疏；不可得而利，不可得而害；不可得而贵，不可得而贱，故为天下贵。

一个真正的智者是什么样子的呢？智者不管在什么场合一般不会多说话，而到处说长论短的人往往不是智者。真正的智者，知道自己的睿智以及所处的位置，而不是智者的人总是怕人不知道他有多聪明，往往口无遮拦，到哪里都是侃侃而谈。其实，这样的人自认为聪明，实际上是显示了自己的无知和愚笨，因为言多必失。因此，老子接着说堵塞他欲望的孔，关闭产生欲念的心门；不让他有机会显露锋芒，解除他陷入凡人俗事的纷纷扰扰，收敛他在别人面前产生的光耀，让他感觉如同尘埃一样重要，这就达到了玄妙齐同的高度。到达这个玄同境界的人，就不分亲，不分疏；不分利，不分害；不分贵，不分贱，因此被天下的人所敬重。

不管做什么事，我们一定要把好口风，说话都要经过大脑思考一下，害人之心不可有，防人之心不可无。《鬼谷子·本经符》中说："言多必有数短之处。"朱柏庐在《治家格言》中说："处世戒多言，言多必失。"南唐广陵人徐铉学识渊博，通晓古今。有一次，江南派徐铉进贡，宰相赵普听说后，犯了难，不知道选谁去见徐铉，就去向宋太祖汇报。宋太祖大笔一挥，说：这个人去。在场的官员无不愣住了，这个人是什么人，从级别来说，不是官员，只是一个端茶沏水的，从文化程度来说，一个字不识，平时也是唯唯诺诺，不敢说话。赵普心里也是七上八下的，但是又不敢违抗，就派这个人去见徐铉，这个人也觉得莫名其妙的，但也不敢违抗，只好按照赵普的指示去了。一见面，徐铉口若悬河，大家啧啧称赞，这个人当然无言以对，不知所云，他们本身就不在一个层次，天壤之别，但是这个人什么也不懂，级别也最低，不敢违抗，只能频频点头。徐铉心想，这个人可是宋太祖派来的，绝不是等闲之辈，于是一直在和他辩论，想让他说话，以知道他的深浅。但在一起一连住了几天后，这个人一直一言不发，只是点头，最后徐铉自己说得口干舌燥，闭口不言了。当时宋廷有好多博学善辩的人，比如陶穀、窦仪等，这两个人与徐铉不分上下。但是皇帝没有派他们去争口舌之长短，言多必失嘛，因为谁也不会服谁。

在《论语·为政》中曾讲到，子张学干禄。孔子说："多闻阙疑，慎言其余，则寡尤；多见阙殆，慎行其余，则寡悔。言寡尤，行寡悔，禄在其中矣！"子张，复姓颛孙，名师，字子张，春秋时期陈国人。据《史记·仲尼弟子列传》记载，子张比孔子小48岁，是孔子晚年的弟子。子张的特点是好问，但是不太好学，即不擅长学习，只是会问一些大道理，好高骛远，眼高手低，志存高远却又不脚踏实地，言行夸大。子张问如何谋求仕禄，孔子说："多听别人说话，先把你觉得可疑的放在一旁，其余的有把握的也要谨慎地说话，这样就会少犯错误。多看一看别人行事，把你觉得不安的放在一旁，其余的有把握的也要谨慎地行事，就会少有后悔。说话少过失，行事少后悔，谋求仕禄的方法就在其中了。"孔子并不反对他的学生谋求官职，孔子认为学而优则仕，但是身居官位者应当谨言慎行，说有把握的话，做有把握的事，这样才能减少失误，减少后悔。

孙叔敖去世以后，他的子孙们非常清贫，就去找孙叔敖的老朋友优孟。优孟没有直接去劝谏楚庄王，而是花了三年时间来学习孙叔敖的言行举止，直到平时的表情神态都和孙叔敖一模一样时才去见楚庄王。楚庄王见了优孟大呼，简直孙叔敖复生了，立刻要封优孟做令尹。优孟这时才说道：我不愿意做楚国的令尹。为什么呀？楚庄王惊奇地问。优孟说：做您的令尹有什么好的，孙叔敖做令尹多年，为官清廉，帮助大王您成就了霸业。但是如今，您再去看看他的后代过的是什么日子，布衣褴褛，食不果腹，做令尹是如此下场，我还愿意做吗？楚庄王听了以后，感到非常愧疚，立刻下令封赏孙叔敖的子孙。

多听，多看，多思，多想，谨言，慎行。为什么要这样？就是孔子说的要少一点后悔。我们在做一件事之前一定要先想后果，往远处想想，谨慎再谨慎。三国时期，魏蜀两军对垒于汉中。曹操随行带的粮草已快消耗殆尽，欲收兵回都，又怕被蜀兵耻笑，心中犹豫不决，正碰上厨师送鸡汤。曹操见碗中有鸡肋，因而有感于怀。正沉吟间，夏侯惇入帐，禀请夜间口号。曹操随口答道："鸡肋！鸡肋！"夏侯惇传令众官，都称"鸡肋"！行军主簿杨修，见传"鸡肋"二字，便让随行士兵收拾行装，准备撤兵。有人报告给夏侯惇。夏侯惇大吃一惊，于是请杨修至帐中问道："您为何收拾行装？"杨修说："从今夜的号令来看，便可以知道魏王不久便要退兵回都。鸡肋，吃起来没有肉，丢了又可惜。而现在，进兵不能胜利，退兵恐人耻笑，在这里没有益处，不如早日回去，来日魏王必然班师还朝。因此先行收拾行装，免得临到走时慌乱。"夏侯惇说："先生真是明白魏王的心思啊！"然后他也收拾行装。于是军营中的诸位将领没有不准备回朝的。塞北进贡给曹操一盒酥。曹操在盒上写了"一合酥"三个字放在案头。杨修见到了，竟然取勺子和大家将酥分吃完了。曹操问其原因，杨修回答说："盒上明明写着'一人一口酥'，怎么敢违背丞相的命令呢？"曹操听说后，怒斥杨修："你怎么敢造谣生事，动乱军心！"随即他喝令刀斧手将杨修推出去斩了，将他的头颅挂于辕门之外。

谨言慎行是职场生存的法则。在中国文化的语境中，含蓄表达与面对面协商在沟通中尤为常见。在最常见也是较为棘手的薪酬问题上，领导者会尽量采用面对面的沟通方式与员工协商以确保信息传达的准确性并便于收集员工的反馈。

七、秉持三宝

天下皆谓我道大，似不肖。夫唯大，故似不肖。若肖，久矣其细也夫。我有三宝，持而保之。一曰慈，二曰俭，三曰不敢为天下先。慈，故能勇；俭，故能广；不敢为天下先，故能成器长。今舍慈且勇，舍俭且广，舍后且先，死矣！夫慈，以战则胜，以守则固，天将救之，以慈卫之。

前面讲过，道是没有形状的，没有办法说，也不知道叫什么名字，但是有一点是肯定的，道很大，非常大。老子说天下人都说“道”太广大了，大到不像任何具体有形的东西。如果它像某一种东西的话，那就说明道很小，因为某一种东西既然是看得见、摸得着的东西，就不是大东西。比如天大不大？不大，因为看得见、摸得着，因此道绝对比天大。因此老子说如果它像任何一个具体的事物，那么“道”也就显得很渺小了。我有三件宝贝，这三个宝贝，我执守而且保全它：第一件叫慈爱；第二件叫俭朴；第三件是不敢居于天下人的前面。有了慈爱，所以就能勇武；有了俭朴，所以就能大方；不敢居于天下人之先，所以就能成为万物的首长。现在，是丢弃了慈爱而追求勇武；丢弃了俭朴而追求大方；舍弃退让而求得争先，结果是走向死亡。其实，慈爱是用来征战的，用来征战就能够胜利，用来守卫就会巩固。天要援助谁，就用慈爱来保护他。

“慈”的意思就是慈爱，就是父母之爱。如《陈情表》：“生孩六月，慈父见背。”文章是李密说他命运十分坎坷，很早就遇到了不幸，刚出生六个月，父亲就弃他而死去。四岁的时候，舅父强迫母亲嫁人了。祖母刘氏常年卧床不起，看到他可怜，亲自抚养他，但是他要侍奉祖母吃饭喝药。小的时候身体还不好，经常生病，九岁时不会走路，没有叔叔伯伯，又没有兄弟，门庭衰微，生活孤单没有依靠，只有他自己的身体和影子相互安慰。

慈爱，就是年长者对年幼者仁慈而体恤。据说有个人在出家前是个猎人，还是个捕捉海獭的高手。有一次，他很幸运，一出门就抓到了一只大海獭，等到他剥下珍贵的毛皮之后，就把还没有断气的海獭藏在草丛里。到了傍晚，猎人回到原来的地方，但是找不到他已经剥皮的海獭了。然后他就在附近找，发现了血迹，然后循着血迹来到一个小洞穴。猎人探头就往洞里观看，不禁大吃了一惊。怎么回事？原来这只海獭忍着脱皮之痛，挣扎着回到自己的窝里面了。它为什么这么做呢？因为窝里面有两只还未睁眼的小海獭，母亲在临死前还想着给自己的孩子喂奶，怕自己的孩子挨饿，所以它拖着自己痛苦的身体，用尽最后的力气回到窝里，等猎人拖出这只早已死去的海獭的时候，发现两只还未睁眼的小海獭正紧紧吮吸着母亲的乳头。猎人看到这个情景，身心受到极大的震撼，他感到生不如死，悔恨自责，无地自容。最后他放下了屠刀，出家修行去了。这就是慈爱。

“俭”的意思是节俭。《说文解字》中说：“俭，约也。从人、佥声。”人、佥两范式叠加，人约束自己以从是俭之范式。左丘明的《臧哀伯谏纳郜鼎》中讲道“是以清庙茅屋，大路越席，大羹不致，粢食不凿，昭其俭也；衮冕黻珽，带裳幅舄，衡紞纮綖，昭其度也。”这段文字的意思是太庙用茅草盖屋，大车上用蒲席做垫子，祭祀用的肉汁也不加调料，饼食不用精粮，这就是为了昭示节俭；礼服、礼帽、蔽膝、玉笏，腰带、裙衣、绑腿、鞋子以及冠冕上用的衡、紞、纮、綖等各式各样的带子和饰物，这是为了昭示等级的制度。“俭”，更多的是节制的意思，节俭，前提是你有钱有物，但是使用要节约与节制。如果你本身缺钱缺物，这个时候没有什么“俭”不“俭”的，因为你已经很节俭了，已经没有办法再节俭了，因此，节约不等于节俭，节俭不等于节制，节制的是人的欲望。节约的前提条件是要有过多的浪费，只要找到你浪费的地方，然后把它去掉就行了，如果你本身就没有过多的东西浪费，你还进行节约，那叫抠门。

“先”是先导、表率的意思。老子说“不敢为天下先”，不是要大家不思进取。西汉第三位皇帝汉文帝刘恒当上皇帝的过程很有意思，刘恒称帝，虽然有功臣的推助，但他也是一个“不敢为天下先”的例子。刘恒母亲薄姬做人低调，教育儿子也要低调谦逊，而刘邦的戚夫人就敢为天下先，与刘恒的母亲薄姬完全相反，非常高调，她想废掉太子让自己儿子当太子，自己替代吕后当天下第一女皇后，结果她的结局很悲惨。而刘恒谦逊做人，一路躲过厄运，被推上皇帝之位，还开创了赫赫有名的“文景之治”。

韩非在《韩非子·解老》篇中对老子的“不敢为天下先”进行了诠释：“议于大庭而后言，则立权议之士知之矣。故欲成方圆而随其规矩，则万事之功形矣。而万物莫不有规矩，议言之士计会规矩也。圣人尽随万物之规矩，故曰‘不敢为天下先’。‘不敢为天下先’，则事无不事，功无不功，而议必盖世，欲无处大官，其可得乎？处大官之谓成事长。是以故曰‘不敢为天下先，故能为成事长’。”意思是道理确定以后，事情就容易分析了。所以在朝廷里谈论事，后发言的人的主张就能够成立，善于权衡各种议论的人是懂得这点的。因此，要想画成方圆而能遵循规矩，那么一切事物的功效就都显现出来了。而万物无不存在规矩，出谋献策的人，就是考虑如何合于规矩。圣人遵循一切事物的一切规矩，所以说“不敢走在天下人的前面，所以能成为办事的首领”。不敢走在天下人的前面，事情就没有做不好的，功业就没有建立不起来的，而议论必定超越世人，圣人要想不处在重要职位上，这可能吗？处在重要职位上就是说成为办事的首领。

我们在前面提到了关于管理者素养发挥的作用，不过我们不能忽视客观的组织环境，这是管理能得以延续的必要条件。管理的宽度不仅在于人的延展性同样也受制于制度、市场、资源等因素。“俭”是管理的前提，“慈”是管理的根本，“不敢为天下先”是管理的终极目标。

第三章 《道德经》的管理思想

本章重点讲《道德经》的管理思想，老子的管理思想主要是从两个方面论述的，一是人本思想，一是民本思想。这两种思想贯彻在为政治国及为人处世之中，包含“无之为用”“道常无为”“上德无为”“反者道动”的治国之策；“致虚守静”“燕处超然”“自知者明”“难事作易”的做人之本；“去奢去泰”“以贱为本”“各得其所”“万物之奥”的为政之道。《道德经》主要构建了自上而下的廉洁高效的仁政德治理论体系。

一、无之为用

三十辐共一毂（gǔ），当其无，有车之用。埏（yàn）埴（zhì）以为器，当其无，有器之用。凿户牖（yǒu）以为室，当其无，有室之用。故有之以为利，无之以为用。

这里有几个名词，我们须先弄清楚。首先是“辐”，是车轮上的直的一根一根的木头，跟今天自行车车轮上的钢丝差不多，三十辐是一个车轮的木头的数目。“毂（gǔ）”，是车轮子中间穿车轴的那根圆木。“埏（yàn）埴（zhì）”，是抟土或陶土做成的类似于吃饭用的碗。“牖（yǒu）”，就是窗户。这些物品都是大家很常见的，可是谁也没有想过哪些是有用的，哪些是无用的，只知道好用就行，不好用就不行。

古代的木车的车毂，中间必须是空的，三十根木头辐条穿在车头，连接在这里，才能装上车轴，正因为有了空间，车轮才能称其为车轮，才能发挥它的作用。中间的空间，什么也没有，正因为没有，才能使车子日行千里。你们看这个看似没有的空间，却能够操控有的东西，比如车子的辐条等，如果没有这个中间空的地方，三十根辐条就成了废物。因此，老子就说“有”“无”结合，合成众力。

埏（yàn）埴（zhì）做成的器皿，里面是空的，什么也没有，但是正因为是空的，它才可以盛万物。有的人很不理解老子的说的这些，他究竟想要表达什么，很简单，就是有与无的关系。你能很好地理解并运用到现实生活中吗？比如，有的人见到人，只想到他的缺点，那你的脑子里已经装满了他的缺点，你就盛不下他的优点，这就是你无限放大了有；你如果把你的头脑中他的缺点全部清空，那他的优点就自然能进来了。我们的烦恼也是一样，如果你头脑总是装满烦恼，不定期清理，忘记不快乐的事，那你永远也快乐不起来，你只有全部清理掉烦恼，才能留出足够空间来容纳我们新生活。空，不是形象的没有，而是抽象的智慧。

建造房屋也是一样，有了门、窗和中间空的地方，我们才能居住，有了门窗我们才能呼吸，因此，老子说“有”给人便利，“无”发挥了它的作用。我们看问题的本质，应该守住无这个根本，才能利于有。

“无中生有”的例子不胜枚举。战国有七雄并立，这七个国家各有各的特点和优势，如秦国的军事力量最强，楚国的地盘最大，齐国地理位置最好。但是当时齐楚两国结盟，秦国就非常害怕。秦国有个宰相叫张仪，他就向秦王建议，最好采用离间计，让齐秦混乱，然后各个击破，秦王就派张仪出使楚国。张仪带着厚礼来拜见楚怀王，说秦国愿意送给楚国六百里地，但是有个条件，楚国需要断绝与齐国的关系。楚怀王一听，这是一件大好事，一是得了土地，二是可以削弱齐国，三是能与强大的秦国结盟。楚怀王派逢侯丑和张仪一同去秦国签订条约。两个人快到咸阳的时候，张仪假装喝醉了酒，从车上滚落下来了，只能回去养伤，逢侯丑只能在旅馆住下。几天过去了，逢侯丑仍然见不到张仪，只好上书秦王，秦王回信说：既然有约定，我国当然遵守，但是你们跟齐国断绝了吗？逢侯丑就派人向楚怀王汇报，楚怀王哪里知道是秦国设的圈套，立即派人到齐国，大骂齐王，与齐国从此断绝关系。这时，张仪的“伤”也养好了，碰到逢侯丑说：“你怎么还没有回国?”逢侯丑说：“我正急着要和你一起去见秦王说送地的事呢?”张仪却说：“这点小事，还需要秦王决定吗？不就六里地，我自己的封地送给楚怀王就成了。”逢侯丑说：“你可说的是六百里地!”张仪假装很惊讶道：“怎么可能，你听错了吧，我们大秦的土地寸土不让!”逢侯丑无奈，回去禀报楚怀王，楚怀王大怒，发兵攻秦，但是秦齐结盟，两国夹击，楚军大败，秦军反而取得楚国汉中六百里地。楚怀王就是中了张仪的无中生有之计。三国时诸葛亮“草船借箭”也是用的无中生有之计。

庄子说：“人皆知有用之用，而莫知无用之用也。”人们都知道有用的用处，但不懂得无用的更大用处。周作人在《北京的茶食》中写道：“我们于日用必需的东西以外，必须还有一点无用的游戏与享乐，生活才觉得有意思。我们看夕阳，看秋河，看花，听雨，闻香，喝不求解渴的酒，吃不求饱的点心，都是生活上必要的——虽然是无用的装点，而且是愈精炼愈好。”

有个穷人，吃了上顿没下顿。有一天，他捡到一枚鸡蛋，就高兴地喊起来了说：“我发财了，我发财了!”他老婆也兴奋地走过来问：“什么金银财宝，快拿给我看看!”这个穷人小心翼翼地把鸡蛋拿给他老婆看，并说：“这个就是。”老婆很疑惑，他连忙解释道：“现在你跟我往后面想，我有这枚鸡蛋，然后去借邻居家的老母鸡来孵小鸡，小鸡长大以后会生很多蛋，鸡生蛋，蛋又生鸡，循环往复下去，就会有很多只鸡。然后我用它们去换钱，再买一些母牛，母牛再生牛犊，若干年后就有很多的牛。再用它们去换钱，然后我们就去放高利贷。多年以后，我们就可以买房买地，还可以买奴隶、娶小老婆。”老婆听着听着勃然大怒，老婆一怒之下就把那枚鸡蛋打得粉碎，并说：不能留下这个祸根了！丈夫一看鸡蛋打碎了，什么都没了，就拿鞭子狠狠地抽打妻子，打完之后觉得还不解气，就到衙门去告状说：“这个败家子，把我偌大的家业败得一文不剩，我请求杀了她。”官老爷就很奇怪地问：“你的大家业在哪里呢？又是怎么没的?"这个丈夫一五一十讲了,官老爷听了以后笑了笑,然后把这个穷人的老婆放走了。这个丈夫是一天到晚做着发财的梦,把无当成了有,老婆是把虚无当成了现实,把不存在的"无"夸大了,他们两个都是愚蠢可笑的。大道无以为用,真实而不虚。

塞·约翰逊说:"几乎每个人都将自己的一部分生命浪费在试图表现出来某些自己并不具备的品格,或赢得某些自己无法享有的喝彩上面。"这看似你拥有很多,其实你什么也没有。周国平在《闲适》中说:"世上有味之事,包括诗,酒,哲学,爱情,往往无用。吟无用之诗,醉无用之酒,读无用之书,钟无用之情,终于成一无用之人,却因此活得有滋有味。"王安忆在复旦研究生院毕业典礼上说:"生活中一味追求有用,舍弃无用,会让生活质地单一而坚硬。"在生活之中,很多看似无用的事情、无用的物品,都有其自身的大用。哲学说存在就是合理的。有的人看法比较单一而狭隘,在他们眼里,有用是使用价值,无用则是价值。比如说,小说、诗歌、戏剧、电影、电视有什么用,看的很多,但不能增加你的工资,改善你的生活环境,更不能当饭吃,看似无用,不过,没有这些你的内心的空虚与压力如何排解,如果没有这些,自杀的人可能是现在的几十倍,因为人是要有东西来慰藉心灵的。庄子说:"无用之用,方为大用。"乔布斯说:"我愿意用我所有的科技去换取和苏格拉底相处的一个下午。"每一个人在这个世界上都有自己存在的位置,如果你觉得自己不优秀,那是因为你还没有发现自己的好;如果你觉得别人不优秀,那是因为你自己还不够了解别人。这个世界啊,看似简单,却又如此复杂,看似复杂,其实又很简单,有时简单到无。

松弛有度促成有效的管理之道,授权是管理中的常见行为。一个有效的授权行为需要管理者肯于给予下属一定的自由空间,容忍一定的错误行为,信任下属并支持下属。

二、致虚守静

致虚极,守静笃(dǔ),万物并作,吾以观复。夫物芸芸,各复归其根。归根曰静，是谓复命。复命曰常，知常曰明。不知常，妄作，凶。知常容，容乃公，公乃王，王乃天，天乃道，道乃久。没身不殆。

宇宙间万事万物都是由动到静，由静到动，从生到死，从死到生，循环往复，周而复始，永不停息。这种宇宙变化规律，只有圣人才能参悟，让心灵虚空到极点，让生活清静而达到极致。万物疯狂生长的时候，我从中观察它们生死循环的道理。简单地说，别人都在说，这花好美啊，老子看到的是花马上要凋谢了；别人都在赞叹树木郁郁葱葱的时候，老子眼睛里看到的是枯枝光干。不是说老子总是消极对待，而是老子看得更远，他看到是天下万物虽然纷纷芸芸但最终都将回到它的本根。回到本根就叫"静"，静就是所谓的回归本性。万物的行为都要作用于它们的本性，比如花和叶子是从根上生长出来的，最终会枯萎凋零，变成土壤中的养分再回到根。河流中浪花从水里涌出来，最后还得落回水中。

回归本性是万物运动与变化中永恒的规律，了解了万物变化的规律，就称作"明"。不了解这个规律，轻举妄动就会有凶险。了解这个规律的人，才能心地宽容，心地宽容了才能公而忘私，公而忘私了才能循环往复，永不凋灭，这才是符合自然规律，符合自然规律才能符合"道"，你才能长久存在，终身可免于危险。

二战期间，美军飞机对德国和日本展开了大规模的轰炸，每天都有成千架轰炸机呼啸而去战场，但是很多飞机都被击落了。美国空军司令部就进行研究，如果要减少被击落的飞机，就要在飞机上整个都焊接厚重的防弹钢板，但是这样做，飞机的速度、载弹量等都要受到影响。怎么办呢？空军司令部请来了数学家亚伯拉罕·沃尔德。沃尔德的方法非常简单。他统计了几十张飞机中弹表，又让勤技师们把每架飞回来的飞机上中弹的弹孔位置报上来，然后在一张大白纸上画出整架飞机的轮廓，再把那些统计表中的弹孔挨个填画上去。填完后，大家一看，飞机浑身上下都是一些窟窿，只有飞行员座舱和尾翼两个地方几乎是空白。这张图明显不符合概率的分布规律，而明显违反规律的地方往往就是问题的关键。没有中弹的位置反而是飞机最重要的地方。如果座舱中弹，飞行员就完了，尾翼中弹飞机就失去了平衡也会坠落。因此，结论很简单，只需要把这两个地方焊接上钢板就行了。这个就是运用老子的智慧的例子，“万物并作，吾以观复。”

“致虚极，守静笃。”这是古代修行者的一种自我状态。指一个修行者在修行的过程中能够达到太虚之境，无我的状态，物我两相忘的状态。这与宋代诗人晁逈写的《简求心要书绅辞》一个意思：“以静制动，静为躁君。”我们知道“静”可以控制“动”，动往往都是很轻浮的，有时候还是急躁的，而“静”是稳重的，超然的，它是君。因此，修行人的行为都是以静为本，不管世间有多少的诱惑，都能泰然处之。如果内心看到一些诱惑就想入非非就会失去了根本，如果内心想要得到还表现急切甚至急躁的话，那就会失去了控制。庄子在《庄子·天道》里进一步解释了“虚静说”：“夫虚静恬淡寂寞无为者，万物之本也。”虚静，恬淡，寂寞，无为，这四样东西是万物的根本。如何达到虚静的状态？庄子提出了两个方法，第一种方法是“心斋”。他说：“若一志，无听之以耳而听之以心；无听之以心而听之以气。听止于耳，心止于符。气也者，虚而待物者也。唯道集虚。虚者，心斋也。”怎么静。首先要摒除杂念，把自己的思想意识归于一个地方，专心致志，然后调整呼吸；调整呼吸的时候，要让自己的呼吸由快到慢，由浅入深，此时你不需要用耳去听了，而要用心去体会；这时候再进一步加深修炼，杂念就没有了，你再用心也听不到什么了，就用气去感应了，耳朵只能听到有声的声音，心也只能感受到外界的有形之物。而气是空明的，虚无的，但又是无所不在的，它可以容纳一切。当修炼进入最高层次的时候，思维就进入了一种虚静的状态，神气合一，天人合一，这就是虚，就是“心斋”。庄子说有一个工匠很会雕刻，他雕刻的人与真人完全一样，国君见了以后都吓一跳，就问他：你为什么能刻得那么像呢？工匠回答说：我开始雕刻的时候，要先守斋，三天之后，心里就不会想邀功赏赐等事情了；守斋五天之后，就不想别人称赞我的话了；守斋七天之后，我就忘了自己的四肢五官了。外则不染尘垢，内则五脏清虚。这个时候，我才开始雕刻，就能够一气呵成。庄子讲第二种方法，就是“坐忘”。《庄子·大宗师》中说：“隳肢体，黜聪明，离形去知，同于大通，此谓坐忘。”意思就是忘却自己的形体，抛弃自己的耳目。为什么要抛弃自己的耳目呢？因为耳聪目明，这样人和外界就会有联系，就会受外界的影响，心神不定，所以要抛弃。还要摆脱形体和智慧的束缚，与大道融为一体，这就叫“坐忘”。通过“心斋”“坐忘”这两个步骤，你就会到达虚静的状态。

《列子》中也记载了一个詹何垂钓的事。詹何是楚国的一个隐士。古代隐士有个特点，大都喜欢钓鱼。有人说钓鱼人有三重境界，第一重境界：刚入门，心不安静，急于求成，最后一无所获。因为这类人总是心烦意乱，不能静下心来。第二重境界：渐入佳境，有点兴趣，开始投入，心态已经稍微平稳，但是悟性尚浅，知其然而不知其所以然，有一点成绩。第三重境界：心态已经平淡，比较超脱，大彻大悟，钓而不钓，不钓而钓。这是钓鱼的三重境界，跟练习武功一样，刚开始什么都想学，会一点花拳绣腿就想跟人比武，实际上心境烦躁；再进一步对武功开始痴迷，深入内部研究，讲究内外结合，讲究一招一式，有一些本领；最后武功达到最高境界，不讲招式，随便发力，均能击败对方。

詹何喜欢钓鱼，他钓鱼还是很讲究的，应该属于钓鱼的第三重境界的人了。鱼线用什么材料呢？用的独茧丝。鱼钩呢？用的是芒针。鱼竿用细竹了，鱼饵需要把米粒剖开，钓鱼地点也不一样，一定要在万丈深渊、湍流之畔钓鱼。你别说，不到一天，他就钓到了一车的大鱼，更神奇的是鱼线、鱼竿、鱼钩都完好。楚王听说以后，觉得有点奇怪，就把詹何招来，问他怎么钓鱼的。詹何说：“我听说蒲且子射猎，用的弓箭都极其普通，甚至还有点弱，但是他乘风拉开，一箭能射中了两只在空中飞的鸽子，原因是用心专一的结果。我是根据这一点来修炼钓鱼的，五年才悟出其中一点道。我钓鱼时候，心里什么都不想，毫无杂念，也就是老子说的‘致虚极，守静笃’，因此，我才能用很弱的鱼具钓到很多的鱼。”

古代甘蝇是一个射箭技术高超的人，他只要拉开弓，兽就会倒下，鸟就会落下。甘蝇有一个弟子名叫飞卫，飞卫拜甘蝇为师父学习射箭，最后飞卫射箭的技艺超过了他的师父。纪昌又拜飞卫为师学习射箭。飞卫说："学射箭前，你什么都不要练习，你只要练习专注看东西不眨眼睛，练成后，你才可以学射箭。"纪昌回到家里开始很认真练习。看到妻子在织布，他就盯着织布机上的梭子练习不眨眼睛，天天练习。看到什么东西，他都开始练习，人家都认为他傻了，几年之后，别人用尖的东西刺在他的眼皮上，他也不眨一下眼睛。纪昌把自己的练习情况向飞卫报告了，飞卫说："你离学习射击还早呢！你只会盯着东西看，还不会看东西，还得练习看小物体像看大东西一样清楚才可以，然后再来找我。"纪昌就用细细的牦牛尾巴的毛，然后系住一只虱子挂在窗户上，然后天天看着它。练习很多天后，虱子在纪昌的眼中逐渐变大了。就这样，又练习了很多天，虱子在他眼里像车轮那般大了。然后再看其他东西，就像眼睛上装了个放大镜，看的东西都像山丘那样大。纪昌用燕国产的牛角加固弓，用楚国生产的篷秆作为箭，射那只悬挂在窗上的虱子，竟然穿透了虱子的中心，但毛还没有断。纪昌又把自己进步的情况告诉了飞卫，飞卫很高兴地说道："你已经学会射箭了！"纪昌觉得自己射箭水平很高，现在全天下只有飞卫才能和自己相比，于是想方设法除掉飞卫。有一天两个人在野外相遇，纪昌和飞卫都互相向对方射箭，两个人射出的箭在空中相撞，然后全部都掉在地上。最后飞卫的箭射完了，纪昌还剩最后一支，他向飞卫射了出去，飞卫赶忙拿起路边的棘举起，刺戳飞来的箭头，箭被分毫不差地挡了下来。于是两个人把弓扔了，然后相拥而泣，并且互相认为父子，发誓不再把这种技术传给任何人。纪昌学射箭的故事说明了天下所有的事都是这样，只要找到其中的规律，也就是老子说的道，没有办不成的事，道是万事之本。

虚静的状态就是《菜根谭》中写的："宠辱不惊，闲看亭前花开花落；去留无意，漫随天外云卷云舒。"就是诸葛亮临终前写给他儿子诸葛瞻的家书《诫子书》里所说的："夫君子之行，静以修身，俭以养德。非淡泊无以明志，非宁静无以致远。”意思是作为君子应该以不受外界的各种影响来修养自身，用节俭来培养自己的德行，对名利如果不采取淡泊的态度就没有办法使志向清白，不排除外界干扰就不能前进以达到自己远大的目标，实现理想的抱负。

齐家治国方能平天下，在这个愈发复杂且矛盾的全球环境下，修身的重要性鲜被提起。有着大智慧的领导才有先进的组织，在严峻的环境下能灵活寻找突破点。

三、燕处超然

重为轻根，静为躁君，是以君子终日行不离辎（zī）重。虽有荣观，燕处超然，奈何万乘之主，而以身轻天下？轻则失本，躁则失君。

“躁”，在这个语境中有动的意思。“辎重”，是古代军用器械、粮草、营帐、服装等的统称。“荣观”是指贵族游玩的地方。“燕处”是安居的意思。整段的意思就是在轻与重、动与静这两对矛盾之中，重是主要的，轻是次要的，静是主要的，动是次要的，老子说重是轻的根本，静是动的根本，因此，有道的人整天做事保持慎重，就像行军打仗一样，离不开粮草、武器、衣服等，即使有游山玩水的地方，他也能泰然处之，超脱其中。为什么万乘之车的大国君主，还以轻以动来治天下呢？轻就会失去根本，动就会丧失统治。

我们要搞清楚什么是动什么是静。《北海老人全书》说：“凡一切有为之为，有法之法，有意之意，有心之心，有神之神，有气之气，此皆属乎动者也！各教大圣人皆无法之法，无为之为，无心之心，无意之意，无神之神，此皆属乎静者也！”根本的是，“有为”的就是动，“无为”的就是静。

据传峨眉山山顶上很早以前有一座会飞的小山峰，这个小山峰飞到哪儿，哪儿就会被压塌许多房子，而且压死很多人。当时灵隐寺里有个和尚，是个疯子，整天疯疯癫癫的，也不守佛门清规。有一天，疯和尚得知中午这个小山峰会飞落到灵隐寺前的村庄，他挨家挨户地告诉人们说："今天中午有座山要飞来了，请大家赶紧搬走!"他说得口干舌燥的，却没有人相信他的话。中午临近了，疯和尚急得团团转。这时他看见有一家人成亲，疯和尚就推开众人，把新娘子往肩上一背就往村外飞跑。大家都拼命地去追，甚至全村人都追了出来。只有村东的财主没有追，还在看热闹——出家人抢新媳妇。疯和尚背着新娘子往前奔，大家追出十几里路，追上后，人们准备打他，却不料顿时天昏地暗，伸手不见五指，"轰隆"一声，人们都被震得跌了一跤，爬起来一看，有一座山峰已经落在他们的村庄上。这时人们才明白，疯和尚抢新娘子是为了救大家的命。后来疯和尚决定在山上凿五百尊石罗汉，把这小山峰镇住，不让它再飞往其他地方害人。这座小山峰就永远留在灵隐寺前面，被人们称为"飞来峰"。

庄子讲了一个关于"呆若木鸡"的故事。呆若木鸡，主要是形容一个人痴傻发愣的样子，是一个贬义词。但是最初的时候可是一个褒义词。纪渻先生替王养斗鸡。十天后，王问："鸡训练好了吗?"他说："没有，正在凭一股血气而骄傲。"十天后，王又问："鸡训练好了吗?"他说："没有，仍然对其他鸡啼叫和接近有反应。"十天后，王又问："鸡训练好了吗?"他说："没有，仍然气势汹汹地看着对方。"十天后，王又问："鸡训练好了吗?"他说："差不多了，现在即使其他鸡啼叫，它也没有反应了。看着它，好像木头鸡一样，它们的精神全部收敛，别的鸡没有敢应战的，转身逃跑了。"斗鸡，这是要经过长时间的训练才能够成功，要去除了内心的浮躁，去掉虚火，凝聚斗志，才能成为战斗鸡。一个人不也是这样吗？玉不琢不成器，要去除烦躁，心平气和，以静制动，心神合一，才能无坚不摧。

曾国藩说："人心能静，虽万变纷纭亦澄然无事。静在心，不在境。"诸葛亮是西蜀的丞相，他以神算而被大家所熟知。诸葛亮的儿子诸葛瞻，遗传父亲的基因非常聪明，但是诸葛亮怕他容易自满自足，给诸葛瞻起字叫"思远"，意思就是志当存高远。诸葛亮给儿子的信中说："夫君子之行，静以修身，俭以养德。非淡泊无以明志，非宁静无以致远。夫学须静也，才须学也，非学无以广才，非志无以成学。淫慢则不能励精，险躁则不能治性。”意思就是有道德修养的人是依靠自己内心的安静来修养身心的，以俭朴节约来提升自己高尚的品德。不恬静寡欲就无法明确志向，不排除外来干扰就无法实现远大目标。学习必须静下心并且专一，而才干是来自勤奋学习的。如果不学习就无法增长自己的才能，不明确志向就不能在学习上有较大收获。过度的纵欲放荡或者消极怠慢就不能勉励心志，让精神振作起来，冒险草率或者急躁不安就不能修养自己性情。年华随时光而飞驰，意志随岁月而消逝。最终枯败零落，大多不深谙世事、不为社会所用。诸葛亮认为人除了刻苦学习、有志向，还要心静。他在给外甥的信《诫外甥书》中说：“忍屈伸，去细碎，广咨问，除嫌吝。”不要考虑一时的得失，不贪图生活上的享受，广交师友，不计较个人的恩怨。

苏东坡在江北瓜州任职的时候，一江之隔的金山寺里面的住持是佛印禅师，他们是好朋友，两人常常在一起坐禅论道。有一天苏东坡自己吹嘘说修持较深了，就写了一首诗：“稽首天中天，毫光照大千。八风吹不动，端坐紫金莲。”这首诗中“稽首”是顶礼膜拜的意思，“天中天”是什么意思？天是人所尊敬的，而佛陀更为天所尊敬，所以佛陀被称为“天中之天”。“毫光照大千”，是说佛陀的慈悲道德的光芒普照于三千大千世界。一个太阳系里面，有很多星球，组成一个小世界；一千个小世界，合成一个小千世界；一千个小千世界，合成一个中千世界；一千个中千世界，合成一个大千世界。“八风吹不动”，“八风”是称、讥、毁、誉、利、衰、苦、乐。《大智度论》说：“利、衰、毁、誉、称、讥、苦、乐；四顺四违，能鼓动物情。”这八种是人生成败得失的总和。称颂赞美，名誉利禄，各种快乐的享受，都是人们所热衷的，一般普通的人有这些好境乐事，都会感到飘飘然，而遇讥嘲诋毁，则会怒形于色，逢逆缘苦境，就会忧戚于心，这些都是人之常情。然而有一个人，居然“八风”都吹不动他，这人是谁呢？就是佛陀。“端坐紫金莲”，意思是说佛陀众德圆备，故能不被外境所摇动，庄严而安稳地坐在莲花台上。苏轼把这首诗写好后，叫书童送给江对面的佛印禅师，希望能够得到禅师的赞赏。禅师看完后，批了两个字后叫书童即刻送回。苏东坡打开一看，只见上面写着两个字：放屁。苏东坡很愤怒，见佛印不但不赞扬，还开始骂人了，马上乘船过江去找佛印理论。等苏轼到金山寺方丈门口准备敲门时，只见上面写了两行字："八风吹不动，一屁过江来。"苏东坡看后才恍然大悟，惭愧不已。苏轼在《送参廖师》中说："静故了群动，空故纳万境。"正是因为静，所以能知道世上的各种动态，正是因为空，因此，能容纳各种意境。

儒家所守的是"仁"，老子所守的是"道"，法者所守的是"法"。大禹为帝的时候，日夜操劳，身心疲惫，他的下属仪狄看在眼里记在心里，便将自己造的美酒献给了他。大禹喝了美酒后，一醉就是三天三夜。醒来时疲劳也得到了缓解，心情很高兴。但是当他知道自己饮酒之后竟睡了三天三夜，心中很懊悔，差点让美酒荒废了政务，从此以后便故意疏远了仪狄，再也不去喝酒。

人世沧桑，需要心净。持重守静，方可立身。以静制动，无私无欲。阴阳相生，祸福相依。企业管理需要平衡各方利益，兼顾各个层面的发展，在动静之间寻找中庸之道。

四、去奢去泰

将欲取天下而为之，吾见其不得已。天下神器，不可为也。为者败之，执者失之。故物或行或随，或歔（xū）或吹，或强或羸；或挫或隳（huī）。是以圣人去甚，去奢，去泰。

想要把天下治理好而用高压政策，我认为他不能达到目的。天下是一个神圣的东西，凭着自己的主观意志用强制的办法，不能把持住。用这种行为的，注定要失败，用这种行为加以统治天下，天下一定会失去。因此圣人不妄作为，就不会失败；不用强迫政策把持，天下就不会失去。每个人禀性不一样，有的人会前行，有的人会跟随，有的人性格缓，有的人性格急，有的人天生刚强，有的人天生柔弱，有的人遭挫折，有的人被毁坏。因此有道的人要去除那种极端的、奢侈的、过度的做法。

圣人是按照“道”来行事的，而不通过乱作为或者主观去行事，这就是老子一直强调的“无为”，“无为”不是没有作为，而是顺应自然行事，不胡作非为。要做到“无为”必须去甚，去奢，去泰。

首先“去甚”。“去甚”就是做人做事不走极端。《狼图腾》中写道：“草原人其实是运用了草原辩证法的高手，还特别精通草原的中庸之道，不像汉人喜欢走极端，鼓吹不是东风压倒西风，就是西风压倒东风。草原人善于把草原上的各种矛盾，平衡控制在一举两得之内。”有一条大蛇，在人间为非作歹，伤人伤畜，老百姓不敢下地干活，甚至很多人都不敢外出，无奈之余，老百姓就到寺庙的住持那里求救，据说这位住持讲道之时连顽石都能够被点化，无论多么凶猛的野兽都能被驯服。后来这位住持接受了老百姓的请求，驯服并驯化这条蛇，不仅教它不能伤人，还讲了许多做人处世的道理，后来蛇真的被驯化了，而且变得跟以前完全不同，不仅不再凶狠，而且有些懦弱，于是有的人开始欺负它，甚至有人拿竹棍打它，也有人拿石头砸它。后来蛇被搞得遍体鳞伤，奄奄一息地爬到住持那里，住持见到蛇这样，非常讶异，蛇就说：“你叫我与世无争，与人和睦相处，不要伤人伤畜。”住持说：“是啊，你这样做了没有?”蛇哭丧着脸说：“你让我这样做，我感觉人善被人欺。”住持摇了摇头说：“我要求你不要伤害人畜不错，但是你受到别人欺负的时候，你应该自卫啊，哪怕昂首吐信地吓唬他们一下也行啊!”蛇哑口无言。蛇就是走了两个极端，一个恶到了极点，一个又善到了极点。

其次“去奢”。“去奢”就是做人做事不贪婪。从前有一个很穷的农夫救了一条蛇的命，蛇为了报答他的救命之恩，就叫这个人提出愿望满足他。这个农夫一开始只求简单的衣食，蛇全都满足了他的愿望。后来这个农夫慢慢的生起贪欲，要求当官，蛇也满足了他的愿望。后来他还要求做皇帝，蛇最后一口把这个人吃掉了。人们常说：欲望是无底的深渊。有一个渔夫捕鱼，刚开始织的网只有平常吃饭的桌子那么大，他出海一天也没有捕到一条鱼，失望地回家了。有人对他说："你看你啊织的网太小了，怎么能捕得到鱼，你要把网织得大一些。"渔夫第二天就在家织网，把网织得很大。渔夫带着他的大网一天下来捕到了很多鱼。渔夫想，如果把网织得再大一些，那捕到的鱼一定还更多。后来渔夫连续几天在家织网，织成一张巨网，然后带着这张网去捕鱼了。忙了一天，渔夫准备收网了，一拉网，确实有许多鱼，非常沉，竟然把渔夫的小船拉翻了。

最后"去泰"。"去泰"就是做人做事不要太好了。谁人背后无人说，谁人背后不说人，就算你做人再好，也避免不了被人背后议论。晋国的晋平公有次想向齐国下手，他先派心腹范昭去打探一下齐国的情况。齐景公一看是晋国范昭大驾光临，马上大摆宴席，热情款待。中国人办好多事都是吃饭解决的，吃饭也是业务之一。现在如果有一个人突然要请你吃饭，一般有两种情况，要么是有事求你，要么是想从你身上得到更大的利益。齐景公的这顿饭属于第一种，他与范昭推杯换盏，姿态十分低下。他怕范昭吗，当然不怕，但是他知道晋国比较强大，自己得罪不起。席间，正值酒酣耳热，均有几分醉意之时，范昭借酒劲儿对齐景公说："请您给我一杯酒喝吧！"齐景公吩咐道："把酒倒在我的杯中给客人。"范昭接过酒，一饮而尽。晏婴把这一切看在眼中，对侍臣命令道："快扔掉这个酒杯，为主公再换一个。"依照当时的礼节，君臣应该各自用各自的酒杯，范昭用齐景公的酒杯喝酒违反了这个礼节，是对齐国国君的大不敬，范昭是故意这样做的，目的在于试探对方的反应，但还是被晏婴识破了。范昭回国后，向晋平公报告说："现在还不是攻打齐国的时候，我试探了一下齐国君臣的反应，结果让晏婴识破了。"范昭认为齐国有这样的贤臣，当前去攻打齐国绝对没有胜利的把握，晋平公因而放弃了攻打齐国的打算。这就是"折冲樽俎"的典故。孔子称赞晏婴的外交表现说："不出樽俎之间，而折冲千里之外。"不用武力而在酒宴谈判中制敌取胜。

唐尧之时，尧帝发现许由比较贤能，于是想把帝位让给许由，许由知道后立刻拒绝了，并且逃到箕山之中隐居起来。后来，尧帝又派人找到了他，想请他出任管理九州的长官，许由又当即拒绝，认为出来做官是以名利来妨害自己的节操（这有点绝对了），认为尧的话污染了自己的耳朵，便跑到颍水边洗耳朵。

俗话说："千人千面。"每个人都有自己的性格特征：有的人性格特立独行，有的人性格趋炎附势，有的人性格成熟稳重，有的人性格乐天达观，有的人性格内向害羞，有的人性格外向开朗，有的人性格豪放不羁，有的人性格少言寡语，有的人性格循规蹈矩，有的人性格积极进取，有的人性格老实巴交，有的人性格圆滑老练，等等。作为圣人，或者领导如何使他们归顺？首先，作为一个管理者要正视个体性格的差异性，根据他们各自的性格特征，匹配相应的工作岗位。比如，一个人比较内向，就让他做文字工作或者档案整理；一个人比较外向，就让他在外做市场营销，跑业务。其次，注意工作环境的安排。不同性格的人可以安排在一个办公室，这样可以做到性格互补，千万不要把性格相同的人安排在一个办公室，要不整天相互没有交流沉闷得要死，要不整天嘻嘻哈哈闹得屋顶都要掀掉。最后，领导要注意"去甚，去奢，去泰"，顺应自然去组织管理，注意沟通，注重个人的存在和发展，千万不可过多干涉员工。

管理是强调控制的，但管理的最终目的是达到"无为"的状态。即整个组织的运转有序，成员各司其职，目标清晰明确。组织并不是一定处于层层控制的状态下就是最好的，自我进化良好才是最好的。

五、自知者明

知人者智，自知者明。胜人者有力，自胜者强。知足者富，强行者有志，不失其所者久，死而不亡者寿。

这段文字主要讲了"知人""胜人"的重要性，了解并认清别人是智慧的，了解并认识自己是高明的。因此，要取得胜利，"自知""自胜"最重要。能够战胜别人的人是有力量的，能够克服自身弱点的人才是最刚强的。懂得满足的人其实是富有的。努力不懈进取的人是有志气的。始终不失掉根基的人就能够存在久远。肉体死了但精神永存的人才算是永存的。

“知足常乐。”《礼记·中庸》曰：“君子素其位而行，不愿乎其外。素富贵，行乎富贵；素贫贱，行乎贫贱。”意思就是说，一个真正的君子在自己的工作岗位上任劳任怨，不会再有其他非分之想，如果富有则顺其自然，贪穷也没有什么，保持心态平和，和外国人相见时友好对待，患难时也保持一个平常心，这就是一个真正的君子，不管走到哪里都能逍遥自在。波斯有一句谚语：在我看到一个没有脚的人之前，我一直因为没鞋而抱怨。稻盛和夫曾说：“人生不是一场物质的盛宴，而是一次灵魂的修炼。”胡九韶，明朝金溪人，他的家境很贫穷，一面教书，一面努力劳作，仅仅能够维持温饱。每天傍晚，胡九韶都要到门口焚香，向天拜九拜，感谢上天赐给他一天的清福。他的老婆就笑他说：“我们一天三餐都是菜粥，怎么谈得上是在享清福?”胡九韶说：“我们首先很庆幸生在太平盛世，没有战争。又庆幸我们全家人都能够有饭吃，有衣穿，也不至于挨饿受冻。第三庆幸的是家里面没有病人，监狱中没有犯罪分子，这难道不是清福是什么?”

“知足常乐”是一种人生智慧。

近代的弘一法师，淡泊物质，随缘生活。一条毛巾用了十八年，破破烂烂的。一件衣服穿了好多年，缝补再缝补。有人劝他说：“法师，该换新的了。”他却说：“还能够穿用。”平常吃饭佐餐的只有一碟萝卜干，他还吃得很高兴。有人不忍心地说：“法师！太咸了吧！”弘一大师恬淡知足地说：“咸有咸的味道。”杨绛先生说：惟有身处卑微，最有机缘看到世态人情的真相。

人们常说：人贵有自知之明。苏东坡在《题西林壁》一诗中也说：“横看成岭侧成峰，远近高低各不同。不识庐山真面目，只缘身在此山中。”意思是：从正面、侧面看庐山，山岭连绵起伏，山峰耸立，从远处、近处、高处、低处看庐山，庐山呈现各种不同的样子。我之所以认不清庐山真正的面目，是因为我人处在庐山之中。游山所见如此，观察世上事物也常如此。人们所处的地位不同，看问题的出发点不同，对客观事物的认识难免有一定的片面性，要认识事物的真相与全貌，必须超越狭小的范围，摆脱主观成见。人最可贵的就是知道自己，了解自己，而且能明白之后醒悟。能够由模糊而转向清楚，由错误而转向正确。在古希腊一座智慧神庙大门上也写着这样一句箴言——认识你自己，古希腊人还把它奉为“神谕”，是最高智慧的象征。“知足者富。”战国时期著名的纵横家苏秦，早年生活窘迫，穷困潦倒。他虽拜鬼谷子为师，却空有一身才华而无处施展。苏秦到洛阳游说周显王时，王上不信任他，大臣看不起他；他西行至秦国，欲游说秦惠王兼并列国，秦惠王讨厌说客，也不理他。甚至他的家人都在私下讥笑他做事舍本逐末。虽然受到连番羞辱、重重打击，可是苏秦并不气馁，而是相信自己，不断努力。后来，他终于在燕国得志，成功合纵，担任六国国相。把力量用在别人身上的不如用在自己身上，将自己看明看透，外物就在你眼前准确清晰地呈现，必须要战胜自己的偏执和欲望。叔本华说：“一个人在照镜子时，永远不会以陌生人的眼光来审视自己，他的自我意识会不停地低声提醒自己：我看到的不是另一个自我，而是我的自我。”

人们常说：“知人者易，知己者难。”了解别人容易，因为你在看别人的时候总是把别人当作透明的玻璃去分析，去感知，从表到里，由内而外，看得真切，即使善于伪装的人，也能看得清楚，但是吐槽自己就比较难了，一般的人在看自己的时候都是不真实的，放大自己的优点，掩饰自己的缺陷。庄子在《人间世》里写了一段“知人”与“知己”的辨析。颜阖（hé）是鲁国的一个贤人，准备去辅佐卫公子，临行前请教蘧（qú）伯玉一个问题，蘧伯玉是卫国的贤大夫。颜阖说：“有人于此，其德天杀。与之为无方，则危吾国；与之为有方，则危吾身。其知适足以知人之过，而不知其所以过。若然者，吾奈之何?”颜阖说的意思是：“现在有这么一个人，生来喜欢杀人。如果任其自然，就会危害国家；如用法度约束，就会伤害到自身。他的智慧是了解别人的过失，但是不知道自己有什么缺陷。遇到这种人，我该怎么和他相处呢?”这个问题也是我们很多人都想问的问题。蘧伯玉就回答说："问得好，要谨慎行事，首先要站稳脚跟。你的外表不如表现得十分亲近的样子，但是你的内心却要有诱导他的思想。如果这样还不好使，就亲近他，但是不要太密切，诱导他不受心意显露。外表亲近到关系密切，你就要倒霉了，内心诱导太露了，会被认为是沽名钓誉，也会招致灾祸。他如果像天真的孩子那样烂漫可爱，你就姑且任他像个孩子那样烂漫着；他如果没有界限，那么你就暂且随他也不要分界限。他如果跟你无拘无束了，那么你也就跟他无拘无束。慢慢地引导，不要让他离错误越来越近，而是要让他达到免于错误的地步。"

管好自己就要了解自己，同样，想要治理好组织就要先要了解组织。组织的优势在哪里？组织的危机是什么？管理者做出决策的前提是需要掌控全局，扩展视野。

六、道常无为

道常无为而无不为，侯王若能守之，万物将自化。化而欲作，吾将镇之以无名之朴。无名之朴，夫亦将无欲。不欲以静，天下将自定。

这一章是老子《道德经》中《道经》的最后一章。《道经》一共三十七章，大致论述了道的定义、形状、价值意义以及规则规律。这一章的主导思想依然是"无为而无不为"，就是要顺其自然，不要过多干涉老百姓，让老百姓自由自在。第一句就论述老子的主导思想，要按照"道"来行事，怎么才叫按照"道"来行事呢？无为而治，就是顺应自然，表面上看好像什么事情也没有发生，不是它所作为的。自然是无为的，道当然也是无为的。道的无为，就是静谧、朴素和无欲。无为的意思就是"不妄为"，侯王如果能遵循道的原则，就要守道而行，无为而治，天下的万物就能够按自身规律正常发展。当它们自生自长产生贪欲时，我就要用道的素朴去整治它，用道的素朴来改变它，就不会再起欲望之心了。没有贪欲的心，就能够清静无为，天下万物将自然走向上正轨。

我们存在的世界是真实的、可感的，其实我们的人生也是真实的、可感的，社会规律、人生规律却是不可感知的，但又需要遵循，它与我们真实的世界与人生相得益彰。

无所不为，其实就是没有作为。据说很早以前有一个老禅师，年纪大了以后想回家乡再看一下，家乡所有人都热烈欢迎他。但是有人跟他讲，你得道高深，我们村子里有一个孩子，冥顽不化，刁蛮刁钻，我们都没有办法对付他。后来这个孩子主动来见老禅师，一看见老禅师，也不尊重他，上来就拉拉老禅师的胡子，还摸摸老禅师的光头，没有礼节，但老禅师什么教育之类的话也没有说。当天晚上，村子里的人都已经散去以后，老禅师专门留下了这个孩子，但并没有说教，更没有跟他讲什么大道理，而是这个孩子说："我年龄大了，弯不下腰，你去给我端一盆洗脚水来。"这个孩子竟然按照老禅师的要求去做了，老禅师把双脚放进盆里后，又对这个孩子说："乖孩子，我腰不好，请你帮我洗脚吧。"这个孩子的心好像立刻被点化了，而且流着眼泪给老禅师洗脚。第二天这个孩子性格大变，从此成为一个乖巧的孩子。这个老禅师对这个孩子并没有做什么，没有反感他，没有说教他，没有批评他，也没有关心他，但是孩子却改变了，老禅师只是自然地顺势做了一些事。所以什么是无为，就是顺势而为。

无为而治，就是要以德化民，使天下得到治理。无为而治，不是什么都不干，而是不随意而为，不妄为，尽量不人为而为，而自然而为。舜德行高，尧就派他来管理国家。当中原洪水肆虐的时候，尧派鲧去治理洪水，鲧治水 9 年，没有治好，最后舜就派鲧的儿子禹去治水。禹经过 13 年后，最终完成了治水任务。禹为什么能够治理得非常成功，因为他采取的是无为而治的方法，比如有老百姓犯了该要割掉鼻子的罪，不割鼻子，而是让他穿上褐色衣服来代替；有的老百姓犯的罪很严重，甚至应该砍头，对于这样的人，就让他穿没有领子的布衣。为了传播乐舞，舜就派夔到各地去传播音乐。有人担心夔一个人不能够担当如此重任，舜说："音乐之本，贵在能和。"因为像夔这样懂音律的人，一个人就足够了，最后夔确实出色地完成了任务。

“无为”，是老子最完美的处事方法。如何理解“无为”？第一，“无为”就是不妄为，不瞎折腾，不干扰。第二，“无为”就是做事情要在它尚未发生以前就处理妥当，要在祸乱没有产生以前就早做准备。第三，“无为”就是“道法自然”，遵循大道，无欲无求，自由自在。做到这三点，就能够达到“无为而无所不为”的至高境界。无为绝对不是没有作为，而是大有作为。作家王蒙说：“无为，不是什么事情也不做，而是不做那些愚蠢的、无效的、无益的、无意义的，乃至无趣无味无聊，而且有害有伤有损有愧的事。人一生要做许多事，人一天也要做许多事，做一点有价值有意义的事并不难，难的是不做那些不该做的事。”

无为而有为则可为，有为而无为则不为。道家强调无为而为，让大家不要太重视结果，因为太注重结果往往得不到想要的结果，自己想要的结果是自然而然得出来的，虽然看似“无为”，却“有为”。无为而有为，有为则无为。也就是说，当你每天感觉到碌碌无为的时候，你就要告诫自己该有点作为，新的有作为的开始，实际上就意味着有作为的结束，同时有作为的结束，又启迪自己要有新的开始。一个人注重的是过程，而不是结果。

台湾作家三毛说：“真正的快乐，不是狂喜，亦不是苦痛，在我很主观的来说，它是细水长流，碧海无波，在芸芸众生里做一个普通的人，享受生命一刹间的喜悦，那么我们即使不死，也在天堂里了。”张爱玲也说过类似的话：“很多事情的发展注定会迎来结局，不要在乎结果，只要好好享受美丽的过程，擦身而过的时候，我学会了遗忘!”

最后我们一起欣赏一下宋代黄庭坚的《水调歌头 · 游览》，这首词就是写的只要过程的快乐：“瑶草一何碧，春入武陵溪。溪上桃花无数，花上有黄鹂。我欲穿花寻路，直入白云深处，浩气展虹霓。只恐花深里，红露湿人衣。坐玉石，欹玉枕。拂金徽。谪仙何处，无人伴我白螺杯。我为灵芝仙草，不为朱唇丹脸，长啸亦何为。醉舞下山去，明月逐人归。”桃花源是陶渊明心中的理想世界，表现了陶渊明对美好理想社会的向往。黄庭坚神游“桃花源”，写了他超逸绝尘、游于物外的审美感受，你看瑶草多么绿，春天来到了武陵河边。河上到处盛开着桃花，花上面的黄鹂还唱着婉转悦耳的歌。我想要穿过桃花源的花丛，一直走到飘浮白云的山顶，一吐胸中浩然之气，化作虹霓。只怕花的深处，露水湿了衣服。作者孤芳自赏，自由坐着玉石，靠着玉枕，弹着金徽。被贬谪的仙人在哪里，没有人陪我用田螺杯喝酒。表面上是说李白不在了，无人陪他饮酒，言外之意，是说他缺乏知音，感到异常寂寞，因此说不为表面繁华，长叹为了什么。喝醉了手舞足蹈地下山，明月仿佛在伴随我回家。作者并不是不食人间烟火，从入世到出世，自由自乐，他要构筑一个自得其乐的生活过程，自我陶醉，忘却尘世，不管明天如何。

一个有魅力的领导者不需要滥用权力来管理组织，下属自然会追随他。强大的组织文化不需要强迫员工遵守，处在这个文化氛围中，人得到耳濡目染的熏陶。老子的智慧可以让我们成为这样的领导，成就这样的组织。

七、处实去华

上德不德，是以有德；下德不失德，是以无德。上德无为而无以为，下德为之而有以为。上仁为之而无以为，上义为之而有以为，上礼为之而莫之应，则攘（rǎng）臂而扔之。故失道而后德，失德而后仁，失仁而后义，失义而后礼。夫礼者，忠信之薄而乱之首。前识者，道之华而愚之始。是以大丈夫处其厚，不居其薄；处其实，不居其华。故去彼取此。

这一章老子认为，德分为上德和下德，上德就是符合老子道的德，下德是不符合道的，人们应该保持素朴，不要浮华。上德的人，不是仅仅外表形式上表现德，这样的人实际上是有德的。下德的人仅仅表现为外在的不离失德，因此实际上是没有达到德这个高度的。上德的人顺应自然无心作为却有德，下德的人顺应自然但是有心作为，因此也是无德。上等内在有仁的人虽然有作为但是出于无心无意，是上德；上等有义的人虽然也有所作为但是出于有心有意，是下德。上等有礼的人有所为但是得不到结果。“攘”，是捋起衣袖露出手臂的意思，扬着胳膊，用粗暴的行为强迫他人跟他去行动。因此，我们从这个方面去理解，失去了道后就开始讲德，失去德后就开始讲仁，失去仁后就开始讲义，失去义后就开始讲礼。到了礼这个东西出现了，这是缺失忠信的表现，是道、德、仁、义都缺失时才出现的，当然这就是社会动乱的祸端了。什么是先知，只是道的一些虚浮华表，这应该是愚昧的开始。“大丈夫”是一些守道之人，如圣人之类。守道的人立世，为人敦厚耿直而不能做一些轻薄的事，做事实在而不能够虚浮华表。因此，应当舍弃虚浮华表而朴素敦厚。

这一章是《德经》的开篇。前面的 37 章是《道经》部分，讲的是天道，《德经》则阐释人德。《道经》部分把作为分为无为和有为两种，有为包括仁、义、礼，无为包括道与德两个方面。不能无为，那就是有为，有为就要给别人爱，对人怜悯，大爱无疆；不能给人爱，就要给人帮助，这是义；不能给人帮助，就要讲究礼法。你看君臣之间、父子之间、夫妇之间、亲戚朋友之间，只有外在的高大上的礼仪，但没有内心的情感。遇到麻烦事，君臣乱，父子关系断绝，夫妇离婚，朋友反目成仇。仁、义、礼这三者，虽然出自内心，但是总给人不太真实的感觉。如果用无为来行事，做什么事都没有什么目的，做了好事，也不留名，有了业绩，也不去争名争利。

唐代诗人白居易，29 岁中了进士，官至左拾遗。晚年在河南洛阳香山居住，号香山居士 。他去世后，唐宣宗李忱还写诗悼念他。但是白居易的一生也是浮浮沉沉多次。白居易第一次遭受挫折后，开始接触道家老子，并研究《道德经》，还写了《读道德经》：“玄元皇帝著遗文，乌角先生仰后尘。金玉满堂非己物，子孙委蜕是他人。世间尽不关吾事，天下无亲于我身。只有一身宜爱护，少教冰炭逼心神。”玄元皇帝指的是老子，唐朝的皇帝都姓李，奉老子为始祖，唐高宗追封老子名号太上玄元皇帝。乌角先生是东汉的一个道家之人，精通五行八卦。这首诗的意思是，老子李耳写下了经典著作《道德经》，乌角先生也步其后尘。我彻底看明白了，金银财宝都是身外之物，生不带来，死不带去。子孙只是托胎借了个肉身来到我家，不是属于我的什么私有财产。这世界上没有什么与我相关的东西存在，无亲无故，无牵无挂。只有我自己的肉身是属于我的，因此要好好保护。不能让其外在的风霜伤损了自己的身体与心神。后来白居易还写了七律《感兴二首》："吉凶祸福有来由，但要深知不要忧。只见火光烧润屋，不闻风浪覆虚舟。名为公器无多取，利是身灾合少求。虽异匏瓜难不食，大都食足早宜休。鱼能深入宁忧钓，鸟解高飞岂触罗。热处先争炙手去，悔时其奈噬脐何。尊前诱得猩猩血，幕上偷安燕燕窠。我有一言君记取，世间自取苦人多。"意思是吉凶祸福都是有来由的，只需弄明白了就可以了，不要担忧。我们只见过豪宅被大火所焚毁的，但是从未听说空船为风浪所覆没的，装货过多的船，遇风浪才会沉下去；空船当然也会倒，但是仍可浮于水面。名利就如美味的葫芦一样，谁不想吃呢？可是吃多了要拉肚子的。白居易自从看了《道德经》后，把人世间的纷纷扰扰都看透了，什么吉凶祸福，你心里清楚是怎么回事就可以了，不要较真，"祸兮福所倚，福兮祸所伏"，大风大浪弄翻了空空的木船，即便是空船翻了，也会浮在水面，不会下沉的。因此别总想出人头地，这不是什么好事情，见素抱朴，少私寡欲。孟子曾说："无恻隐之心，非人也；无羞恶之心，非人也；无辞让之心，非人也；无是非之心，非人也。恻隐之心，仁之端也；羞恶之心，义之端也；辞让之心，礼之端也；是非之心，智之端也。人之有是四端也，犹其有四体也。"孟子说，没有怜悯伤痛的心，不能算是人；没有羞耻憎恶的心，不能算是人；没有谦虚礼让的心，不能算是人。没有是非善恶的心，不能算是人；怜悯伤痛的心，是仁的发端；羞耻憎恶的心，是义的发端；谦虚礼让的心，是礼的发端；辨别是非善恶的心，是智的发端。一个人有仁义礼智这四端，就如同身上有手足四肢一样。礼对衣食住行、服饰宫墙、车马仪仗都有严格规定，老子认为规矩越多，偏离道就越远。

北宋方勺《泊宅编》卷上说："白乐天多乐诗，二千八百首中，饮酒者八百首。”唐代孟棨（qǐ）《本事诗·事感》中记载：“白尚书（居易）姬人樊素善歌，姬人小蛮善舞。尝为诗曰：樱桃樊素口，杨柳小蛮腰。”现代人形容美女说樱桃嘴、小蛮腰或杨柳腰，就是从白居易那里学过来的。

德：从彳（chì），悳（dé）声。《说文解字》中，德指道德、品行。“彳”，就是行走的样子。“悳”是一只眼睛，眼睛的上面是一条垂直线，表示目光直射的意思。“目”下面还有“心”，意思就是说，目正、心正才能够算“德”，就是心里想着正确的目标而前进。“德”，就是得道的“得”。德者，得也，就是“得道”。一个人将自然法则落实在为人处世的行动之中，体道而行就是有得，也就是有德。因此，“道德”二字提示我们要习道明德，方能有大格局，成就伟业。前文我们说了老子把人的行为准则分为两种，一种叫无为，指老子说的道与德；一种叫无不为，就是孔子说的仁、义、礼。“德”又分为“上德”和“下德”，“上德”是指天地之德、自然之德；“下德”是指人间之德、社会之德。人应该效法天地之德，按照自然法则行事，清心寡欲，你就能获得人间之德。人的生命是短暂的，我们应该顺应自然，要活得明白，生命只有当下的意义，没有终极的意义，要清楚活在世上该做什么和不该做什么。

“得道者多助，失道者寡助。”管理者要以人为本，柔性管理。对待有困难的员工要施以援手。从组织来说，也需要承担社会责任来体现组织在公众视野中的价值意义。若组织忽视道德，只追求利益，最终会走向灭亡。

八、贱为贵本

昔之得一者，天得一以清，地得一以宁，神得一以灵，谷得一以盈，万物得一以生，侯王得一以为天下贞。其致之。天无以清将恐裂，地无以宁将恐发，神无以灵将恐歇，谷无以盈将恐竭，万物无以生将恐灭，侯王无以贵高将恐蹶（jué）。故贵以贱为本，高以下为基。是以侯王自谓孤寡不毂（gǔ）。此非以贱为本邪？非乎？

故至数舆无舆。不欲琭琭（lù）如玉、珞珞（luò）如石。

这里老子讲的一个字就是“一”。“一”和“1”不同，“1”这个阿拉伯数字据说是公元3世纪印度的一个科学家巴格达发明的。刚开始计数只到3，可以想象一下，当时如果要得到7，就要用2加2加2再加1，如果是成百上千的，那就比较麻烦了。大约700年前后，阿拉伯人控制了旁遮普地区，惊讶地发现这个地区的人数学水平很高，就想把这个先进的数学也移植到阿拉伯去，后来他们在印度北部抓住了一个人叫巴格达，这个人竟然就是数学研究的专家，就把他捉到阿拉伯传授数学知识及计算方法，再后来，阿拉伯人把这种计算方法传入西班牙及欧洲其他国家，欧洲人基本上都开始采用阿拉伯数字。但是那时的阿拉伯数字的形状与今天的阿拉伯数字不太一样。我们再来看老子津津乐道的“一”是什么含义，当然不是阿拉伯数字的意思，这里的几个“一”，就是指的是老子的“道”。“一”并不是一个实体，而是个抽象的东西，看不见，摸不着，也不能用语言来描述，只能为人们所感悟，无形无状，无色无味，无声无息，从哲学高度来说，是物质的唯一性，也是认识的统一性，天下万事万物都是从“一”开始的。老子还特别强调守一，就是虚静的状态下，把人的意念集中到身体的某一部位。《庄子·在宥》曰：“我守其一，以处其和。”就是说把心放在一处，让整个身体内阴阳平衡，千千万万是从一开始的，千千万万不敌于一。道理都很简单。“抱一”，就是拥抱宇宙本体的意思，也就是与宇宙本体融为一体了，达到了“无”的境界。

老子列举了天、地、神、谷、万物、王侯说“一”，他说以前得到“一”的：天得到一所以清明；地得到一所以安定；神得到一所以灵验；山谷得到一所以充盈；万物得到一所以生机勃勃；诸侯和君王得到一所以天下安定了。推究其理，老子说假若天不能保持清亮，有可能会崩裂；如果地不能保证安定，有可能就要塌陷；如果神没有灵验，恐怕就会消失；如果山谷不能充盈，有可能就会枯竭；如果万物不能生长繁衍，可能会灭绝；如果诸侯、君王都保持清静，一定会被推翻。因此，尊贵是以卑贱为其根本，高上是以低下为基础的。侯王自称孤、寡、不穀，“孤”的意思是孤独无助之人，“寡”的意思是寡居的人，“不穀”指凶恶不善之人，与孤、寡都是贱称。

老子的核心是说“以贱为本”，要以贱为本，就是要物我两忘，没有私心杂念，没有美丑与荣辱之分，那你就没有痛苦和烦恼，只要无欲无求，你就能得到“一”。左思《咏史》诗中写道：“贵者虽自贵，视之若埃尘。贱者虽自贱，重之若千钧。”钧，古代重量单位，三十斤为一钧。意思是说那些自命高贵的贵人，我把他们看得和灰尘一样轻；而那些认为自己低贱的高尚之士，我却把他们看得重若千钧。表现了作者对豪门贵族的蔑视和对出身寒微的英俊人物的器重。《菜根谭》中写道：“好丑心太明，则物不契；贤愚心太明，则人不亲。士君子须是内精明而外浑厚，使好丑两得其平，贤愚共受其益，才是生成的德量。”辨别美丑的心太过明确，就无法与事物相契合。智者千虑，必有一失；愚者千虑，必有一得。因此，辨别贤愚的心太过清楚，就无法与人相亲近。内心应该明白人事的善处与缺失，处事却要仁厚相待，使美丑两方面都能得到平等，贤愚都能得到益处，这才是上天生育我们的德意和心量。比如说一个人长得不漂亮，但是要相信上天一定会为她打开另外一扇门。老子说天下的人如果都知道美的东西是美的时候，那么天下就要开始有丑恶的了。有美才有丑。

每个人都应该宁贱毋贵，才能得到道。“贵以贱为本，高以下为基。”要想得到道，要重贱，要处下位，去除内心杂念与外物的追求，忘掉自我，不要区分你我，不要撇清美丑、善恶、富贵、荣辱等界限，没有了分别，就没有争抢，没有了争抢，就不会有烦恼。一切烦恼都是由于私心，由于执着于外物，由于不明事理。人生在世，就活那么几十个春秋，何必在意名与利，心无杂念，不卑不亢，你就把握了大道。

在组织中，管理者需要达到“无我”的境界，不要患得患失，不盲目追求利益。在实践中坚持创新，实现最终的目标。

九、有生于无

反者，道之动；弱者，道之用。天下万物生于有，有生于无。

“反者，道之动”，任何事物的运动或发展都是朝着相反的方向运动或发展的，道的运动都是循环往复的运动变化。“弱者，道之用”，道就是用弱而不用强，如果用柔弱反而能强大，反之，用强则反而会变弱。天下的万物都是生于看得见的有形的东西，但是看得见的有形的东西是生于看不见的无形的东西。

“反者，道之动”这句话可以理解为，事物运动变化的规律是循环往复的，而我们周围的事物也都处在永不停息的运动变化之中。太阳每天都从东方升起，西方落下，第二天又从东方升起，再从西方落下，循环往复，周而复始，永不停息。汉代公孙弘家非常贫困，平时生活节约，后来当了丞相，依然很俭朴，吃饭只吃一个荤菜，睡觉只盖很普通的棉被。大臣汲黯向汉武帝参了他一本，说公孙弘位列三公，领了很多薪水，但是生活十分清贫，这是使诈，沽名钓誉。汉武帝把公孙弘叫来问他：“汲黯说你沽名钓誉，你有什么辩解的吗？”公孙弘回答道：“汲黯说得对啊。他跟我交情最好，当然是最了解我的。今天他当着大家的面说我生活水准搞得跟普通百姓一样，确实是装清廉以沽名钓誉。”汉武帝见公孙弘承认了，反而觉得他为人谦让。公孙弘面对汲黯的指责而采用的方法就是“反者，道之动”。很多时候我们不必跟人面红耳赤地论争，有的事情别人不了解，反而越描越黑，要不保持沉默，要不顺着人家的意思做，不辩自明，这实际是大智慧。“反者，道之动”，忍一时风平浪静，退一步海阔天空，这是一种豁达的处事态度。2019 年白岩松做客乌镇文化讲堂，以“《道德经》——我的生命之书”为题讲了一堂生动的课，其中他说：“当我遇到烦心事的时候，我就会问这是不是最烦的，我知道这事儿正在往好的方向去发展，我越是糟糕的时刻越内心平静，越是当别人认为我很好的时候，我越是有不安定感，因为，好的事物会向另一个方向去转化。”

“反者，道之动”，这是老子的大智慧。任何事物的发展都是朝着反方向发展的，老子看到和揭示出诸如美丑、长短、高下、有无、难易、前后、刚柔、祸福、强弱、大小、生死、轻重、进退、攻守、荣辱等一系列矛盾，这矛盾的双方都会向另一方转化。对于“反”，首先有返回、循环往复、周而复始的意思。比如，一年四季春、夏、秋、冬循环往复，一天之中早晨、中午、下午、晚上循环往复；比如，五行金木水火土等都是循环往复的，这就是“反”。其次，“反”是相对的意思。老子思考问题，跟孔子不一样，喜欢反向思维，孔子喜欢说“是”，而老子总是说“不”，你不能这样，不能那样。最后，“反”是相反相生的意思。比如，中国讲的阴阳平衡问题，阴中有阳，阳中有阴，阴阳之间相互转化，阳极而生阴，阴极而生阳；比如，弹琵琶的姿势有很多种，如怀抱竖弹，挥臂横弹，昂首斜弹，倾身倒弹，背后反弹。反弹琵琶是一个什么姿势呢？反弹琵琶是在敦煌壁画中，一个舞伎头束高髻，上身裸露着，身上披着璎珞（yīng luò），下身穿着长裤，把琵琶置于头脑的后面，双臂在斜上方反握着弹，左胯重心向后提起，右脚翘起。现在反弹琵琶，就是指一种逆向思维。

“弱者，道之用。”一般人可能会认为，人只有强大才有用，其实不然，柔弱才能真正发挥最大的作用。老子要求大家不要时时处处都争强好胜，锋芒毕露，这样会将自己推向危险的境地。老子的道发挥作用的时候，一定是用柔弱的方法的时候。老子总要求人处处示弱，要处下位，这并不是一个人软弱无能的表现，而是为了退一步进两步，甚至进得更快更远。

“天下万物生于有，有生于无。”“有”是指看得见的具体事物，“无”是指看不见的“道”，这是万物的本原。“有”是由“无”产生。人相对于无边无际的广阔宇宙来说，真的是沧海之一粟，不足挂齿。如果我们一味地盲目夸大个人存在的价值，其实就是违背道的行为，把自己在往虚伪的方面推进，而不是顺应自然。你膨胀到一定程度的时候，你的很多行为会大逆不道，恣意妄为，甚至自尊自大，这是一种不自知的表现，其结果一定是让自己走向毁灭。

“夜郎自大”这个成语出自《史记·西南夷列传》。据《史记》记载：“滇王与汉使者言曰：‘汉孰与我大?’及夜郎侯亦然。以道不通故，各以为一州主，不知汉广大。”说的是夜郎作为汉朝时西南地区的小国家，是今天贵州省桐梓县，它的国土面积很小，相当于汉朝一个县大，人口也很少，没有什么资源物产。有一次，汉朝使者来到夜郎。因为夜郎与汉的道路不通，夜郎国的国王从没有去过其他任何国家，他好奇地问使者，汉朝和我们夜郎比哪个大？臣民们为了迎合国王，就说：当然是夜郎国最大了。夜郎国王自己也是这么认为的，他认为自己统治的国家是全天下最大的国家。汉朝使者一听吓了一大跳，他万万没想到这个小国家竟然会无知的认为自己比汉朝还大。

韩信功高盖主，但是非常自大，行为甚至不检点，引起了汉高祖刘邦的猜疑。刘邦找个理由把他抓了，把他由楚王降为淮阴侯，放在身边软禁起来，并没有杀他。实际上刘邦已经是念旧情了，没想到韩信很不忿还张狂，他联络外将陈豨谋反，趁刘邦出去征讨的时候，想来个里应外合，最后被吕后和萧何杀了。韩信就是盲目自大，自取灭亡。

人的生命其实是一次短暂的旅行，从起点出发，又复归到起点。有生就有死，这是自然规律，任何人都改变不了这个现实。既然改变不了这个规律，何不快快乐乐地活着呢。印度诗人泰戈尔说：“如果你因失去了太阳而流泪，那么你也将失去群星了。我的存在，对我是一个永久的神奇，这就是生活。”

组织的发展离不开对资源的合理利用，如何分配好资源可以用逆向思维考虑。“有生于无”，资源是可以被创造的，所以要鼓励创新。如何在已有的资源上更进一步开拓市场是企业的发展方向。

十、各得其所

大国者下流。天下之交，天下之牝（pìn）。牝常以静胜牡（mǔ），以静为下。故大国以下小国，则取小国；小国以下大国，则取大国。故或下以取，或下而取。大国不过欲兼畜人，小国不过欲入事人，夫两者各得其所欲，大者宜为下。

下流，不是无耻下流的意思，而是几条河流汇集的地方，这里意思是处于卑下的地位。牝是指雌性。牡是指雄性。春秋时候，诸侯各国战争激烈，你争我夺，大国想吞并小国，称霸天下，小国力图保全自己。小国如果要归附大国，大国需要收服小国。怎么样收服小国，大国对小国谦让，小国可以归附大国。如果小国对大国自甘卑下，也可以得到大国的支持。因此，要治理好一个大的国家，就要像河流那样安于处在卑下的位置，居于天下雌柔的地方，让天下百川河流交汇于这里。

在食物链中，老鹰应该是野兔的天敌之一，老鹰是一种比较凶悍的肉食的鸟，而野兔是一种柔弱的草食动物。老鹰捕食野兔，俯冲是非常有杀伤力的，如果老鹰和野兔对抗，当然野兔只能成为老鹰的腹中之物，因此，野兔只能逃跑，怎么逃跑，就是学习一些逃生的技能，比如急转弯、跳跃、兔子蹬鹰等。老鹰捕食野兔时，野兔就展现它的逃生技能，起跳，空中腾空后翻转 180 度，最后稳稳地落地，像运动员跳马似的，动作完成得非常顺畅，躲避老鹰，成功逃脱。老鹰是雄，野兔是雌；老鹰是强，野兔是弱；老鹰是动，野兔是静。老子说，雌柔以安静的方式战胜雄强，就在于它既能以静制动，而且居下。因此，大国如果能够对小国谦虚的话，则一定能取得小国的信任；小国如果能对大国卑下，则也能取得大国的信任。因此，不管是大国用谦虚取得小国的归附也好，还是小国用卑下取得大国的信任也好，大国无非就是想要兼并小国，小国无非是有求于大国。这样大国小国都可以满足各自的意愿。特别是大国，更应该谦虚一些。

《孟子·梁惠王下》中写道：齐宣王问曰："交邻国有道乎?"孟子对曰："有。惟仁者为能以大事小，惟智者为能以小事大。以大事小者，乐天者也；以小事大者，畏天者也。乐天者保天下，畏天者保其国。"意思是，齐宣王问孟子说："和邻国之间交往有什么原则吗?"孟子回答说："当然有了。只有有仁德的这些人才能够以大国的身份对小国谦虚，只有有智慧的人才能够以小国的身份对大国谦卑。以大国身份对待小国的，是以天命为乐的人；以小国身份侍奉大国的，是敬畏天命的人。以天命为乐的人安定天下，敬畏天命的人安定自己的国家。”

此外，《孟子·梁惠王下》还记载：滕文公问曰：“滕，小国也，间于齐、楚。事齐乎？事楚乎？”孟子对曰：“是谋非吾所能及也。无已，则有一焉：凿斯池也，筑斯城也，与民守之，效死而民弗去，则是可为也。”意思是，滕文公问孟子说：“滕国是一个小小的国，处在齐国和楚国两个大国之间，是归附齐国好呢，还是归附楚国好呢？”孟子立马回答说：“到底归附哪个国家好我也说不清。如果您一定要我谈谈看法，那倒是只有另一个办法：把护城河挖深，把城墙筑坚固，与老百姓一起守护它，宁可献出生命，老百姓也不退去。做到了这样，那就可以有所作为了。”

春秋时期，大国诸侯间的争霸战争不断。齐桓公、晋文公提出“尊王攘夷”的口号，想利用这一口号作为扩张领土和掠夺小国的手段。春秋时期，在 242 年间，各国进行的战争一共 483 次，朝聘盟会一共 450 次。这些战争和朝聘盟会实际上都是大国对小国的吞并战争。《左转》记载，晋国规定各个归附国“昔文、襄之霸也，其务不烦诸侯。令诸侯三岁而聘，五岁而朝，有事而会，不协而盟”。以前晋文公、襄公称霸时，他们的政务不劳烦诸侯。命令诸侯三年要聘问一次，五年要朝拜一次，诸侯有事就集合诸侯会见，遇有诸侯不和谐就召集盟誓相约束。如果有事不用协商就结盟，结盟就没有意义。如何操作结盟的过程呢？诸侯之盟多是被伐一方求成，双方达成一致举行盟誓，其过程有用牲、歃血、诅咒、要言、坎书等。这样做实际上是为了迫使各国向霸主缴纳贡赋，获取周天子过去所享受的那种政治和经济特权。结果春秋时期大国之间的争霸战争给社会带来了很多灾难。但是在争霸过程中，有些小的诸侯国被消灭，这样就出现了一些大的国家。比如鲁国，春秋时期鲁君朝周，史书记载有 3 次，但是朝齐、晋、楚竟达 33 次之多。小国主要通过“聘而献物”的办法乞求免于大国的吞并，因此小国与大国之间一定是“唯强是从”“职贡不乏，玩好时至”。《左传》记载：齐景公派晏婴请求给晋国送女子，并且转述景公的话说：“寡人心里愿意奉事君王，早晚都不会倦怠，定时给君王奉献财礼，但是由于我们国家多难，因此不能亲自前来。”订婚了以后，晏子接受了享礼，叔向陪他喝酒。叔向就问：“你们齐国怎么样？”晏子说：“齐国到头了，我可以说齐国快属于田氏了。你想想看，国君不爱护他的百姓，让他们归附田氏。箕伯、直柄、虞遂、伯戏，这些人都跟随着胡公、太姬，已经在齐国了。”叔向说：“唉，我们现在也到头了。战马不驾驶战车，卿不带领军队，公室的战车也没有御者，步兵都没有长官。百姓困疲，而宫室却很奢侈。道路上饿死的人的坟堆一个接着一个，但是宠姬的家里财富特多。”齐景公要为晏子更换大住宅，说：“你的住房靠近市区，低湿又狭小，喧闹尘土多，居住在那里不好，请你换到高爽明亮的大房子里去。”晏子推辞说：“小人靠近市场，早晚都能得到所需要的东西。关键是靠近市场，能够知道物价的贵贱。”等到晏子去了晋国，齐景公没有打招呼就更换他的住宅，晏子回来，新屋已经完工了。晏子先拜谢以后，就叫人拆毁了新房，恢复如原来的一样，让原来的住户都搬回来了。

竞争是残酷的，管理者不能忽视任何潜在的竞争对手，哪怕这些对手看起来是弱小的。市场永远是开放的，它给了任何组织崛起的可能。管理者要在做好做强企业的同时，养成谦逊与学习的态度。

十一、万物之奥

道者万物之奥，善人之宝，不善人之所保。美言可以市，尊行可以加人。人之不善，何弃之有！故立天子，置三公，虽有拱璧以先驷马，不如坐进此道。古之所以贵此道者何？不曰求以得，有罪以免邪？故为天下贵。

老子主要讲道的属性和功用，作为人，不管他善与不善，是居高位还是处下位，只要能够在道上进步一分，就有一分的好处。因为道是庇荫万物的地方，所以善的人会把它当成宝贝珍惜，不善的人也会处处保住它。美好的言辞可以换取别人对你的尊重，美好的品行可以增加人。那些不善之人，怎么能把道抛弃不要呢？

因此，天子即位设置三公的时候，这里有一些信息量，要给大家澄清一下。首先“天子”，意思是“天之元子”，也就是说人类的最高统治者与天之间建立了一种虚拟的血缘关系，天的儿子。实际上，天子肯定不是天生的，那为什么要称为天子呢？因为最高统治者为了表示自己与天之间有某种关系，自己的权力也是上天赋予的，这就是“君权神授”。古代人比较愚昧，什么事办不成、办不好，或者出了大的事故，都认为是天的报应，因此古代人什么都可以不怕，但是没有不怕天的。既然是天子，天子即位，肯定要搞得比较隆重，让老百姓觉得天子即位不是儿戏。古代天子即位的程序很复杂，《文献通考》中说：“事莫大于正位，礼莫盛于改元。”具体的步骤是：首先颁布诏书登基，然后请人选个黄道吉日，定做龙袍、皇冠之类，拟旨在民间到处张贴告示，有的还会大赦天下，很多罪犯就等着这一天到来。因为是天子，即位那天，首先要拜天，从昭享门（南门）外东南侧具服台更换祭服以后，要从左侧进入圜丘坛，然后到中层平台拜位。这个时候燔柴炉，乐奏“奉平之章”，舞“干戚之舞”，然后司祝跪读祝文，音乐暂止，读毕乐起，皇帝行三跪九拜礼，并到牌位前献爵。天子到顶层牌位前跪拜、上香，还要到列祖列宗牌位前上香、叩拜。对天行三跪九拜礼，据《周礼》记载，古代跪拜礼有九种：一曰稽首、二曰顿首、三曰空首、四曰振动、五曰吉拜、六曰凶拜、七曰奇拜、八曰褒拜、九曰肃拜。所谓三跪九拜就是一跪三拜，拜时头要碰地，拜神时先出左脚，手背向上；丧事时，先出右脚且叩头时手心向上。上前一步跪下弯腰，两手向前附地，磕头三次起身，再上前一步再跪下，弯腰，两手向前附地，再磕头三次再上前一步，弯腰，两手向前附地，再磕头三次，起身后退一步，往旁边转身，祭品送燎炉焚烧，皇帝至望燎位，最后望燎，皇帝观看焚烧祭品。

拱璧，是大璧，这个大璧就是用两手共抱之。《左传·襄公二十八年》：“与我其拱璧，吾献其柩。”孔颖达疏：“拱，谓合两手也，此璧两手拱抱之，故为大璧。”因为是特大的璧，所以才被用来比喻非常珍贵之物。天子即位、设置三公的时候，即使有拱璧在先、驷马在后的这种仪式，还不如把这个清静无为的道进献给他们。自古至今如此重视道是什么原因呢？因为有求于它的人能够得到满足，犯了罪过的人也能够得到它的宽恕吗？正因为这样，天下的人们才如此珍视道。《尚书大传》《礼记》等书中把三公指司马、司徒、司空。古文经学家则据《周礼》以为太师、太傅、太保为三公，是仅次于帝王的三位官员。驷马的意思是四匹马拉的车，《论语·颜渊》：“夫子之说君子也，驷不及舌。”《邓析子·转辞》：“一言而非，驷马不能追；一言而急，驷马不能及。”“虽有拱璧以先驷马，不如坐进此道。”前面有人拱璧导引着，自己在后面乘四匹马拉的车，这是春秋的时候帝王出行的仪仗。

拥立天子设置三公的官职，要用道来救人，即使有宝玉豪车进献，也不如进献道好。人最大的问题在于不去追求道，早晨干了不义的事，晚上接受了道，妄想就没有了，人的本性就恢复了。

《世说新语》中写到一个人叫周处，字子隐，今江苏宜兴人，西晋大臣。这个人年轻的时候纵情肆欲，为祸乡里。后来浪子回头，发奋读书，功业胜过父亲。历史上留下“周处除三害”的说法。周处年轻的时候，力气过人，喜欢骑马狩猎，不拘小节，州里乡曲的人都把他作为祸患。周处看到父老乡亲都躲着自己，他就问家乡父老，家乡父老感叹道：“三个祸害未除，怎么能快乐起来呢？”周处很疑惑地说：“我可以去除，哪三害？”父老回答道：“我给你说实话，你不要整我呀，南山上有只白额猛虎害人，长桥下面有蛟龙害人，还有一害，等你除完两害了，再告诉你。”周处听完就进入深山射死了猛虎，又跳到了水中与蛟龙搏斗，蛟或浮或没，行了数十里。经三日三夜，乡里皆谓周处已死，父老乡亲拍手称快。周处杀死了蛟龙回来后，听说乡里互相庆贺自己已死，才知道父老乡亲特别厌恶自己，把自己当作了一害，因此有了悔改之意。周处有自改意，就到吴国寻找陆机、陆云，修养自己的操行。他磨砺意志，发奋好学，后来成为既有文采又讲仁义的人。一年后，州府交相征召。在吴国出仕任东观左丞。

孔子说："朝闻道，夕死可矣。"《论语·泰伯》中说："笃信好学，守死善道。"一个人有志于道，终身实践，毫无怨恨，毫无遗憾。《论语·卫灵公》中说："志士仁人，无求生以害仁，有杀身以成仁。"古代为了追求道而不惜牺牲自己的生命，这就是把道看作最高的道德修养，且高置于生死之上。孟子发展了这一思想："生，亦我所欲也；义，亦我所欲也。二者不可得兼，舍生而取义者也。"孔子的杀身以成仁，孟子的舍生而取义，就是"朝闻道，夕死可矣"的最佳注解。因此，一个人无论什么时候，只要能回归正道总是不会晚的。

世间万物的运转遵循着"道"的规律，管理活动亦是如此。无论是遵从"无为"还是重视"人性"，管理组织中处处体现着道家的智慧，利用道家思想方能永续发展。

十二、为大于细

为无为，事无事，味无味。大小多少，报怨以德。图难于其易，为大于其细。天下难事必作于易，天下大事必作于细，是以圣人终不为大，故能成其大。夫轻诺必寡信，多易必多难，是以圣人犹难之。故终无难矣。

"为无为，事无事，味无味。"这句话可以理解为"以无为为为，以无事为事，以无味为味"。用"无为"的态度去有所作为。什么意思？就是做无为的行为，办无事的事情，感受无味的味道。以不搅乱的方法去处理一些事物，把恬淡无味当作有味。所有的事情都是从小到大，由易到难，从细到巨发展而来的。大来源于小，多起于少。处理疑难的事情要从容易的地方入手，实现远大的东西要从细微的地方入手。凡是天下的难事，都一定要从容易的地方做起；凡是天下的大事，必定从细微的地方做起。因此，有道的圣人始终不自以为伟大，所以才能做成大事。那些轻易许诺的人，指什么人呢？就是喜欢夸夸其谈，说大话的人，这类人的话中真实可信的成分很少，办事很少有能够兑现的，一定会失去信用。把事情看得有多容易的人，一定会遭受很多的困难。大事化小，小事化了。因此，有道的人遇到事情总是把它看得很难，因此反而没有困难了。

《资治通鉴》中说："一人三失，怨岂在明，不见是图。"一个人三番五次地犯错误，结下的仇怎么会在明处呢？在没有看到他的图谋的时候就应该提防制止了。《大学》中说："诚于中，形于外，故君子必慎其独也。"意思是说，内心的真实一定会表现到外表上来。因此，品德高尚的人哪怕是在一个人独处的时候也非常谨慎。内在本质决定外在。

2014 年 5 月 8 日习近平总书记在同中央办公厅各单位班子成员和干部职工代表座谈时强调："要牢记'天下大事必作于细''慎易以避难，敬细以远大'的道理，无论办文办会办事，都要一丝不苟、严谨细致、精益求精，于细微之处见精神，在细节之间显水平。"做什么事，一定要做小做细。战国时期，魏国相国白圭在防洪方面做得很好，他平时注意筑堤防洪，发现有问题就勤查勤补，他经常巡视，只要发现小洞，哪怕是极小的蚂蚁洞也会立即派人来填补，一定堵严实，不让它漏水，以免小洞扩大、决口，造成洪灾。白圭任魏相期间，魏国没有闹过水灾。

"天下难事，必作于易；天下大事，必作于细。"陈蕃字仲举，是汝南平舆人。他祖上是河东太守。陈蕃十五岁的时候，曾经独自一人住在一处，庭院以及屋舍十分杂乱无章。他父亲同城的朋友薛勤来拜访他，对他说：小伙子，你为什么不整理房间来迎接客人？陈蕃说："大丈夫处世，当扫除天下，安事一室乎？"意思是大丈夫处理事情，应当以扫除天下这件大事为己任，为什么要在意一间房子呢？薛勤对陈蕃的观点是赞赏的态度，其实这种观点是错误的，你连一件小事都做不好，怎么做大事呢？

清人彭端淑在《为学》中曾讲了一个故事，说四川的边境上有两个和尚，其中一个比较贫穷，另一个比较富有。有一天，穷和尚对富和尚说："我想去南海，你觉得怎么样？"富和尚就说："你这么穷，什么东西都买不起，你怎么去呢？"穷和尚就："简单，我靠一个水瓶和一个饭钵就足够了。”富和尚说：“我几年来一直想雇船往下游走，都还没有去成呢，你靠这两样就去？把人笑死了。”但是最后贫者仅凭“一瓶一钵”，跋涉“不知几千里”，终于到达南海。那个富者却是“数年来欲买舟而下，犹未能也”。什么难事，什么易事？借用总裁张瑞敏的一句话说：“把每一件简单的事做好就是不简单，把每一件平凡的事做好就是不平凡。”只要去做，难事也变容易了；如果不做，容易的事也变难事了。

刘备去世前告诫自己的儿子刘禅：勿以恶小而为之，勿以善小而不为，惟贤惟德，能服于人。好事要从小事做起，积小成大，也可成大事；坏事也要从小事开始防范，否则积少成多，也会坏大事。不要因为好事小而不做，更不能因为坏事小而去做。小善积多了就成为利天下的大善，而小恶积多了则足以祸乱国家。不要轻视小，“小”中有大。“小”水滴可穿石，“小”火星足以燎原，“小”不忍则足以乱大谋。因此，老子告诫后人：大小多少。

把小事管好，不要模棱两可。无论组织的任务有多少，管理者必须在细节上下功夫，让组织从上到下都井然有序，稳步发展。从任务规划到政策落实，无一不突出细节的重要性。

第四章 《道德经》的管理方式

本章重点论述《道德经》的管理方式，主要是德治的方式，这种管理方式是常态化的、程序化的、模式化的，同时又论述了要讲管理艺术，对管理原则、方法进行灵活性、巧妙性的运用，侧重非常规、非程序化、非模式化的管理。其主要内容主要包括“柔胜刚强”“天下至柔”“以奇用兵”“知足不辱”的管理方法；“不以兵强”“用兵贵右”“知止不殆”“慎终如始”的管理手段。

一、不以兵强

以道佐人主者，不以兵强天下，其事好还。师之所处，荆棘生焉。大军之后，必有凶年。善有果而已，不敢以取强。果而勿矜，果而勿伐，果而勿骄，果而不得已，果而勿强。物壮则老，是谓不道，不道早已。

君主如果是按照道来统治天下，那么从不靠兵力来称霸天下。穷兵黩武这种事没有什么好处反而还会起反作用。军队所到之处，荆棘丛生。战争过后，一定会有荒年。善于用兵之人，只要达到救济危难的目的就适可而止了，不会靠兵力强大来耀武扬威。即使达到了目的，也不会因此而自尊自大，不因此而夸耀，也不因此而骄傲，而且认为是不得已而为之的，也从不逞强。事物壮大了，就要走向衰亡，这就说明它不符合道，不符合道就会很早走向败亡。

老子讲的核心思想就是不要逞强，盛极必衰，物极必反。战国时期，宋国有一个靠武力夺取霸主地位的君主，这就是宋康王。当时宋国公子宋偃发动政变登上了王位。宋国首都睢阳城墙外一个拐角处有个麻雀窝，后来奇怪的是竟然孵出来了雏鹰，宋康王就请来巫师，巫师说："小生大，乃反弱为强，这是宋国要成为霸主的先兆。"宋康王听后就率军出击，把周边的一些小国灭了，比如滕国、薛国。灭掉了两个小国以后，他自信心满满，认为验证了巫师的话，于是向天下宣示他的武力，当时，秦、楚、魏、齐等互相制衡，谁都没有注意到还有个小小的宋国。宋康王首先把齐国当作目标，攻打齐国。齐国还算比较强大的，竟然真的被宋国打败了，这样一来宋康王更加确信自己的实力了，于是又去攻占楚国，还打败了魏国。这样的结果就连宋国人自己都很吃惊，宋康王当然更加自傲，后来竟然开始向神灵挑战，他用弓箭射天、长鞭扑地，把祭祀天地的祭坛都摧毁了。齐国失败后，暗自整顿队伍，宋康王穷兵黩武的这些年，齐国在默默发展强大，到了齐闵王的时候，下令大举伐宋，齐军长驱直入，一举攻破了宋国的国都，宋国就这样灭亡了。

老子所处的时代是崩坏礼乐、战火不断的年代，诸侯国为了争夺霸主地位相互攻打。《史记·韩安国列传》载："强弩之极，矢不能穿鲁缟。"意思就是强弩所发的矢，飞行已到达路程的最后里程，说明强大的力量已经衰弱，无论什么都不可能永远处于极盛的状态。

《吕氏春秋》还记载了一个关于宋康王的事情。惠盎是一介书生，有一次他去拜见宋康王，说服他要施行仁政，宋康王说："我只喜欢有勇之人，不喜欢讲仁义之人。"惠盎说："“我有一种道术，能使人虽然勇猛却刺不进身体。"宋康王说："你说来听听。"惠盎说："虽然刺不进身体，但是受辱了。我还有道术，使人虽然勇武，却不敢刺你。"宋康王说："这个我更想知道。"惠盎还卖关子说："那些人虽不敢行刺，但不能说明他们没有这样的想法。我还能让这样的人根本就没有这样的想法。"宋康王说："快说来听听。"惠盎说："你看孔子的品德就能这样。孔子他们没有领土、没有官职，却能像君主一样得到尊荣。现在你拥有兵车万辆，你要想使百姓爱你却不是想靠用武力征服四方，那么，百姓对你的爱就能远远超过孔子。"

人们常说乐极生悲，就是说那些得意忘形之人的。战国时期，齐威王每天都是通宵饮酒作乐，不理朝政。楚国看到这样的昏君统治国家，就乘机出兵进攻齐国。齐威王派淳于髡去赵国请救兵，最后才解了围。在庆贺淳于髡搬兵有功的宴会上，齐威王问淳于髡："你喝多少酒才会醉?"淳于髡回答说："我喝一斗也醉，喝一石也醉。"齐威王不解，说："你喝一斗酒就醉了，哪能喝得了一石呢?"淳于髡想借此机会规劝齐威王不要沉迷喝酒，于是说："如果大王赏给我酒，在喝酒的时候，大王坐在我面前，我就感到恐惧，非常拘束，喝上一斗也就醉了；如果是在民间，不分男女坐在一块饮酒，喝上八斗也不会醉；如果到了夜里，主人把我留下的话，无拘无束地，这时喝上一石，也不会醉。古人说，酒喝到了极点，就不遵守礼节了，人快乐到了极点，就会发生悲痛的事情。"齐威王听出淳于髡这是在讽谏自己，从那以后就不再通宵饮酒了。

苏轼在《借前韵贺子由生第四孙》诗中说："无官一身轻，有子万事足。"意思就是说没有官职就会一身轻松，有了子孙万事都能够满足。

"物壮则老。"当你取得成功之后，不要因为成功而沾沾自喜，更不能骄傲自满，任何事情只要做过了头，等着你的一定是大祸临头，因为你登上成功的点就是在开口向下的抛物线的顶点，往后一定开始走下坡路。任何时候都要保持一定的"度"，这个"度"就相当于建筑测量用的水平一样。遇到失败也不要气馁，不要妄自菲薄，因为这个时候你所处的点是在开口向上的抛物线的最低点，往后都是开始走上坡路，只要增强信心，克服暂时的困难，一定会走出困境。

"物极必反。"组织的规章制度越多越复杂，越会制约员工，令人手足无措。政令制度只有尽可能的简约，才能达到顺应发展潮流，达到无为而治的境界。

二、恬淡为上

夫佳兵者，不祥之器。物或恶之，故有道者不处。君子居则贵左，用兵则贵右。兵者，不祥之器，非君子之器，不得已而用之，恬淡为上，胜而不美。而美之者，是乐杀人。夫乐杀人者，则不可以得志于天下矣。吉事尚左，凶事尚右。偏将军居左，上将军居右，言以丧礼处之。杀人之众，以哀悲泣之。战胜，以丧礼处之。

这段文字主要讲了如何对待战争，从三个层面层层深入地进行论述。第一个层面讲，有道之人怎么对待兵器。兵器是个不吉祥的东西，所有的人都厌恶它，因此有道的人怎么对待？有道的人决不用它。言外之意，什么人会用？只有无道的人。第二个层面讲，有道的君子怎么对待兵器。有道的君子平时居住是以左边为尊贵，而在打仗时则是以右边为尊贵。兵器是不祥的东西，它并不是有道的君子用的东西，迫不得已才会使用它，都是以淡然处之为上策。第三个层面讲，用兵的策略和心理状态。你即使打了胜仗也不要得意扬扬，如果你自以为了不起，那你就是把杀人当成快乐的人。而把杀人当成乐事的人，他也决不可能得志于天下。欢庆的事情以左方为上，凶险的事情以右方为上。打仗时，兵权小的将军在左边，兵权大的上将军在右边。这说明用兵打仗是以丧礼仪式来处理的。杀人多，应该以悲哀的态度对待；打了胜仗，应该是以丧礼的仪式来对待死去的人。

平时我们人与人之间处理矛盾也是这样，遇到令人气愤的事，不能通过武力征服。根据《中华人民共和国刑法》第二百三十四条之规定：故意伤害他人身体的，处三年以下有期徒刑、拘役或者管制。犯前款罪，致人重伤的，处三年以上十年以下有期徒刑；致人死亡或者以特别残忍手段致人重伤或造成严重残疾的，处十年以上有期徒刑、无期徒刑或者死刑。本法另有规定的，依照规定。后来《最高人民法院关于实施修订后的〈关于常见犯罪的量刑指导意见〉的通知》中规定：故意伤害致一人轻伤的，可以在二年以下有期徒刑、拘役幅度内确定量刑起点。以上海市为例，《上海市高级人民法院〈关于常见犯罪的量刑指导意见〉实施细则》中还规定：故意伤害致一人轻伤一级的，在一年至二年有期徒刑幅度内确定量刑起点；致一人轻伤二级的，在六个月拘役至一年有期徒刑幅度内确定量刑起点；故意伤害致一人重伤一级的，在四年至五年有期徒刑幅度内确定量刑起点；致一人重伤二级的，在三年至四年有期徒刑幅度内确定量刑起点。其中，造成被害人六级残疾的，以有期徒刑五年为量刑起点。由此可见，打架有什么好处？不要逞一时之快，而在事后追悔莫及。

对于用兵而言，往小处说，就是如何为人处世，往大处说，就是一个国家如何处理国与国之间的关系。

战国时期秦国有一个名将叫白起，他因为杀敌很多，被后世称为杀神。这个杀神杀死过大量的敌人士兵，名扬天下，关东诸国胆战心惊，伊阙之战仅韩魏两国士兵尸首就有二十四万，攻打楚国，夺取鄢、邓、郢的战斗也杀死楚军十多万。秦昭襄王三十四年（前274），白起率军攻赵、魏联军，斩首十三万，又与赵将贾偃交战，溺毙赵卒二万人。长平之战，杀神白起战胜纸上谈兵的赵括，四十余万赵国士卒被迫投降。看着黑压压望不到边的俘虏，白起却一时不知如何处置，因为这些赵国士兵已经放下了武器，饥饿疲惫，毫无抵抗力，但如果把他们带往秦国，这些士兵一定会怀念亲人，心向赵国，四十余万人如果暴乱起来很难收拾，加上长期作战，秦国的军粮也无法满足这四十万俘虏。白起于是和手下的将领们商议，赵国士兵会反复无常，若不全部杀掉，恐怕日后会成为灾乱。于是秦军将所有的赵军俘虏骗至一条狭窄的山谷内，声称在这里扎营，以后会安顿他们。当夜趁着黑暗，秦军忽然发动了偷袭，将这些毫无准备的俘虏全部活埋在了深谷里，只留下二百四十个年纪小的士兵回赵国报信，传递这个恐怖的消息，希望以此来震慑各国。秦军先后斩杀和俘获赵军共四十五万人，天下为之震惊。白起散布的消息并未取得应有的效果，天下各国都看到了秦军的残暴无道，天下士人如苏代、鲁仲连等也为了联合各国抵抗暴秦而奔走往来。秦昭襄王四十九年（前258）十月，秦又发兵，使五大夫王陵攻赵邯郸，秦军战败，秦昭王更迁怒白起，命他即刻动身，行至杜邮，秦昭王以莫须有的罪名派使者赐剑命白起自刎。白起身为天下名将，却因为嗜好杀戮而被天下人厌恶，最后也被赐自刎而死。可见乐杀人者，不仅不可得志于天下，相反还会招来不尽的祸患。《孟子·离娄上》

说："桀纣之失天下也，失其民也；失其民者，失其心也。得天下有道，得其民；斯得天下矣；得其民有道，得其心斯得民矣。得其心有道，所欲与之聚之，所恶勿施尔也。"意思就是夏桀和商纣之所以会丢掉天下，是因为民众不再支持他们，之所以不再支持他们，是由于对他们失望。要得天下的办法就是要去获得民众的支持，做到了就能得到天下，要获得支持的办法就是获得他们的认可，做到了就能得到支持，要获得民众认可的办法就是做民众期望的，不要做他们反感的。

老子看似在讲战争之道，实际上在讲君子如何得道。我们都知道古代本来人口就不多，但是两国打战时，少则死亡几万人，多则死亡数十万人，伤亡比较惨重，不管战争谁胜谁负，平民百姓是最遭殃的。当时齐国有一些好战的要向楚国宣战，纷纷调遣兵力要决战，而管仲却不同意，说："我们现在与楚交战，实力差不多，如果拼杀，结果一定是我们粮草吃光，尸骨遍野。要征服楚国，我自有办法。"大将军们哑口无言，但是怎么征服楚国呢？大将军们不知道管仲葫芦里卖的什么药。管仲派一百多个商人到楚国去买鹿，这里做一个说明，鹿是当时昂贵稀有动物，而且只有楚国有，但是楚国的人只把鹿看作普通的动物，两枚铜币就可以买一头。管仲派去的商人在楚国到处放话："齐桓公喜欢鹿，要不惜重金购买。"楚国的这些奸商一看发财的机会来了，纷纷加紧购鹿，鹿的价格一路飙升，由两枚铜币一头涨到五枚铜币一头，楚成王和楚国大臣知道后很高兴，以为齐国快灭亡了，因为十年前卫懿公就是好鹤而亡国了，齐桓公好鹿就是重蹈覆辙。他们暗自窃喜，开始在宫殿里奢侈消费，等待齐国灭亡。管仲还继续搞乱楚国市场，最后把鹿价哄抬到四十枚铜币一头。楚国的人一看，我一年到头，辛辛苦苦种粮食，累死了，还不如养一头鹿，于是都纷纷放下农具，去深山里逮鹿，楚国的官兵也不训练了，把兵器换成捕鹿的工具，楚国却是铜币堆积成山，可田地荒芜，人们没有饭吃，到处逃荒。楚国人现在又要用铜币去购买粮食，但是买不到。管仲还禁止各诸侯国与楚通商买卖粮食。楚军人黄马瘦，毫无战争之力，管仲这时排兵开往楚境，不费一兵一卒，楚成王就称臣求和了。管仲不动一刀，不杀一人，就制服了本来很强大的楚国。老子教人用道的力量去制服对方，不费一兵一卒，天下之事，无不摆平。

管理者用道去管理，可以使员工心悦诚服。柔性管理就蕴含着道的思想，讲究人性化与平等，给员工多些关怀与帮助，这样的管理对员工和领导者来说是一种双赢。

三、知止不殆

道常无名，朴虽小，天下莫能臣也。侯王若能守之，万物将自宾。天地相合以降甘露，民莫之令而自均。始制有名，名亦既有，夫亦将知止。知止可以不殆。譬道之在天下，犹川谷之于江海。

至于大道，我们始终不能找到一个固定的词去描述或者形容它，它究竟是什么样子的，但道确实是存在的，它能够大到无穷大。按照古希腊哲学家亚里士多德的观点，无穷大是存在的，因为一个有限量是无限可分的，是不能够达到极点的。这个道，它还能够很小，小到无穷小。在莱布尼茨看来，无穷小是一个比任何数都小，但是不等于零的一个量，也就是说对它可以做四则运算，尤为关键的是还可以做除法。

如果一定要用一个词去为它命名，那就是“朴”字。虽然小得无法分辨，但是天下却没有谁能使它臣服。诸侯君王如果能守住这个道来治理天下，万物就会自然依附于他。天地间阴阳相合，就会落下润泽万物的甘露，人们不命令强制它，它在自然中能够均匀分布。万物刚开始有各种名称，各种名称已经命制好了，就会有所制约，知道了各种规范制约的东西，守好，你就没有什么危险了。道存在于天下，就像江海，一切河水都归流于它。这里老子提出了一个核心词汇“知止”。什么是“知止”？为了管理好国家，君王会制定各种各样的规约，这些约束的是不守约的人，如果你是一个得道之人，可以当作它不存在，抱着朴素的心理状态而无所作为，不要因为外物而牵累自己，道自然而然就得到了。

老子说，道不可名状，是最原始最朴素的，但是它确实存在，而且人类要按照道来行事。孟子说："得道者多助，失道者寡助。寡助之至，亲戚畔之；多助之至，天下顺之。"意思是得到道的人，帮助他的人就多；失掉道的人，帮助他的人就少。帮助他的人少到一定程度或者到极点了，连周围的亲戚朋友都会背叛他；帮助他的人多到一定程度或者也到了极点，天下的人都会归顺他。你看看舜走到哪里，哪里就成为首都，而商汤只能以七十里得天下，周文王却也只有百里取天下。

我国古代尤其皇帝基本上是一夫多妻，因此带来很多继承的麻烦。儿子有嫡子、庶子、嫡长子、嫡次子、庶长子等之分，长子就是男主人生的第一个儿子，不分嫡庶。如果不是正妻所生，那么这个儿子就是庶长子。以继承权而言，古代实行嫡长子或者嫡子继承制。为什么这样呢？如果嫡子是长子，那他就是嫡长子，如果庶子是长子，那么嫡子就是嫡子。《春秋繁露·王道》中说："立嫡以长不以贤，立子以贵不以长。意思就是古代继承权中，继承人是选择嫡子中最大的一个，而不是以聪明才智来区分。继承人是由身份高的继承，不以年龄的大小来区别。"立嫡以长不以贤"，意思就是如果嫡子有好几个，那么按照古代礼制是以长为尊，长兄为父。谁年龄最大，谁就有权利继承家族的财产和爵位，只要还有一口气就享有优先继承权。"立子以贵不以长"，只有嫡子才有资格继承财产和世袭爵位，即使庶子比嫡子出生得早也不能够僭越，除非嫡子死了，才能轮到庶子继承。比如西周天子的王位由其嫡长子继承，而其他的庶子为别子，他们被分封到全国重要的战略要地。由嫡长子继承的王位可以确保周王朝世世代代大宗的地位，庶子对嫡子的大宗来说，是小宗，而在自己的封地内又为大宗，其继承者也必须是嫡长子。古代实行嫡长子继承制的目的在于解决权位和财产的继承与分配问题。

《续资治通鉴长编》中说："公、侯、伯、子、男，皆子孙承嫡者传袭。若无嫡子及（嫡子）有罪疾，立嫡孙。无嫡孙以次立嫡子同母弟。无母弟立庶子。无庶子立嫡孙同母弟。无母弟立庶孙。曾玄以下准此。”一般来说二千户以上封公，一千户以上封侯，七百户以上封伯，五百户以上封子，三百户以上封男。《吕氏春秋·仲冬纪》中记载了纣王是帝乙的小儿子，他上面有很多哥哥，其中还有两个同母哥哥。老大是微子启，老二叫微中衍，老三就是帝辛（后来的纣王）。按理说，古人都有立嫡立长的传统，纣王非嫡非长，是如何当上太子的呢？他的父母刚开始想立大哥微子启为太子，但是太史不同意，因为微子启出生时，他的母亲还只是妾，后来做了正妻以后才生的纣，按照礼法，嫡子才能被立为太子。太史称：有妻的儿子就不能立妾的儿子。但是在《封神演义》中，纣王因为对父亲有救命之恩，而被立为太子。有一年，帝乙和百官在御花园中赏牡丹，飞云阁突然塌了一个梁，纣王见状，急忙跑过去用身体托住了梁柱，文武百官和帝乙才得以安全脱身，帝乙从此对这个儿子刮目相看。帝乙顺水推舟，将纣王立为太子。但是纣王荒淫无度，无恶不作，最后导致殷王朝灭亡。

《吕氏春秋》的作者感慨说：有这样的法度，还不如没有法。后来司马光评价说：“如果让微子启代替纣王，殷商就不会亡国；让季札做吴王，那么吴国就不会混乱。但他们宁愿亡国也不这么做，就是因为礼节不能乱。”

历史上也有没有按照法度来的，同样很成功。春秋之时，赵简子有很多儿子，其中一个妾生了个儿子叫毋恤，按照之前的法度，他是庶子，因此在诸子中名分最低。这个孩子长得也很丑，但很努力，知道下功夫。有一天，赵简子突然心血来潮，要给他的儿子们看相，看看谁将来有前途，但是毋恤没有被招去。看相的人看了半天，对着所有的儿子都摇头，赵简子十分失落。这时看相的人说，刚才进门时看到了一个孩子，非常有前途，趁机推荐了毋恤，从此他的父亲就信了，开始重视他培养他。赵简子将训诫之辞写在竹板上，大概一千多个，要求他的儿子们认真研习并背诵。三年之后，他来考查，考查时，他的儿子们包括太子伯鲁，没一个能够背得出竹板上的内容。只有毋恤对竹板上的训诫背诵如流。后来这些孩子长大成人了，赵简子又对他们进行了更深的考核。有一天，他召见儿子们说：我有一宝符藏于常山之上，你们去寻找吧，谁先得到谁有赏。于是，几个儿子纷纷去山上寻宝。可是，他们谁也没有找到宝符，最后只有毋恤说："我得到了宝符。凭常山之险可以居高临下进攻代国，代国即可归赵所有。"赵简子听了以后，非常高兴，废掉了长子伯鲁，破例立毋恤为太子，这就是后来的赵襄子。

作为管理者，要遵道处世，顺道无为，任贤使能，倡导节约，与民同乐。管理有法则，一个单位所有的存在都依赖于法则，法则规章对一个单位来说是十分神圣的东西，任何人不能凌驾于法则之上，领导也不例外。如果领导者带头破坏规章制度，组织就会陷入混乱。可以说组织是在法则中建立起来的，有法则，才有单位，管理者才能管理，员工才能顺服。但是法则是相对的存在，对于平和的管理环境来说，法则是不存在的，换句话说，你根本感觉不到我们还有个法则存在。立法只是手段，止法是水平，无法是目的。

四、不自为大

大道氾（fàn）兮，其可左右。万物恃之而生而不辞，功成而不有，衣养万物而不为主。常无欲，可名于小；万物归焉而不为主，可名为大。以其终不自为大，故能成其大。

这段文字主要是老子对圣人、侯王等提出了要求。"氾"同"泛"，水到处满溢的意思。大道很广阔，无边无际，左右都能够到达。万物依靠它生长而不拒绝，成就了功业也不占名。它养育万物而从不认为自己是万物的主人，无欲无求，可以给它取名为"小"；万物向它归顺而并不认为是主宰，可以给它取名为"大"。因为它始终不认为自己很伟大，所以才能成就伟大。

戴尔·卡耐基说："一个不注意小事情的人，永远不会成功大事业。"李斯在《谏逐客书》中说："臣闻地广者粟多，国大者人众，兵强则士勇。是以泰山不让土壤，故能成其大；河海不择细流，故能就其深；王者不却众庶，故能明其德。是以地无四方，民无异国，四时充美，鬼神降福，此五帝、三王之所以无敌也。"意思是说，我听说田地广粮食就多，国家大人口就多，武器精良将士就勇敢。因为泰山不拒绝泥土，所以才能成就它的高大；因为江河湖海不拒绝细细的河流，所以能成就它的深度；有志于建立王业的人不嫌弃普通民众，所以能彰显他的品德。因此，土地是不分东西南北的，老百姓也不论异国他邦，这样一年四季就富足美好，天地鬼神会降赐福运，这就是五帝、三王无可匹敌的原因。

李斯其实是楚国人，他看到秦国的实力强大，能够统一天下，因此投靠了秦国。李斯刚开始先投靠在秦国丞相的门下，他会巧舌善辩，被秦始皇看中，就任命为客卿。为什么是客卿呢，因为他是外来的官员。后来韩国给秦国派来了一个姓郑的人，职业相当于今天的水利工程师。他给秦始皇出了个主意，让他开凿一条大运河，引泾河的水来灌溉农田，有点类似于今天的南水北调工程。其实这是他想的计谋，用浩大的工程来消耗秦国的实力，让其打不过韩国。开工之后，秦始皇发现了这个阴谋，非常生气，就要杀掉这个姓郑的。同时这件事引起了秦国的一些大臣对客卿的不满，请求秦王下逐客令，把这些客卿全部赶走，当然李斯也在被逐之列。这个时候，李斯就上书秦王，劝说秦王用人不能只用秦国的人，要网罗各地人才，就说了上述这段话。

大中有小，小中有大，这是个常理。唐朝江州刺史李渤有一次问智常大师："佛经上所说的'须弥藏芥子，芥子纳须弥'，小小的芥子怎么能容纳那么大的一座须弥山呢？"智常大师听了李渤的话之后笑问："人家说你'读书破万卷'，是真的吗？""当然了。"智常大师问李渤："那么你读过的万卷书都保存在哪里呢？"李渤指着自己的头脑说："都在这里了！"智常大师就说："我认为你的头颅只有椰子那么大，怎么能装得下万卷书呢？"李渤听了之后豁然开朗。

"捧杀"的意思是"过分的吹捧或夸奖，使被吹捧者骄傲自满，然后犯下大错或是招致他人反感，最终让被吹捧者遭遇失败或是心理崩溃。"东汉应劭所撰的《风俗通义》中写道："杀君马者路旁儿也。言长吏养马肥而希出，路旁小儿观之，却惊致死。按长吏马肥，观者快之，称者喜其言，驰驱不已，至于死。"五四运动时期，蔡元培先生在辞职启示中引用了这个典故："吾倦矣，'杀君马者道旁儿'"，这句话的意思就是说杀你马的人就是在旁边那些给你的马鼓掌的人，夸者就是害者，也即捧杀。这个故事是说有个当官的，骑着自己养的肥硕而健壮的马外出，路边一帮小孩儿看到了，纷纷拍手赞赏，赞美其马跑得快，众人越夸奖，当官的越高兴，就越快马加鞭，路边的人不停地赞美他的马跑得快，他越得意，结果把马累死了。鲁迅先生说过，欲置人于死地，可"捧杀"，不停地吹捧，使对方在自我陶醉中完蛋。这就是被捧杀了。

清代学者俞樾曾讲过这样一个故事：有一京官要调往外省，临别之时去拜见他的老师，老师说"外官不易为"，意思是说地方官不好当啊。他却说："备有高帽一百，适人辄送其一。"意思是说我准备了一百顶高帽子，见人就送他一个。他的老师听了非常生气。于是他又立即说，"天下不喜欢戴高帽如吾师者，能有几人欤?"意思是说天下不喜欢戴高帽的人除了我的老师，还有几个人呢?老师听了非常高兴，说"高帽一百，今止存九十九矣"，意思是有一顶你已经给我戴上了。

道可以名为小，也可以名为大。道生养了万物，但是恃功自傲，大功告成，从不邀功，这就是大，人要按照道来行事，取得一点功劳，就开始自以为是，不把任何人放在眼里。其实，我们应该明白，在一个单位，个人的修身修为是小道，用这个小道去管理一个集体则能成就大道。再者，我们每个人都是从大道中繁衍而来的，应该遵循大道，无欲无求，你总是把自己摆在最低位，把自己看得很小，别人反而觉得你很伟大，这就是不自为大，反而成就了自己的大。

现实中有很多人手里有了点权力后就迫不及待地想利用它去做些事情，这样的初衷还是好的，但管理者在行使权力时容易忽略从大局去考虑问题，走向极端，甚至是与组织的目标背道而驰。权力是把双刃剑，领导要始终铭记组织的使命，善始善终方能成就大事。

五、往而不害

执大象，天下往；往而不害，安平太。乐与饵，过客止。道之出口，淡乎其无味，视之不足见，听之不足闻，用之不足既。

第一句话中的大象，不是我们今天所说的动物，而是指“无象之象”，就是老子的“道”。大象说的是很大很大的形象，凡是看得见的形状，都不是大象，都说明是比较小，但是太小了也看不见，但是你看不见，不等于没有这个象存在。大象有多大，大到你都无法知道其形象，因此，你知道的象，或者知道象是什么样子的，这都是小象，无形无象为大象。无象，没有形迹没有具体形象。三国魏曹植《七启》中说：“譬若画形于无象，造响于无声。”这是讲音乐与绘画是两种不同的艺术形态，它们之间的通感表现为：听声类形，以耳为目，耳中见色，眼里闻声，画形无象，造响无声。“大象无形”出自老子《道德经》第四十一章。老子在说道的至高境界时，说了这一句“大白若辱，大方无隅，大器晚成，大音希声，大象无形”。意思就是你盯着最白的东西看，时间久了就好像看到有污点，最大的方正的东西一般看不出有什么棱角，大的物器一般成形都较晚，大的音乐听上去往往声响稀稀落落的，最宏大的象似乎看不到什么形。“大象无形”就是说最高的境界，都不拘泥于一定的格局。《旧唐书·牛僧孺传》有“太平无象”这一典故。唐文宗时，唐王朝政治昏暗，奸佞小人得志，唐文宗召集宰相牛僧孺询问应对方法。他与另一名权臣李德裕有很深的矛盾，而且形成势不两立的两派，也就是“牛李两党之争”。唐文宗在延英殿问牛僧孺：“天下如何才能太平?”牛僧孺回答说：“我们尽心尽力地辅佐您，但是仍不能让您感到满意。但是我认为，太平无象，也就是太平没有什么标准。如今的大唐没有扰夷，老幼安居乐业，您与老百姓关系是融洽的。陛下您如果还不满足，那我等就无能为力了。”

老子说执掌“大道”的人，天下就会归顺他。归顺他而不互相伤害，大家就和平安泰了。“饵”不是鱼饵，而是指精美的食物。

悦耳的音乐和精美的食物，能使过路的行人情不自禁地驻足。但是对“道”的表述却平淡无味，你想看它但是始终看不见，你想听它但是怎么也听不到，可是它的作用却是无穷无尽的，没有限制的。

老子讲了大道的运用，按道的法则来行事，但是道本体是无象无形，但是你还要认识它。道不是什么物质，也没有什么形象。好的音乐与美食只能使老百姓暂时归附，收买人，主要是收心，美食终究是要被消费的。

《左传》记载：晏子立于崔氏之门外。其人曰：“死乎？”曰：“独吾君也乎哉，吾死也？”曰：“行乎？”曰：“吾罪也乎哉，吾亡也？”曰：“归乎？”曰：“君死，安归？君民者，岂以陵民？社稷是主。臣君者，岂为其口实？社稷是养。故君为社稷死，则死之；为社稷亡，则亡之。若为己死，而为己亡，非其私昵，谁敢任之？且人有君而弑之，吾焉得死之，而焉得亡之？将庸何归？”意思是晏子立在崔氏的门外面，他的手下人就说：“您也要为君王而死吗？”晏子说：“他是我一个人的国君吗？我为什么要为他而死？”手下人说：“逃吗？”晏子说：“是我的罪过吗？我为什么逃走？”手下人说：“回去吗？”晏子说：“国君死了，回到哪儿去？作为百姓的君主，难道是用他的地位来凌驾于百姓之上？应当主持国政。作为君主的臣下，难道是为了他的俸禄？应当保护国家。所以君主为国家而死，那么也就是为他而死；为国家而逃亡，那么也就是为他而逃亡。如果君主为自己而死，为自己而逃亡，除非是他的私宠，其他人谁敢去做为他而死或随他逃亡的事情呢？而且别人立了君主又把他杀掉，我哪能为他而死？哪里能为他而逃亡？但是又能回到哪里去呢？”

到达崔氏门前时，他的随从对他说：“您要为君主陪葬吗？”晏子回答道：“国君的死不是我的罪过，君主都死了，我们作为臣子又该去哪里？君主如果是为国家而死，臣子就该为他而死；如果君主为了自己的私欲而死，谁敢为他而死。”意思是说晏子作为齐国的国相，按照当时的职业道德准则，应该殉难，随国君去死。晏子却没有那么愚忠，他的意思是说：“君为社稷死，则死之。”现在国君死得如此下贱，我当然也不奉陪了。但是最后尽了一个臣子应尽的职责，他在崔杼家中，脱掉帽子，捶胸顿足，最后大哭一场，转身就离开了。崔杼的手下对崔杼说道："应该把晏婴杀死。"崔杼却说："他是作为一个臣的本分，是老百姓敬仰的人，如果杀了他，反而会失去民心的。"最后看着晏子离开了。后来崔杼立了齐景公，晏子辅佐齐景公，仍然坚守臣道。

大道安静地悄无声息地存在，而且是无处不在，不会引诱任何人，也不会被任何人引诱，人们都是自愿地归顺依附于它，没有名，没有利。大道无影无形，你看不见，摸不着，虽然人们都想得到它，但是不会存在争夺，也没有办法占有它享受它，你对它持的观念只能是"无为"，如果你做到无为了，那你就大有作为了。

道虽无形但深入人心，人虽有形但心诚则灵。管理有道，员工则忠诚于组织，愿意将自己奉献给组织。不遵从道，组织就会人心涣散，管理者既留不住人才也无法凝聚力量办事。

六、柔弱刚强

将欲歙之，必固张之；将欲弱之，必固强之；将欲废之，必固兴之；将欲夺之，必固与之，是谓微明。柔弱胜刚强。鱼不可脱于渊，国之利器不可以示人。

"歙"是"收敛"的意思。想要收缩它，一定先扩张它；想要削弱它，一定让它强大起来；想要废掉它，一定先推崇它；想要得到它，一定先给予它。这是一种微妙高明的道理。柔弱胜刚强。鱼儿离不开池渊，国家的利器不可以轻易展示出来。国之利器有很多，可以是权术权道，可以是赏罚措施，可以是仁政。老子一向叫人以退为进，柔能胜强，要做到这一点，老子讲了四种有效方法，这叫微妙明通。比如一个人干了一点坏事，对你极为不利，你想治他，但他很威猛，你打架又打不过，怎么办？转而奉承他，让他膨胀得特别厉害，你越发逢迎，他就会继续膨胀，最后，他坏事越干越多，越干越大，这样他会离正道越来越远，误入歧途，难以回头了。

就相当于中医辨证论治，或者称为辨证施治，包括辨证和论治两个方面。临床常用的辨证方法有八纲辨证、脏腑辨证、气血津液辨证、卫气营血辨证、六经辨证、经络辨证、三焦辨证。其中最基本的方法是八纲辨证，哪八纲呢？就是阴与阳，表与里，寒与热，虚与实。被称为阴证、阳证、表证、里证、虚证、实证、寒证、热证。八纲辩证看似是矛盾的，有的人表寒里热，正虚邪实，表实里虚，而且在一定条件下，还会向对立面转化，也就是有阴证转阳的，有阳证转阴的，有的人由里出表，有的人由表入里，有的人由虚转实，有的人由热证变寒证，有的又是寒证变热证。

华佗是东汉的名医。有一天，府吏倪寻和李延两人都头痛发热，就一同去请华佗治病。华佗经过仔细地望、闻、问、切，最后给两人开了完全不同两个处方，交给两个人，取药回家煎服。两人一看处方觉得不对劲，我们俩患的是一个病，为什么给倪寻开的是泻药，而给李延开的却是解表发散药，是不是华佗搞错了，就去找华佗，华佗解释道，倪寻是病在内部，应该用泻药，是积食过多引起的，只要把积滞泄去，病就好了，而李延的病在外部，是受凉感冒引起，只要解表，风寒随汗而去，病就好了。最后两人的病都好了。

历史上关于马陵之战的争议相当多。马陵之战的情况是这样的，根据《竹书纪年》的记载，“梁惠成王二十八年，穰疵率师及郑孔夜战于梁赫，郑师败逋。”魏国派穰疵去攻打韩国汝南的梁和赫，韩国派将军孔夜应战，最后韩国战败，求救于齐，齐国在韩国五战全败后出兵救援。韩国五次战败后得到齐国的救援，齐威王任命田忌为主将、田婴为副将，率领齐军奔赴大梁。魏国眼看胜利在望，齐国却来从中作梗，决定放弃韩国，迎战齐军。据说魏国派的是庞涓为统帅，因为他作战所向披靡，有些骄傲狂妄了，但是跟齐军作战，见齐军总是退却避战，而且天天减灶，他觉得齐军斗志涣散，魏军尾随而至。孙膑针对庞涓蔑视齐军的骄傲心理，采取减灶诱敌、设伏聚歼的作战方针。在魏军追击下，齐军士卒假装大批逃亡，这其实是假象，最后在马陵这个地方，齐军安排了一万名弓箭手埋伏于道路两侧，并把路旁一棵大树的皮剥掉，在上面书写“庞涓死于此树之下”的字样。庞涓追赶齐军至马陵，见剥皮的树干上写着字，因为看不清楚，就让人点起火把照明，字还没有读完，齐军万弩齐发，结果可想而知，魏军大败溃乱，庞涓真的在此自杀。这个战争就是虚实的运用，就是老子的“将欲歙之，必固张之”的运用。

要想得到你想要的，那就请你先给予他人想要的，我们做人、做事、生活、工作、做生意，等等，无不如此。有时你付出了，但未必有回报，你看似依然是你，但别人却得到你的关爱。有付出就一定有收获，想要有收获就一定要付出。比如，你想赚钱，你得学会给别人钱。有一个地主家里面遭了鼠灾，眼看着粮食都被老鼠吃完了，地主就叫人给他弄了几只猫来捕鼠，这几只猫抓老鼠倒是不错，但是猫也吃了不少地主养的鸡。过了一段时间，地主家里的老鼠全被猫捉光了，但是鸡也被咬得差不多了。于是，这个地主的儿子就对父亲说：“我们现在赶紧把猫赶走吧！现在没有老鼠了，留着它也没有用，而且只会吃鸡。”地主却说：“如果再有老鼠了，不但会偷吃掉我们的粮食，而且还会把我们的衣服、被子等都咬坏，这样我们这个冬天就会挨饿受冻。没有了鸡，我们只是暂时吃不上鸡肉罢了，但是和挨饿受冻比起来，你是愿意留下猫，还是愿意留着鸡?”地主明白了“要想得到，必先给予”，也就是老子强调的“将欲取之，必固与之”的道理。

给予他人想要的，你就能得到你自己想要的。这一章揭示了矛盾的对立统一性，用哲学上的词语叫“辩证法”。辩证法思想是老子整个“道”的思想体系的核心。老子认为任何对立的双方相互转化，相互推进，在对立统一中获得长足发展。老子辩证法思想涉及的章节，比如，第二章：“天下皆知美之为美，斯恶已；皆知善之为善，斯不善已。故有无相生，难易相成，长短相较，高下相倾，音声相和，前后相随。”正因为有了丑，我们才知道什么是美，如果这个世界没有丑，那我们就不知道什么是美，美丑就是对立统一的存在。此外还有善与恶、有与无、难与易、长与短、高与下、音与声、前与后都是相互依存的，没有一方，另外一方就不可能存在。第九章：“持而盈之，不如其已。揣而锐之，不可长保。”过犹不及，满了就会溢出来，锐器太锋利就要钝了，容易卷舌。第二十二章：“曲则全，枉则直，洼则盈，敝则新，少则得，多则惑。”曲可以转化为全，枉可以转化为直，洼可以转化为盈，敝可以转化为新。第三十六章：“将欲歙之，必固张之；将欲弱之，必固强之；将欲废之，必固兴之；将欲夺之，必固与之。”就是讲的物极必反，在一定条件下，一方可以向另一方转化。第五十八章：“祸兮福之所倚，福兮祸之所伏。孰知其极？其无正也？正复为奇，善复为妖。”祸与福、正与奇、善与恶都能够互相转化。第六十四章：“合抱之木，生于毫末；九层之台，起于累土；千里之行，始于足下。”再粗的树，都是从细小的幼芽长成的，再高的台子也都是用土一点一点累积起来的，你要走很远，都是从脚下一步一步走的。第六十三章：“图难于其易，为大于其细。天下难事必作于易，天下大事必作于细。”天下难事都是从容易的事情开始做的，天下大事都是在细小事情的基础上完成的。老子如此强调辩证法究竟要说什么？第一是让人明白一阴一阳都是道。就像喝酒，喝白酒最好配玉碗玉杯，酒是甘冽的，是阳，而玉是阴，这样才更配。正如诗句中说：“玉碗盛来琥珀光。”用玉器盛，酒色看起来更好看。如果喝葡萄酒就要用夜光杯了，葡萄酒是阳，夜光杯是阴，一阴一阳。正如诗句中所说：“葡萄美酒夜光杯，欲饮琵琶马上催。”酒色跟鲜血一样，很有男儿气，就如岳武穆诗中所说的“壮志饥餐胡虏肉，笑谈渴饮匈奴血”，壮哉！第二是学会用对立统一的思维去看问题，解决问题。

在残酷的商业竞争中，组织间相互采用各种计谋去想方设法争夺市场。一些企业稍做大了就想着挤压其他对手。但我们看那些真正强大的企业都是在耐心打磨自己的产品，构建正面的品牌形象，让消费者对企业产生认同与联结。竞争的同时始终坚持创新与质量发展，这才是企业永续经营之道。

七、无为之益

天下之至柔，驰骋天下之至坚，无有入无间，吾是以知无为之有益。不言之教，无为之益，天下希及之。

天下最柔弱的东西，能够穿行于天下最坚硬的东西。水虽然很柔软，但是能够穿越高山、河谷、土地，甚至岩石。为什么能如此？因为水中实际上蕴含着人们看不见的无穷的任何人都无法阻挡的力量。无形的物品，能够自由穿行于任何没有间隙的地方，我因此感受到了无为的真正厉害的地方。这是无言的教化，无为的好处，天下很少有人能够达到。

唐代李白的《宣州谢朓楼饯别校书叔云》写得好："抽刀断水水更流。"水很柔顺，但是当它面对最锋利最坚硬的刀时，不畏惧，也不受任何影响。水很素朴，在抵抗坚硬的东西的时候，能够保持不败。

心如止水，意思就是内心平静如水，对外物毫无杂念。庄子说："水静则明烛须眉，平中准，大匠取法焉。水静犹明，而况精神！圣人之心静乎！天地之鉴也；万物之镜也。"意思是水在静止的时候能够清晰地照见人的须眉，水的平面符合水平测定的标准，高明的工匠也会把这个作为水准。水静止下来的时候还很清澄明澈，又何况人的精神呢。圣明的人，他们的心境都是比较虚空宁静的！既可以作为天地的明镜，也可以作为万物的明镜。

白居易《祭李侍郎文》中说："浩浩世途，是非同轨，齿牙相轧，波澜四起，公独何人，心如止水。风雨如晦，鸡鸣不已，不因纷阻，孰辨君子？"白居易在唐宪宗元和年间任左拾遗及左赞善大夫。元和十年（815），宰相武元衡被平卢节度使李师道派人致死，白居易因上表急请严缉凶手，得罪了权贵，被贬为江州司马，后来移忠州刺史。这篇散文的意思是，如此广阔的世界，正确与错误，正义与邪恶，已经分不清楚，亲如骨肉的互相争斗，没有一日安宁。唯独公（也就是李侍郎）是何等高人，在此凡世却能保持本心清静，品行高洁。政治黑暗，社会不安，就连今夜的公鸡都在啼鸣，都为你鸣不平。不因为这样就受到阻碍，谁又能辨识真正的君子呢？

很多人喜欢争强好胜，这是违背水的精神的。外表越强势的人，其实他的内心越缺乏安全感。别人能够做到的自己也一定能够而且必须做到，不服输这点无可厚非，但是因为争强好胜，往往会给自己制造很多的障碍和无形的压力，甚至迷失自己。争强好胜的人，不仅仅容易得罪别人，也会影响个人的人际交往。

退避三舍，是春秋时晋文公重耳在流亡楚国的时候，为了感谢楚王的善待，作出的一个承诺。是什么呢？如果有一天我们两国发生战争的话，我晋国将要退避三舍的。后来重耳回到晋国，并且继承了国君的位置，但是晋楚两国有一天真的发生了战争，而在城濮之战中晋文公则兑现了当初的承诺，晋军主动退兵至九十里之外。当时撤兵的时候，晋军当中有些将士十分不解地说："我们的统帅是国君，而对方带兵的是臣子，哪有国君让臣子的道理？"对方狐偃解释道："当初我们的楚王帮助过主公，主公答应了，君子一言，驷马难追。"晋军一口气往后竟然撤了九十里，这样做使得晋文公没有被道德绑架，晋军的主动后撤维护了晋文公讲信义的好声誉，同时也让楚国大军知道晋军知恩图报，其实助长了士气。

而晋军的后撤，其实是给楚军出了个难题，楚军不能追，如果不追，则晋、楚两军是平手，而且晋军的后撤得到了讲信义的好声誉，在晋军后撤九十里的情形下，你楚军还继续追杀，按照当时的礼仪，晋国是国君带兵，楚国则是臣子带兵，晋国以国君之礼让臣子了，而臣子追杀国君，这就是违反了当时的礼仪，叫"以下克上"。因此，晋文公的退避三舍在这场战争中让晋国占据了道德制高点，最后晋国在城濮击败了楚军。

刚强的东西应该是人们能看到的东西，这是存在的东西，但是一个柔弱的东西是不存在的东西，"不存在的东西"是什么意思？是东西，但又不存在，为什么不存在，因为你看不见，这样一个不存在的东西现在要抗拒你看到的存在的东西，不存在的东西就不会任何阻挡，因为你看不见，日积月累，它的力量就很大。

老子说："不言之教，无为之益。"不言之教就是无言无声的感化。据《湘乡县志》载："相传舜南巡时，奏韶乐于此，凤为之下。"说的是一件什么事呢？当时各方要都进行推举，尧就命舜主管政事。韶山是苗的地盘，但是苗不服舜的统治。舜南巡到苗这个地方，带领军队来到山上，登高远望，不料苗民早有埋伏，鼓声雷鸣，苗民手执弓矛，把舜死死围住，一共围了几天几夜。舜的手下就对舜说，咱们打呀杀呀，我们的兵力胜过苗民啊。可是舜帝全部拒绝，不动一兵一卒，而是派人奏乐。大家都愣在那里了，我们已经有生命危险了，舜帝竟然还有心思奏乐，不知道舜帝怎么想的。然后《韶乐》响起，场面让人感觉十分震撼，莺歌燕舞，鸟兽翔舞，箫韶九成，百兽率舞，凤凰来仪，百鸟和鸣。原来很仇视舜的苗民听到这个美妙的乐声也丢弓弃矛，跳起舞来，舜帝这时也加入到乐舞行列之中，一场音乐化解了一场战争。这是圣人的不言之教。当然普通人也有不言之教。韩信在没有人赏识的时候，天天去钓鱼，不干正事，也没有经济来源，穷困潦倒。有个洗衣服的老太太看他没饭吃，就把自己带的饭菜，分给了他一些。韩信十分感动。当人饥饿到极点时，有人能够送上一口饭，那会感到很幸福，很感激，就对老太太说："如果我有一天成功了，我一定会好好报答你。"老太太听了就很生气，说："我是看你可怜才给你饭吃，谁要你报答了。"韩信听了以后，万分惭愧。不言之教，是一种大智慧、大境界，用今天的话说，就是我们要发挥榜样力量，润物无声，潜移默化。

目前，有一个新的概念，叫水样组织，或者称为水性组织，这是组织的理想状态。水的柔软让组织具有适应性，可以在各种复杂艰险的环境下生存。水的涵养让组织具有包容性，可以容纳五湖四海的员工。水的平静让组织具有稳定性，给组织成员安全感。水的刚强让组织具有延展性，可以迸发前进的能量和动力。

八、知足不辱

名与身孰亲？身与货孰多？得与亡孰病？是故甚爱必大费，多藏必厚亡。知足不辱，知止不殆，可以长久。

名誉和生命相比，哪一个更能够亲近？生命和财货相比，哪一个分量更重？得和失，哪一个更对人有害？过分热衷名利一定会付出更大的代价；过多积敛财富，一定招致更惨重的损失。因此，知道满足就不会受到侮辱，懂得适可而止就不会有危险，这样才能够长久存在。

萧大圜（huán）是梁简文帝的儿子，小时候非常聪明，相貌俊秀，很有天赋，也比较早熟。但是梁简文帝被杀之后，萧大圜几次差点丧命。后来梁元帝收留了他，封他为晋熙郡王，并给他两千户人口管理。梁元帝有收复失地之功，但萧大圜的兄长汝南王萧大封等人没有来祝贺。梁元帝这个人心眼比较小，非常记恨，就对萧大圜说："你的两位哥哥也不来看我，你把我的意思转告他们两个，让他们来。"萧大圜当天就去开导两位哥哥，让他们相继前来拜谒，梁元帝这才放下心来。萧大圜一直认为与人交往需要懂得人情世故，就断绝同别人来往。甚至兄妹之间也只限于通信而已，自己也不出去玩。再后来梁元帝投降，魏恭帝下诏说："梁国汝南王萧大封和晋熙王萧大圜等人，都是梁国的子孙，要给予优厚的待遇，应当分封爵位。萧大封封晋陵县公，萧大圜封始宁县公，食邑各一千户。"随即又加授萧大圜车骑大将军、仪同三司衔，并赏赐田宅、奴婢、牛马、粟帛等。

萧大圜面对风云变幻，心绪宁静闲适，他说："岂如知足知止，萧然无累。北山之北，弃绝人间，南山之南，超逾世网。"大致意思是你的智慧不能超群，要注意隐藏，甚至行走之时，你不要高于周围的物体，意思就是不要趾高气扬，你生活一辈子，却要辛苦地走一生，为什么总是去走偏僻的路，如果知道满足知道及时停止，你就不会活得这么累。"岂若蹙足入绊，申脰就羁，游帝王之门，趋宰衡之势。不知飘尘之少选，宁觉年祀之斯须。万物营营，靡存其意，天道昧昧，安可问哉。"意思就是难道像缩足一样的入绊绳，伸着脖子而被系的犬马一样，在帝王之门服务，逢迎巴结当官的？不知道尘埃不能飘浮长久，只觉得寿命存在于瞬间。万物来来往往，却不能体味生命的真谛。还不如选一个地方，安静的生活，饮酒作诗，读书聊天，没有忧虑。有朋友从远方来了，举引今古，这样可快乐至极。最后感叹道："人生若浮云朝露，宁俟长绳系景，寔不愿之。

执烛夜游，惊其迅迈。百年何几，擎跽曲拳，四时如流，俛眉躡足。”意思是人生就好像天空的浮云，草上的露珠，何必浪费时间，等候得到长绳，以系日影，使时光不再流逝，我的确不愿干这等傻事。手拿着蜡烛而夜游，惊叹时光的流逝。人生能有多长时间，还要拘泥于人臣之礼，时间像流水一样的，何需每天战战兢兢的，听命于人。萧大圜经过了人生的起起伏伏，终于悟到了人生真谛，这就是要知足、知止，珍视生命。

弘一法师李叔同给好友夏丏尊就写了一幅字：“知止”。《大学》中写道：“知止而后有定，定而后能静，静而后能安，安而后能虑，虑而后能得。”意思就是知道应该达到的境界才能够使自己坚定志向，志向坚定了才能够静心不躁，静心不躁了才能够心安理得，心安理得了才能够思虑周详，思虑周详了才能够有所收获。《增广贤文》有言：“知足常足，终身不辱；知止常止，终身不耻。”意思就是人的一生一定要学会适可而止，如果你做错了事情，要及时改正。

知足常足，知止常止。大凡知足的人时常都能感到满足，一辈子都不会因为不知足而做一些不光彩的事情；知道适可而止的人总能有所节制，一辈子不会因为无所节制而做一些让自己蒙羞的事情。

古时候，楚国有个祭祀的官员赏给手下帮忙办事的人一壶酒，但是帮忙办事的人很多，这壶酒如果大家一起喝，肯定是不够的。这一壶酒到底怎么分呢？门客们互相商量了，最后有人出了一个主意，说请大家在地上画蛇，谁画得快又画得好，就把这壶酒给他喝。有一个人最先完成了，他拿起酒壶准备饮酒，就左手拿着酒壶，心想：你们画得太慢了，我还有时间为它画脚。于是他右手拿了一根树枝，给蛇画起脚来，他还没有把脚完成，另一个人的蛇也画好了，就抢过了他的酒壶，说：蛇本来就没有脚，你怎么能给它画脚呢？于是把壶中的酒一饮而尽。那个为蛇画脚的人，最终失去了酒。做任何事情，一定要“知止常止”，否则非但不能把事情做好，反而会弄砸。《三国演义》第 110 回中写道：“张翼谏曰：‘将军功绩已成，威声大震，可以止矣。今若前进，倘不如意，正如‘画蛇添足’也。’”

管理组织并非易事。因此，管理者一定要量力而行，组织一味的做大并不意味着就是好事。2017 年“乐视”的失败就是因为领导者过度追求多元化业务经营，战略上盲目扩张，反而丧失了市场上竞争优势，脱离企业实际发展能力，导致亏损严重。所以企业切忌盲目扩张，要慎重决策。

九、以正治国

以正治国，以奇用兵，以无事取天下。吾何以知其然哉？以此。天下多忌讳，而民弥贫；人多利器，国家滋昏；人多伎巧，奇物滋起；法令滋彰，盗贼多有。故圣人云，我无为而民自化，我好静而民自正，我无事而民自富，我无欲而民自朴。

“正”，从止从囗（wéi），“止”是脚趾的趾的本字，这个不是口（kǒu），而是囗（wéi），城四周的池，相当于护城河，二者合起来是走向城池，要攻打城邑的意思。“正”字的本义就是攻打、征战的意思。因为人们直接奔着目标去的，因此，“正”可作中正或者正直之类的意思。这里的“正”指的是清静无为。要用清静无为的道来治理国家，以奇巧的方法来用兵，以不扰害人民来管理天下。我怎么知道要这样呢？根据在这里：天下的禁忌多了，老百姓就会更加贫困；民众的锐利武器多了，国家就会更混乱；人们的心智和伎俩多了，邪风怪事就会容易滋生；法律越严厉，触犯法律的人就越多。因此，有道的人说，我若无为，老百姓就会自我化育；我若好静，老百姓自然就会走上正道；我若无事，老百姓自然富足；我若没有欲望，老百姓自然就变得淳朴。

宋代大家朱熹在《朱文公文集·卷三十八·答周益公》中写道：“至若范公之心，则其正大光明，固无宿怨，而惓惓之义，实在国家。”“正大光明”的意思就是心怀坦白，清正无为，言行正派。清代顺治皇帝亲自写了“正大光明”四个字挂于乾清宫正殿。“正大光明”这个词语来自《周易》中的“大者，壮也”。“正大，而天地之情可见矣。”（《周易·大壮·彖辞》）“刚中正，履帝位而不疚，光明也。”（《周易·履·彖辞》）正大光明，意味着皇位要稳固，就要正大光明，清正无为，了解民情，公正严明。古代很多帝王都将“正大光明”作为自己的道德准则，很多官员也把“正大光明”作为自己的为官之道。

《老子》说：以正治国，以奇用兵，以无事取天下。意思是统治者要用“奇”和“正”来统治天下。《孙子兵法·兵势篇》中说：“凡战者，以正合，以奇胜。故善出奇者，无穷如天地，不竭如江海。”意思是大凡用兵作战，都是以正兵当敌，以奇兵取胜。因此，善于出奇制胜的人，其战术变化就像天地万物那样无穷无尽，像江海之水那样永不枯竭。“奇正之变，不可胜穷也。奇正相生，如循环之无端。”意思是说奇正之间怎么相互转化呢？其实很简单，已经投入战斗的，是正兵；预备队，是奇兵。预备队投上去，就变为正兵了。正在打的部队撤下来，又变成奇兵。奇正是辩证的统一。《左传·僖公二十二年》记载：公元前638年，楚国发兵攻打宋国。宋襄公与楚国在泓水作战，宋人已经摆好军阵，而楚国还没有渡过河。司马子鱼就劝说宋襄公，敌众我寡，趁他们还没有完全渡过泓水，请下令出击，这样可以收到出奇制胜的效果。宋襄公说：“不可以。”等到楚军渡过河，还没有摆好阵势，子鱼又建议趁机进攻，宋襄公还是说“不行”。宋襄公说：他们是不义之师，我们是正义之师，邪不压正，怕什么。等到楚军渡过河来，摆好军阵，宋襄公还问楚国说：你们准备好了吗？楚国说：我们准备好了。宋襄公说：我们开战吧，结果宋襄公被杀。宋襄公看重的是“正”，正义，但是忽略了“奇”，为此，毛泽东在《论持久战》中告诫道：“我们不是宋襄公，不要那种蠢猪式的仁义道德。”我们要“正”是对的，但是不要死板，要因利乘便，随物赋形。

老子推崇“正”，“以正治国”“以奇用兵”。同时要求“无为”“好静”“无事”“无欲”来治理国家，实现国泰民安。

做人要正，做事要奇。正，是摆在台面上的东西；奇，就是台面下的东西，如果往高处说就是策略、创意，往低处说就是诡计。“奇则正之，正则奇之。”奇的现象方显非凡的正，正的背后未必是平凡。王阳明在任江西巡抚的时候，发现宁王正准备策划谋反。有一天，宁王就邀请王阳明参加宴会，试探一下王阳明的态度。宴会上相互寒暄之后，宁王突然话锋一转，说道："你也知道，现在皇上经常出去玩，不理朝政，长此以往，国将不国。我是看着心里着急，但是没有办法。你认为呢？"王阳明假装第一次听说，心里知道宁王是要跟自己摊牌呀。王阳明正在思索怎么回答，这时宁王的谋士直接说了："怎么没有人敢把皇上推倒吗？"宁王的谋士越说越激动，王阳明直接打断了他的话，说："如果有人造反敢赶下皇上，就一定会有忠臣来维持。"谋士不再往下说了，听到王阳明这么说，宁王也无可奈何，知道王阳明会干涉他们。后来，宁王造反了，他第一个想要抓住王阳明。但是王阳明料事如神，早逃走了。王阳明是非常忠于国家的，但不是愚忠，他有谋略，深谋远虑，出奇制胜。在逃跑途中，他故意让所有人都看到，自己走的是陆路，其实，他偷偷地去乘小船了，宁王派人沿陆路追击。后来王阳明逃到了吉安，在那里招募军队，准备为国平叛。同时他还张贴告示，散布虚假消息，吹嘘自己有十六万人马，个个英勇善战。宁王开始有些恐惧，是打南京还是驻守江西，一直拿不定主意，这时他看到了王阳明写给谋士李士实的密信："劝服宁王，攻打南京。"宁王信以为真。其实这封信是王阳明故意写给宁王看的，实际上想让宁王留在江西。可宁王上当了，王阳明平定了叛乱。

管理是一门艺术，它要求领导者有创造性的思维去治理复杂的组织。一个组织的资源终究是有限的，合理分配这些资源除了需要依照客观规律发展来决定，领导者还要利用主观判断来处理组织的人为问题，以便能稳定组织人心发挥组织的潜能。

十、福祸相倚

其政闷闷，其民淳淳；其政察察，其民缺缺。是以圣人方而不割，廉而不刿（guì），直而不肆，光而不耀。祸兮福之所倚，福兮祸之所伏。孰知其极？其无正？正复为奇，善复为妖，人之迷，其日固久。

“闷闷”本来是昏昏昧昧的意思，这里的意思是宽厚。“淳淳”的意思是忠厚淳朴。“察察”的意思是严酷。“缺缺”的意思是狡黠。治理国家应该以宽大为怀，民风就会忠厚淳朴；治理国家过于严苛，平民就会变得狡诈。灾祸啊，幸福就包含在它里面；幸福啊，灾祸就隐藏在其中。这种祸福转化，谁能知道它们的条件是什么?它们并没有一个固定的准则。在一定条件下正可以转变为邪，在一定条件下善可以转变为恶。世人悟不到这个道理，迷惑已经太久了，因此，有道之人处事，方正而不显生硬，有棱角也不伤人，直率但不放肆，有光芒但不耀眼。

老子在这里提出了一个重要的哲学命题，就是那句著名的话：“祸兮福之所倚，福兮祸之所伏”。《淮南子》中记载：春秋战国时的宋国有一个非常讲善，也就是讲仁的人，他家三代都是这样不懈坚持的行仁义之举。但是有一天家里的黑牛怀孕，并且生出了白牛犊。这个人他感到非常奇怪，就去问孔子怎么回事，孔子说这是吉祥的征兆啊。可是一年不到，他的眼睛却无缘无故的瞎了。怕什么来什么，与此同时，黑牛又生了一个白牛犊，他就让儿子去问孔子这究竟是怎么回事。儿子回答说：“你上次已经问了，先生说没事，结果却出现失明的事，你现在再去问，那有什么好问的?”他答道：“圣人之言，先迕后合。其事未究。姑复问之。”意思是说这件事还不知其究竟，你再去问一问。儿子只好又去问孔子，孔子回答还是“吉”，也就是没事。孔子还让其子要去拜祭天，以飨鬼神。儿子回家告诉父亲这一切，父亲说：“照着先生所言去做。”又过了一年，儿子的眼睛也无故瞎了。不久，楚国来攻打宋国，将城都包围了起来，宋国所有的男人都要去服兵役打仗，死者过了大半。而这家父子因为都是瞎子，所以没有被征去服兵役，也没有因此失去生命。

托尔斯泰曾在他的散文名篇《我的忏悔》中讲了一个故事，说一个男子被一只老虎追赶，最后掉下了悬崖，庆幸的是他在跌落过程中死死抓住了一棵生长在悬崖边的小灌木，此时，他发现头顶上那只老虎在虎视耽耽看着他，但是低头一看，悬崖底下还有一只老虎，更为糟的是，两只老鼠正忙着啃咬悬着他生命的小灌木的根须。绝望中，他突然发现附近生长着一簇野草莓，伸手可及。于是，这人拽下草莓，塞进嘴里，自言自语道："多甜啊！"

《大戴礼记·子张问入官》篇中说："故古者冕而前旒，所以蔽明也；统纩（kuàng）塞耳，所以弇聪也。故水至清则无鱼，人至察则无徒。故枉而直之，使自得之；优而柔之，使自求之；揆而度之，使自索之；民有小罪，必以其善以赦其过，如死使之生，其善也，是以上下亲而不离。故惠者政之始也，政不正则不可教也，不习则民不可使也。"所以古来帝王的冠冕上垂挂着一串串的玉，就是为了警惕自己，不要看得太明察了，冠冕前悬垂着旒，就是用来遮蔽皇上的视线的；用棉絮塞耳，是为了警惕自己，用来降低听觉。人不能听得太清楚了。因此水太清澈，就没有鱼还能生存下去；人太精明了，就没有人跟你做伙伴了。

"水至清则无鱼，人至察则无徒。"这句话家喻户晓。大鱼需要吃小鱼，小鱼需要吃更小的水生物，最小的水生物需要吃水藻，如果水藻类的微生物要存在，就不会让水非常清澈，也就是说，如果水非常清澈，就没有水藻，而作为最顶级的食物链的鱼也就没有食物可吃了。古代有位禅师一天晚上在禅院里散步，突然看见墙角边有一张椅子，他一看就知道有位出家人违犯寺规越墙出去了。老禅师默不作声，跑到墙边，把椅子移开，就在那里蹲着。过了一会儿，果然有一个小和尚翻墙，黑暗中看不清，就踩着老禅师的背脊，以为是椅子，跳进了院子里。当小和尚双脚着地时，才发现刚才踩的不是椅子，而是自己师父的背。小和尚顿时惊慌失措，不知如何是好。但是师父并没有厉声责备他，只是用平静的话说："夜深了，天凉了，赶紧去添加一件衣服。"

眼睛再明亮也有看不见的东西，耳朵再聪灵也有听不到的声响，嘉奖大德，赦免小过，不要苛求一个人的仁义完美无缺。因此把百姓邪枉的坏事改正过来，使他们自己心安理得；用宽大的办法引导百姓，使他们自己都能寻求本身的完美；度量百姓的资禀，因材施教，使他们自己能找到前途。百姓偶然犯了小的过错，必须找出他的功劳来赦免他；如果要判死刑的，要想办法让他活下去，这样他就会好了。因此，上下打成一片，融为一体，就不会相离了。因此仁是施政的先要，施政不当，就没有办法教导百姓，百姓不会学习，就不能驱使他们。

机遇始终是与危机并存的，组织参与任何社会活动都会面临一定的风险和挑战。应对挑战的最佳方式就是完善风险管理制度。从风险评估、责任划分、实施对策和评价总结的流程来完善设计。

十一、慎终如始

其安易持，其未兆易谋，其脆易泮，其微易散。为之于未有，治之于未乱。合抱之木，生于毫末；九层之台，起于累土；千里之行，始于足下。（为者败之，执者失之。是以圣人无为，故无败；无执，故无失。）民之从事，常于几成而败之。慎终如始，则无败事。（是以圣人欲不欲，不贵难得之货。学不学，复众人之所过。以辅万物之自然，而不敢为。）

老子在本章提出了物理与人理相结合的重要理论，这里的“物理”不是我们所学的那门学科，不是与光、声、电、磁、热等类似的东西，而是指物的性与能。关于人理，马克思认为：“在其现实性上，它是一切社会关系的总和。”（《马克思恩格斯选集》第1卷）“不是人的胡子、血液、抽象的肉体的本性，而是人的社会特质。”（《马克思恩格斯全集》第1卷）关于人理，孔子认为：“性相近，习相远。”（《论语·阳货》）人生下来，性都是差不多的，因为外界环境影响，就有了差异，有的人成为君子，有的人成为小人。人的理还有就是《论语·里仁》中说的：“子曰：富与贵，是人之所欲也，不以其道得之，不处也。贫与贱，是人之所恶也，不以其道得之，不去也。”意思是金钱和地位，都是每个人都向往的，但是用不正当的手段得到它们，君子不能享受；贫困和卑贱，都是每个人所讨厌的，但是，不通过正当的途径摆脱它们，君子也是不会摆脱的。除了这些还有饮食，《论语·乡党》中说：“食不厌精，脍不厌细。”

“厌”是满足的意思；“脍”是细切的肉的意思，意思是粮食舂得越精越好，肉切得越细越好，这就是食物要精。还有性，《论语·子罕》中说：“子曰：‘吾未见好德如好色者也。’”孔子说的性，不就是求富奔贵且好食好色乎？孔子说：我没有见过像好色那样好德的人。

“为之于未有，治之于未乱。”当局面安定时还容易把持，当事情还未露先兆时比较容易谋划。当事物脆弱时还容易分开，当事物细微时比较容易消散。老子接着用三个排比句来说事物都要经过一个量的积累，最后发生质的变化：“合抱之木，生于毫末；九层之台，起于累土；千里之行，始于足下。”合抱的大树，都是生长于细小的根芽；九层的高台，都是筑起于每一堆泥土；千里的远行，都是从脚下举步开始走出来的。看到这里我们会想到荀子《劝学》中的这几句话：“积土成山，风雨兴焉；积水成渊，蛟龙生焉；积善成德，而神明自得，圣心备焉。故不积跬步，无以至千里；不积小流，无以成江海。骐骥一跃，不能十步；驽马十驾，功在不舍。锲而舍之，朽木不折；锲而不舍，金石可镂。”堆积小土石成了高山，风雨从这里兴起；汇集小溪成为深渊，蛟龙从这里产生；积累小的善行会养成高尚的道德品质，精神得到升华，圣人的心境由此具备。因此不积累一步或者半步的行程，就没有办法到达千里之远；不积累细小的河流，就没有办法汇成江河大海。骏马一跃，最多也不到十步远；差一点的马连走十天，它的成功主要在于不停止。如果木头刻几下就停下来了，那么腐朽的木头也不会刻断。如果不停息地刻下去，那么金石也能雕刻成功。在这里我们可以看到老子与荀子在思想观点上是有相通之处的，老子强调做事情在它尚未发生之前要处理妥当，早做准备。地震发生前，狗、老鼠、鸡、蚂蚁、青蛙、飞鸟们都会有预感，纷纷未雨绸缪。

主观妄为的行为将会招致失败，强行把持的一定会失去。因此，对于有道的人无所作为也不会招致失败，无所执着也不会遭受损失。人们做事情，总是在快要成功时遭受失败，所以当事情快要完成的时候，也要像开始时那样慎重，就没有办不成的事。因此，有道的人追求别人所不追求的，不稀罕难以得到的财货，学习别人所不学习的，补救众人经常犯的过错。以辅助万物按其自身规律自然发展而不会妄加干预。

做事情一定要深谋远虑，就像我们在冬天到来之前，尤其是东北地区，就要开始储备木柴煤炭、棉衣，甚至吃的白菜也要埋入地窖，防患于未然。有一家人盖了个新房子，但厨房安排得不太好，烧火的土灶烟囱砌得太直了，土灶旁边还堆着一大堆柴草。有一天，这家主人请客。有个客人看到主人家厨房的状况，心里很着急，就对主人说："你家的厨房要重新修整一下。"主人不明所以就问道："为什么啊？"客人就说："你家最主要的问题是烟囱砌得太直，柴草放得离火太近了。你要把烟囱改砌得弯曲一些，柴草也要搬离灶台远一些，不然的话，很容易发生火灾。"主人听了以后笑了笑，根本没有当回事，后来也就把这事给忘了。无巧不成书，这户人家果然失火了，左邻右舍也都立即赶来，有的用面盆浇水，有的用蛇皮袋撒土，有的两三个一组搬东西，大家都一起奋力扑救，最后大火终于被扑灭了，这次火灾主要抢救及时，只将厨房里的东西烧了一小半，没有造成大的损失。为了酬谢大家的鼎力帮助，主人杀鸡宰牛备酒，办了宴会邀请帮助救火的人。席间，主人热情地请被烧伤的人坐在最上席，其余的人也按照功劳大小依次入座，唯独没有请那个建议重新修整烟囱、搬走柴草的人来吃饭。一屋子的人谈笑着吃着喝着，有人就提醒主人说："要是当初您听了那位客人的劝告，把烟囱改建了，把柴草搬走了，就不会造成今天的损失了，也用不着杀牛买酒来感谢大家了。现在，如果您论功请客，怎么能够忘了那位事先提醒您的客人呢？难道说提出防火的没有功，只有参加救火的人才算有功吗？"主人听了以后，这才恍然大悟，赶忙把那位客人也请了过来。

道家要求管理者要树立清净、沉稳的思想品质。在取得的成就面前要戒骄戒躁，明白这不是一朝一夕取得的。在决策中要深谋远虑，把目光放到长远的事情上。

第五章 《道德经》的管理伦理

本章重点探讨了《道德经》管理伦理中的自律问题，老子是排斥他律的，认为外在的约束的规章制度越少越好。自律是他管理的终极目标，同时论述了伦理人格的构成、自我塑造提升和人的行为。一切管理的前提是认识自己，以人为中心。老子主要讲到的人格特质有："负阴抱阳""知白守黑"的智能创造的开放性特质；"大器晚成""功成事遂""常善救人""物壮则老"的成就自律的责任心特质；"善为道者""长生久视"的乐观社交的外倾性特质；"不争之争""不争之德""为而不争"的利他谦虚的宜人性特质等。

一、功成事遂

太上，下知有之。其次，亲而誉之。其次，畏之。其次，侮之。信不足，焉有不信焉。悠兮其贵言。功成事遂，百姓皆谓我自然。

老子把统治者分为四个等级，即太上、其次、其次、其次。太上是最棒的，其余是三个其次的。第一个档次的君主，人们知道有这个人但是时刻感受不到他的存在，也就是这个统治者不是专制地靠高压政策存在。第二个档次的君主，人们对他有好感，喜欢亲近他、赞赏他。第三个档次的君主，人们害怕他、畏惧他。第四个档次的君主，人们竟然轻视他。最高级档次的君主，无为而治，是合老子之道的君主，人民安居乐业，是圣君；其次档次的君主，好用细如牛毛的法律法规治理国家，这是王道的君主，人民生活还可以，但是感觉条条框框太多，束手束脚，这算得上是治君；再次档次的君主，不理国家政事，贪图享乐，奢靡淫逸，人民生活不好，但是很无奈，这是昏君；最次档次的君主，对内专制统治，对外战争，人民流离失所，这是暴君。老子说君子的这四种档次，不同档次的君主，人民对待他的信任度也不尽相同。其中最好的君主，悠闲自在的，很少颁布政令，人民感觉不到他的存在。当事情办成功之后，老百姓都认为我自已本来就是这样的。

西晋皇甫谧《帝王世纪》记载了帝尧之世时的政治生活状态："天下太和，百姓无事，有五老人击壤于道，观者叹曰：大哉尧之德也！老人曰：'日出而作，日入而息。凿井而饮，耕田而食。帝力于我何有哉？'"大致意思是太阳出来了老百姓就去耕作田地，太阳落山了就回家去休息。凿了一眼井就可以有水喝，种出了庄稼就不会饿肚皮。这样的日子有什么不好，谁还会在乎和羡慕帝王的权力。

老子在开头提出"下知有"，这三个字点出了统治者的最高境界。"有"是宇宙万物的自然存在的状态，"知"指的是宇宙万物和人之间的联系。老子强调一定要把"有"和"知"全部去掉，才能达到"无"的境界。

古有郑国子产不毁乡校的故事。乡校是什么呢？乡校和今天说的乡下的学校是两码事，它是靠近国都城乡结合部的一个学校，不仅仅学习的地方，与今天的不同之处在于它还是公共社交场所。当时的人经过一天劳作后，就喜欢聚集到乡校，说家长里短甚至国家大事，类似于今天的茶馆。其中有个人说："这个国家政策好！"另外的人说："这就是当官那些人一拍脑门儿的决定，坑害人！"其实这就是老百姓闲聊而已，也就是发泄一下情绪，他们说的也都不一定对。但是老百姓议论的话传出去以后，国君就不高兴了，郑国的大夫然明就对子产说："这些人文化层次低，什么也不懂，还整天乱发表议论，把乡校给封了！"子产极力反对道："为什么呀？大家累了一天，有个地方放松一下，聊聊天，有什么不好？同时这个地方还可以反映咱们存在的问题，有问题了就改，即使把乡校关了，大家的抱怨就会没有了吗？我们的问题就会消失吗？"然明听了以后，不断点头称是，心服口服。

但是后来子产病重，他对子太叔说："道德高尚的人方能用宽厚的政策让民众服从，其次是用严厉的政策更有效。就好像火，人们看见它就害怕，所以很少有人会死于火。但是水天性柔弱，人们喜欢亲近它，所以死于水的人就比较多。”子产病了几个月后就去世了。

可见为政之道并非是一成不变的。如果用德治不好，就要用法治；政策过分宽松了，就得紧一紧；过分紧了，老百姓有怨言了，就要松一松。这就是老子的“道”，参悟道，并掌握事物发展的规律，要立足于现实，适时调整，正确行事。

美国管理学家罗夫·怀特（Ralph K. Wbite）和罗纳德·李皮特（Ronald Lippett）提出了三种领导方式：一种是权威式（Authoritarian），一种是民主式（Democratic），还有一种是放任式（Laissez faire）。权威式领导类似于第三档次和第四档次的君主，所有事情都是领导者发号施令才能行事；民主式领导类似于第二档次的君主，由民主讨论决定一些事情；放任式领导类似于第一档次的君主，所有成员拥有完全的决策权，不干涉成员的行动，只是在大的方向上进行引导。

什么是领导能力？有一个人去买一只鹦鹉，他来到市场，看到一只鹦鹉前卖家写了一行字：此鹦鹉会两门语言，售价二百元。而在另一只鹦鹉前则写道：此鹦鹉会四门语言，售价四百元。应该买哪只鹦鹉呢？两只鹦鹉的毛色都非常亮泽，而且都很萌。这人就纠结，来回地在市场上转悠，犹豫不决。后来他发现有一个卖家，卖一只又老又丑的鹦鹉，毛色暗淡，竟然标价八百元。这人赶紧把老板叫来，问道：这只鹦鹉会说八门语言吗？店主说：什么都不会。这个人说：这只又老又丑的鹦鹉什么都不会，为什么卖这么高的价格？店主回答：因为这只鹦鹉是另外两只鹦鹉的老板。这故事说明真正的领导不需要事必躬亲，也不一定自己能力有多强，只要会放权，会团结，就是优秀的领导人。

在一个人际关系复杂的领域，凭什么你可以当领导？作为领导，要有领导力。领导力包括五个要素，即感召力、前瞻力、影响力、决断力和控制力。如果你具有这几个方面的能力，你就可以成为领导。陈愉在《30 岁前别结婚》一书中写道：“一份候选人资质说明，它会包含‘三桶水’；第一桶水：知识、技能和资格。包括候选人的工作经历、教育背景、拥有的知识和技能。换言之，就是他简历上的所有内容。第二桶水：领导力。包括候选人在职场的实际表现。我们会确定对于目标职位来说最需要的、也最重要的领导力。第三桶水：个性。这位候选人是怎样的一个‘人’，他的价值观和目标。”

中国式的管理从道家中吸收的最核心的思想就是“无为”，这种管理方式不仅可以让领导者实施的政令能更快被下属接受，也能避免引起大家的反感。管理要松紧有度就是让“无为”发挥它应有的效果。

二、常善救人

善行无辙迹，善言无瑕（xiá）谪（zhé），善数不用筹策，善闭无关楗（jiàn）而不可开，善结无绳约而不可解。是以圣人常善救人，故无弃人；常善救物，故无弃物，是谓袭明。故善人者，不善人之师；不善人者，善人之资。不贵其师，不爱其资，虽智大迷，是谓要妙。

“瑕谪”是“缺点”的意思，“筹策”是指古代用竹子制成的计数工具，“关楗”是关锁门户的工具。整句的意思是会行走的人不会留下任何痕迹；善于说话的人，不会在与别人交流时露出任何破绽；会计数的人，不用筹码也能算得很准；善于关闭的人，没有门闩也能让别人无法打开；善于做绳结的人，不用绳索也能让别人无法解开。因此有道的人常常善于用好每一个人才，因而在他眼里没有无用的人；常常善于做到物尽其用，所以在他的眼里没有无用之物。这就叫作内隐的聪明智慧。因此，善人可以作为不善人的师傅，不善人可以作为善人的警醒。如果不重视善人的智慧，不吝惜不善人的警醒作用，即使你自我感觉绝顶聪明，其实就是一个大糊涂虫。这是所谓的精深微妙的要义所在。

这一章主要讲了一个字“善”，老子把这个“善”分为五个方面：

第一个方面："善行"。这个"行"，本义是十字路口，我认为这里用的是本义，而不是行走、言行。一个"善行"的人，就是处在十字路口时，也能够选择正确的道路继续走下去，而且不留什么不好的痕迹，办事不拖泥带水，干净利索。但是我们要防止两种极端，就是培根说的，"青年性格如同一匹不羁的野马，藐视既往，目空一切，好走极端。勇于革新而不去估量实际的条件和可能性，结果常因浮躁而改革不成却招致更大的祸患。老年人则正相反。他们常常满足于困守已成之局，思考多于行动，议论多于果断。为了事后不后悔，宁肯事前不冒险。"当代社会需要的是不假思索、心直口快和快刀斩乱麻。

第二个方面："善言"。很多人不会说话，因为说错话会被别人抓住不放。常言道：说出去的话，泼出去的水。所谓"说者无心，听者有意"。《诗经·黍离》中写道："彼黍离离，彼稷之苗。行迈靡靡，中心摇摇。知我者，谓我心忧；不知我者，谓我何求。悠悠苍天！此何人哉？"就是说你看那黍子一行行，高粱苗儿也还在长。走上故地的脚步缓慢，心里只有忧和伤。能够理解我的人，说我是心中忧愁。不能理解我的人，问我寻求什么。高高在上的苍天啊，谁害我离家走？余华的小说《活着》中写道："做人不能忘记四条，话不要说错，床不要睡错，门槛不要踏错，口袋不要摸错。"据说有个人家里办喜事，大宴宾客，家里摆了几十桌酒席，但是相约的时间点已经过了，还有好多宾客没来。主人心里很是焦急，就说："该来的还没来。"这时大家正为迟迟不开饭而烦躁，又听到了这一句话，就心想："该来的没来，那我们应该是不该来的了？"于是悄悄地溜走了。主人一看又走掉好几位，心里急了，就说："怎么不该走的走了。"剩下的宾客一听，心想："走了的是不该走的，那我们应该走啊！"于是又走了一批客人。最后只剩下主人的一个好朋友，看到这种尴尬的场面，就劝他说："你说话得好好想想，说出去的话，泼出去的水。"主人一听，大喊道："我不是叫他们走！"这个好朋友一听更恼火，说："不是叫他们走，那就是叫我走了？"最后这个好朋友也走了，这个宴席就剩下主人一个人。

第三个方面："善数"。这种人善于算计别人。你算得了一时，算不了一世。《尚书 · 太甲》中说："天作孽，犹可违；自作孽，不可活。"就是讲嗣王拜跪叩头说："我小子不明德行，自己招致了很多不善。多欲就会败坏法度，放纵就会败坏礼制，因此给自身招来了一些罪过。上天造成的灾祸还是可回避的，但是自己造成的灾祸，就逃脱不了。"意思就是一个人如果自招灾祸，是没有办法逃避的。《增广贤文》中说：谋事在人，成事在天。自己已经尽力而为了，至于能不能达到目标，要看时运如何了。人谋是自天成而来，人谋在前，天成在后，先有人谋，后有天成，没有人谋，就不会有天成。李汝珍的《镜花缘》中说："尽人事以听天命。"古代的人认为有一种不可预知且不可抗拒的外力存在于世间，它能够决定一个人的命。人有千算，天就一算。凡事都有因果，种瓜得瓜，种豆得豆。有的人机关算尽，早晚都会水落石出。据科学研究，特别能算计的人，90%以上的人都患有心理疾病，他们的心率跳动一般都比较快，睡眠质量差，而且伴有失眠症状。清朝著名书画家、诗人郑板桥说："聪明有大小之分，糊涂有真假之分，所谓小聪明大糊涂是真糊涂假智慧。而大聪明小糊涂乃假糊涂真智慧。所谓做人难得糊涂，正是大智慧隐藏于难得的糊涂之中。"

第四方面："善闭"。就是要善于封闭自己，这实际上是保护自己不受侵害。善于封闭自己的人，是不需要什么锁和闩的，据说，有五种动物善于保护自己。当壁虎或者蜥蜴等动物被天敌咬住尾巴的时候，他们往往会自断尾巴，以吸引敌人的注意，然后乘机逃生。我们都知道章鱼或者乌贼在遭到大鱼攻击的时候，会立即放出墨汁，把周围的水染黑，然后逃走，据说这个墨汁里还含有毒素，可以麻痹敌人，章鱼和乌贼放墨汁是为了隐藏自己。变色龙能在不同的环境中将自己皮肤的颜色变成与周围环境差不多的颜色。雷鸟能够四季换羽，雷鸟冬羽与大地的颜色一致，都是雪白，春羽就变了，头、颈和胸部变成了栗棕色横斑的羽毛。夏天雷鸟又换成了黑褐色。等到秋季的时候，羽毛换成黄栗色。雷鸟弱小，只好凭隐身法换羽，从而避开敌人。

战国时期越国的北面经常受到匈奴蟾褴国及东胡、林胡等部的侵扰，赵王派大将李牧镇守北边。李牧上任以后，天天杀牛宰羊，犒赏将士们，而且只允许守卫，不允许与敌人交锋。匈奴搞不清楚底细，也不敢贸然进犯。李牧养精蓄锐，多年后，在兵强马壮的时候，李牧开始出击匈奴。他派少数士兵去放牧，匈奴人看见了，就派骑兵去劫掠，李牧的士兵假装败退，丢下一些牲畜，匈奴人得胜而归，匈奴单于就亲率大军直接攻打雁门，李牧已料到，就兵分三路，相当于给匈奴单于准备了一个大口袋，逐个围歼。李牧使用的战术就是“善闭”。

第五方面：“善结”。什么是善结之人呢？就是那种不用绳子就能把人牢牢地捆起来的人。比如说时间问题，假如现在有一个会议要参加，你晚去了不好，早去了也不好，你就要控制好时间。有道的人都善于控制自己，而顺应别人。还有要控制自己的情绪，如果你是对的，你没有必要发脾气；如果你是错的，你就没有资格发脾气。你控制住了自己，你就会赢得别人的宽容与尊重。有个人到别人家做客，看到主人家的烟囱太直了，火比较大，而且灶边又堆着柴薪，就劝主人把灶上的烟囱改得弯曲一些，堆的柴火也要搬得更远一点。但是主人没有理睬他。过了几天，这家果然着火了，邻居们都来救火，因为村子里的人齐心协力，很快就把火扑灭了。主人为了感谢大家的帮忙，就备好酒好肉宴请大家，而且他还把客人的座位按救火时出力气的多少排列，以表示谢意。但是，主人唯一没请的人是谁呢？就是那一个叫他改烟囱的人。大家都很奇怪，就问主人。主人就说：“我今天是要感谢所有帮忙救火的人，至于你们说的那个人，火灾那天，他没有帮忙啊！”主人刚说完，其中一个人就说，“如果你早听了他的话，这次火灾就可以避免了。你感谢我们无可厚非，你也要感谢好心提醒你的人。”后来主人终于明白，就把那个让他改烟囱的人请到上座。这就是“曲突徙薪”的故事。

老子强调的“五善”，体现了其高深的智慧。总结一下：善行就是掩盖自己的行动轨迹，不留任何把柄；善言就是说话滴水不漏，找不出任何破绽；善数就是准确无误地算计别人，然后找到生存状态；善闭就是善于封闭自己，让人不能观察到内在的东西；善结就是善于掌控事物。但是老子又说，天下人无弃人，物无弃物。也就是说人分为善人与不善之人，物分为善物与不善之物，但是不善之人和不善之物都不要轻易地抛弃，他们可以为你提供借鉴，以拯救自己的道性，这样也更凸显你的睿智和知性，活得更从容自如。

善于用人的领导者通常是比较谦虚的，懂得处理上下级的关系，接纳异见，尊重不同人的观点。知人善用是优秀管理者的特征。

三、常德乃足

知其雄，守其雌，为天下谿（xī）。为天下谿，常德不离，复归于婴儿。知其白，守其黑，为天下式。为天下式，常德不忒（tè），复归于无极。知其荣，守其辱，为天下谷。为天下谷，常德乃足，复归于朴。朴散则为器，圣人用之则为官长。故大制不割。

明白自己哪方面比较刚强，却向外显示柔弱，做低洼的溪涧。做低洼的溪涧，恒久的德就不会离散，而回归到婴孩时期的那种纯真。明明知道怎样能升到高位置，却低调守住最底端的位置；明明知道什么白，却要守住黑，而成为天下的范式。成为天下的范式，恒久的德就会存在，就能复归到纯朴的状态。知道什么是光荣的，却安守屈辱的，甘愿做天下最低的河谷。甘愿做天下最低的河谷，恒久的德才能保持充分，才能复归到自然本真的状态。纯真的道成为宇宙万物，有道的人沿用纯朴，就会成为领头人。因此，完善的政治制度是一个整体，是不可分割的。老子讲了三个方面：

第一个方面：知雄守雌。做到这一点就可以复归到婴儿时期的纯真无邪的状态。婴儿时期纯真的状态是什么样子呢？《吕氏春秋》中记述："三月婴儿，轩冕在前，弗知欲也；斧钺在后，弗知恶也；慈母之爱，谕焉。诚也。"几个月的婴儿，即使好车好衣服放在他面前，他也根本不知道羡慕；斧钺等一些武器架在他后面，他也不知道害怕；但是慈母的爱他能够一下子领会。这是心与心交流的力量。

因此，诚而又诚才合乎真情，精而又精才能与天性相通。与天性相通，水、木、石的本性都可以改变，更何况是有血气的人呢？李泽厚、刘纲纪《中国美学史》指出：“老子赞美婴儿，是因为在他看来婴儿具有纯真自然的天性，没有利害得失计较打算，最符合于道德的理想。而这种如婴儿般的纯真自然，也正是涤除玄览所需要达到的精神状态。”

《史记·留侯世家》记载了一件事：秦朝末年，张良在博浪沙准备刺杀秦始皇但是没有成功，就逃到下邳隐居。有一天，他在镇东石桥上遇到一位白发苍苍且手里拄着拐杖的老人。这个老人把鞋子扔到了桥下，叫张良去帮他捡起来。张良准备发怒，最终还是克制住自己的怒气，跑到桥下面帮他捡回了鞋子。谁知这位老人不仅不道谢，还伸出脚来让张良把鞋给他穿上，张良怒火中烧，但还是压抑着愤怒，默不作声地帮他把鞋穿上了。张良如此的恭敬从命，这位老人其实是在考验他，后来老人自己写的不外传的《太公兵法》送予张良。张良得到这本奇书后，日夜苦读，成为满腹韬略的汉代开国名臣。张良为老人捡鞋、穿鞋，这不是软弱的表现。人应该隐藏自己的锋芒，外圆内方。

第二方面：知白守黑。深知什么是白的，但是能安于黑的，这是天下的范式。君子常错，小人无过。小人一直认为自己是对的，君子总是觉得自己是错的。据说村子里有两户人家，东边的王家经常吵架，生活得一团糟；西边的李家却是一团和气，生活得非常幸福。东边的王家就到李家来请教，老王问：“你们家为什么这么和睦呢？”老李回答说：“因为我们家每一个人做的事都是错事。”老王非常疑惑，这时看到老李的媳妇匆匆从外归来，不慎跌了一跤，婆婆正在拖地，立刻扶起她说：“怪我不好，我的错，我把地拖得太滑了！”这时老李的儿子也跑来说：“是我不好，没提醒你，地是湿的，有些滑！”这时媳妇自责地说：“不！不！是我的错，是我自己不小心！”老王看到了这一幕，立刻明白了。

这体现的是披褐怀玉的意思，身上披的是粗布衣服，胸前却揣着宝玉，这个成语就是比喻怀抱大才而深藏不露。每个人的为人处世都要这样：难得糊涂。有一年，郑板桥到莱州云峰山观摩郑公碑，晚上向一个老人家借宿，这位老人说自己叫糊涂老人，但是却谈吐不凡。这个老人的家中有一块很大的砚台，这砚台材质好，镂刻也很美。老人请郑板桥留下墨宝，郑板桥想了想，老人家又是糊涂老人，就题写了“难得糊涂”四个字，并印上了自己的章“康熙秀才雍正举人乾隆进士”。这砚台比较大，郑板桥写过以后，还有很大的一块空地，郑板桥就请老人题写一段跋语，老人也不推辞，提笔写道：“得美石难，得顽石尤难，由美石转入顽石更难。美于中，顽于外，藏野人之庐，不入富贵之门也。”写完，这位老人也盖了方印，印文是：“院试第一，乡试第二，殿试第三。”郑板桥先生看后知道是遇到了一位情操高洁的雅士，见砚台中还有空隙，就提笔补写道：“聪明难，糊涂尤难，由聪明而转入糊涂更难。放一着，退一步，当下安心，非图后来报也。”一个人能做一个很笨的人，不是一件容易的事情，最怕的就是觉得自己聪明的人，这是很危险的事情。

庄子留宿在朋友家中，朋友特别高兴，就叫童仆杀鹅款待他。童仆问主人：“一只鹅能叫，一只鹅不能叫，请问杀哪一只鹅呢?”主人说：“杀那只不能叫的鹅。”弟子就问庄子：你昨天对我说，你看看山中的大树，因为不能成材而能终享天年，如今主人家的鹅，因为不能成材而被杀掉，我都有些不理解了。”庄子笑着说：“我将处于成材与不成材之间。处于成材与不成材之间，好像合于大道却并非真正与大道相合，所以这样不能免于拘束与劳累。假如能顺应自然而自由自在地游乐也就不是这样。没有赞誉没有诋毁，时而像龙一样腾飞时而像蛇一样蛰伏，跟随时间的推移而变化，而不愿偏滞于某一方面；时而进取时而退缩，一切以顺和作为度量，优游自得地生活在万物的初始状态，役使外物，却不被外物所役使，那么，怎么会受到外物的拘束和劳累呢？这就是神农、黄帝的处世原则。”

第三方面：知荣守辱。就是自己深知身份荣耀却安守卑辱的位置。甘愿处在天下最低的位置，永远的德就充足了，德充足了才能返璞归真，回到自然本真的状态之中。大家追求阳刚与尊荣，没有错，而老子认为阴柔与耻辱也应该坚持，这样的人才能胸襟广博，成就大业。韩信小的时候，周围的人都欺辱他。有一次，有一个屠夫竟然对韩信说：“你虽然长得高大，而且整天带刀佩剑，其实你是个懦夫，你如果不懦弱的话，就用你的剑来刺我，如果不敢，你就从我的裤裆下钻过去。”韩信想了想后趴下身子，当着很多围观人的面，从那个屠夫的裤裆下面钻了过去。这就是史书上说的“胯下之辱”。如果韩信当时被屠夫激怒而杀了屠夫，那他就要坐牢，整个人生就毁了。

“富者，人之情性，所不学而俱欲者也。”（《史记·货殖列传》）追求荣华富贵是人的本性。但是人如何才能得到道呢？只有当一个人明白了荣华富贵最后都归为无时，人的内心就变得宽敞了，因为以前人的内心有很大部分都是被荣华富贵的欲念占据了，现在能够泰然处之，内心就能够无所不容。魏太祖重用崔玄伯，位高权重，要风得风，要雨得雨，这个时候如果是一般人都会忘乎所以。而崔玄伯却一直保持自律，不同流合污，官至吏部尚书，但是自己家里却一贫如洗，家徒四壁，出门不坐专车，步行上下班，一家人都是粗茶淡饭。魏太祖听说后不相信，还派人调查过，后来对崔玄伯更加器重，但是他也不免遭到同僚的耻笑。但是崔玄伯不改初衷。魏太祖驾崩后，太宗登位，知道崔玄伯的节操后，更是加倍赏赐他。

企业成功的关键是建立一套行之有效的制度，让员工在此制度的运行下有目标性的前进。格力为什么能在电器行业中脱颖而出？就在于领导者严格执行规章制度，公司整体注重目标的一致性。

四、大器晚成

上士闻道，勤而行之；中士闻道，若存若亡；下士闻道，大笑之，不笑不足以为道。故建言有之：明道若昧，进道若退，夷道若颣。上德若谷，大白若辱，广德若不足，建德若偷，质真若渝。大方无隅，大器晚成，大音希声，大象无形。道隐无名，夫唯道善贷且成。

老子在第一章就说过，道是玄而又玄的，不可能所有的人都能理解，每个人的理解有深有浅。上士了解了道之后，会立即努力去践行；中士了解了道之后，则半信半疑、犹豫不决；下士了解了道之后，只会哈哈大笑。如果不被一些人嘲笑的话，那就不足以称为“道”了。因此古代立言的人说过：光明的道看起来好像昏暗的；道在前进但是看起来在后退；平坦的道其实看起来是凹凸不平的；高大上的德好像沉入在地下的川谷；宽广的德好像有不足的地方；积极建起的德好像惰怠的样子；质朴纯真好像混浊未开化；越是洁白无瑕的东西越好像有污点一般；越方正的东西越好像没有棱角；越珍贵的器物越在最晚的时候制成；越动听的宏大的乐声反而听来好像没有声音；越大的形象反而好像看不见它的形状。道幽隐没有什么名，没有什么形状。只有道，它善于给予万物并且滋养了万物。

士人也就是读书人。孔子曰：“人有五仪：有庸人、有士人、有君子、有圣、有贤。审此五者，则治道毕矣。”孔子说：人分五个层次，有庸人、士人、君子、圣人和贤人。如果能够清清楚楚地分辨这五类人，那么长治久安的治理艺术就清楚了。关于“士”，《墨子·杂守》中把“士”分为谋士、勇士、巧士和使士。每个人的分类都不一样，《商君书·算地》把“士”分为谈说之士、处士、勇士、技艺之士、商贾之士。庄子把“士”分得更为细致，《庄子·徐无鬼》中把“士”分为知士、辩士、察士、招世之士、中民之士、筋力之士、勇敢之士、兵革之士、枯槁之士、法律之士、礼教之士、仁义之士等。概括一下，士人可以分为三等，即老子所说的上士、中士、下士。上士指的是士阶层中境界最高、悟道较深的；中士指的是境界中等水准的、对道半信半疑的；下士指的是境界较低且对道无知的一个层面。在平时的生活中，我们每天难免要和形形色色的人打交道，人分三六九等，木有花梨紫檀。树种各有不同，人和人之间也存在种种差别。

《列子·黄帝》中说：“睢睢而盱盱，而谁与居？大白若辱，盛德若不足。”意思是说一个人神态傲慢，谁还愿意和你相处呢？最洁白的东西好像十分黑暗，最道德的人好像有所不足一样。宋真宗时王旦升为知枢密院，并任宰相，进封太保，得到朝廷重用，在相位最久。王旦在家里，从来没有发过脾气，家里的人想要试试他，在他碗里的肉上放了一些尘灰，王旦只是吃饭而已，家人问他你为什么不吃肉，王旦说："我今天不舒服不想吃肉。"后来家人把饭也弄脏，王旦也不责骂，只是说："今天我不饿，给我重新盛碗粥来。"家里也不购置田宅留给子孙后代。但是临终时，他交代说："我们家世很清白，大家以后要保持我王家的门楣。我死后，可为我削发，披穿缁衣，依照僧道例殓葬即可。"说完就去世了。他临死的时候为什么要叫家里的人给他剃了光头，穿了和尚衣埋葬，因为宋真宗的时候想要办一件事情王旦坚决不同意，结果宋真宗夜里派人给他送了礼物，他只好保持沉默，临死前他还很懊悔，没有坚持自己的意见，反对皇帝。

方形的东西是有棱有角的，但是方形大到一定的程度就会近于圆形，不见了棱角，因此叫"大方无隅"。就像我们的地球，地势有高有低，高的如喜马拉雅山，低的如海洋，但你从空中俯瞰，她就是一个圆球，因为她太大了，大到不见了棱角。

器皿都是有用途的，小器小用，大器大用。姜子牙被周文王任用前，干什么什么不成，甚至连基本的生活都难以维系，老婆天天数落，称他为无用的东西。可是姜子牙是大器，他的作用不在于家务小事，而在于治理国家。

大的声音都是无法听见的声音，有了声音就与其他的声音有了区别，有了区别就能够分析它是宫、商、角、徵、羽五个不同音的哪一个，类似现在简谱中的1、2、3、5、6。"大音希声"，"希"当然不是没有声音，声音一定是存在的。音乐的最高境界也就是回归自然，即声音和万物融为一体了，听起来就好像没有声音一样。因此，"大音"，不是说声音真的很大，而是最高境界的音乐。

"大象无形"，字面意思就是大的形象是没有形态的。其实这是美的一种最高境界，是最完美的形象。因为进入了道的境界，与自然融为一体，没有任何人为和刻意的矫揉造作，是一个真真切切的本真形象，让人很难分辨哪个是自然形态，哪个是你要的形象。

春秋时期，楚国有一位叫卞和的琢玉高手，在荆山得到一块玉石头，就捧着这块玉去见楚厉王。楚厉王让玉工看，玉工不认识就说这只是一块石头。楚厉王大怒，以欺君之罪砍下了卞和的左脚。楚厉王死后，楚武王登上了王位，卞和再次捧着他那块玉石去见武王，楚武王叫懂玉的匠人来鉴定，匠人也说这只是一块石头，楚武王砍下卞和的右脚。楚武王死后，楚文王即位，卞和就抱着他那块玉在楚山脚下大哭，哭了三天三夜，泪也哭干了，又流出了血。楚文王听说以后，就派人去问他为何，卞和说："我并不是哭我被砍去了双脚，而是哭我的宝玉总是被当成了石头，我明明是一个忠心耿耿的人，为什么总被当成欺君之徒？我弄不明白。"于是，楚文王让人剖开玉石头，确实是稀世之玉，就命名为"和氏之璧"。

一个世俗之人往往只看到事物的表面，真正的美玉总有散发光彩的一天的。郭震的《古剑篇》中说："虽复沉埋无所用，犹能夜夜气冲天。"意思就是虽然被泥土掩埋不能发挥作用，但其赫赫剑气形成的不凡光焰仍然夜夜照亮了夜空。

管理的本质在于效率，提升效率就是将一些管理的流程标准化、程序化，以便在组织中推广。而管理的执行和推广要遵循一定的原则，最终实现管理的最高境界，就是"无为"但能控制组织。

五、或损或益

道生一，一生二，二生三，三生万物。万物负阴而抱阳，冲气以为和。人之所恶，唯孤寡不谷，而王公以为称。故物，或损之而益，或益之而损。人之所教，我亦教之。强梁者不得其死，吾将以为教父。

这一章老子提出了宇宙生成论，也就是"道生一，一生二，二生三，三生万物"。"一"指什么，"二"指什么，"三"又指什么，从数学角度来说，这个逻辑不通。一生二，二生三，三生万物，究竟是什么意思？《淮南子·天文训》的解释是这样的："道（曰规）始于一，一而不生，故分而为阴阳，阴阳合和而万物生。"它的意思就是道是独一无二的，道包含阴阳二气，阴阳二气相交而形成一种状态，万物从这种状态中产生。《淮南子》中有：“所谓无形者，一之谓也。所谓一者，无匹合于天下者也。卓然独立，块然独处，上通九天，下贯九野。员不中规，方不中矩。大浑而为一，弃累而无根。怀囊天地，为道关门。”因此这“一”之原理放之四海而皆准，“一”之要义可运用于天地之间。它完整纯粹得像没有雕凿过的林木；它逸散开来像混沌的浊泥。混浊而能渐渐澄清，由虚空慢慢盈实；它宁静如同莫测的深潭，飘荡若似空中的浮云；似有似无，似存似亡。万物无不例外来自“一”之死穴；百事根据理由出自“一”之门户。它活动时没有具体形状，变化奇妙；它行事时没有任何痕迹，常置身在后，却又常常领先。这里说“一”是道的门径，道无所不在。其实这里的“一”，我认为就是太极，它是万物的根源，也就是“道”最初的一种形态。这里的“二”，指的就是阴阳。一分为二，变成阴阳。阴阳本来是一个矛盾体，合起来是太极，分开来是阴阳；太极是本体的东西，阴阳是表面现象。“三”，是指阴阳互动形成天、地、人。有了阳光的普照，有了大地的滋养，人就能繁衍生息，万物就会应运而生。

这句话的意思就是道是独一无二的，道自身包含阴阳二气，阴阳二气相交而形成一种和的状态，天下万物在这种状态中产生。万物都是背阴而向阳的，并且在阴阳二气的互相作用下形成新的东西。人们最厌恶的是孤、寡、不谷，但王公用这些字来谦称自己。因此一切事物，如果减损它反而得到增加，如果增加它反而要得到减损。别人这样教导我的，我也这样去教导别人。强暴的这些人死无其所。我把这句话当作施教的主旨。因此，不管是王侯公卿还是平民百姓，做人处事必须以“和”为贵，“和”是不偏不倚，不浓不淡，恰到好处，阴阳平衡，也就是保持一定的度，这才算是有道之人。

他在《道德经》中写道：道生一，一生二，二生三，三生万物。“损”即损失，“益”即收益。损上益下，君王恪守其道老百姓受益。大家知道，很多年前，澳大利亚处于大海之中，茫茫的一片海洋，根本没有什么兔子，那里只有考拉和袋鼠。后来，英国人侵占了澳大利亚，同时也带来了本土的十几只兔子，并且放养到野外，留着自己打兔子，玩游戏，结果呢，这些兔子在这里广阔的大草原上生活，很悠闲，它们有些寂寞，就开始交配繁殖。而且澳大利亚没有兔子的天敌，也没有别的野生动物吃它们，后来过了很长时间，兔子疯狂繁衍出了上百亿只，兔子越来越多了，影响了生态平衡。

“物或损之而益，或益之而损”。对于事物来讲，有时有点损害反而会使它得益，有时虽然看起来是增益了，反而会使它受损。清代书画家、文学家郑板桥的弟弟郑墨在家务农，有一天，郑板桥收到了一封弟弟的来信。信的内容大致是这样的：郑板桥弟弟家跟邻居的房子共用一墙，郑家想翻修老屋，邻居不允许，这是常见的邻里纠纷。邻居说那墙是他们祖上传下来的，不是你郑家的，你郑家无权拆墙。但这是有契约的，契约上写得清清楚楚，墙属于郑家，邻居是借光盖了房子，邻居现在是想要赖皮，为了这墙，两家官司打到县衙里，还是没有定论，郑墨越想越难过，感觉太欺负人了，就想到了在当官的哥哥，自己有理有据，把哥哥请出，这官司一定会赢。郑板桥收到信以后，觉得不能以大压小，考虑再三，给弟弟回了一封信，上面只写了“吃亏是福”四个大字。

“孤、寡、不谷”是贱称，“孤”和“寡”都是数量少的意思，意思是一个人独处，是指失去父亲的孤儿。“谷”就是“善”的意思，“不谷”就是“不善”，引申为“喂养”之类的意思，“不谷”就是“没有人来养育的孩子”，意思就是孤儿。因此，这三个词其实都是一个意思，都是指孤儿。古代天子为什么都喜欢把自己称为孤儿？他们要在全国人民面前装可怜吗？他真的是没有父母的孩子吗？不是的，他们这样贱称自己，是为了在神的面前装可怜人，神一看天子虽然身披着龙袍，头戴皇冠高高坐在大殿之上，其实他们真的很可怜，没有人跟他们交流，因此，神心一软，就降下福佑，他们就获得君权神授，本人也从人之子升格为神之子，这样“天子”就是名副其实的了。同时他们也就开始鼓吹受命于天，王权是神授的，是神圣不可侵犯的；你违背了王权，就是违背了天意。古代人还有个意识，什么都可以不怕，但是怕天。

此外，“孤、寡、不榖”，他们本身地位就是高高在上的，平民百姓离他们很远，可以说是敬而远之，如果这些天子把自己贬得很低，反而会得到老百姓的拥护和爱戴，就是“损之而益”。北宋文学家范仲淹在《岳阳楼记》中说：“不以物喜，不以己悲。”字面意思就是不因外物的好坏和自己的得失而感到高兴和悲伤。“物”就是指你现在已经得到的一些东西，比如金钱、房子、车子，还有名誉、职位、权力等。你不能因为外物的富有而骄傲甚至欣喜若狂，也不能因为外物的失去而悲伤，不管得还是失，都要保持一种淡然的态度。丰子恺在范仲淹的基础上，又在说了一句“不乱于心，不困于情。不畏将来，不念过往。如此，安好。”人的心不能乱，不要被情绪左右，要放下一切情感纠葛，比如亲情、爱情、友情，等等，对未来要有敬畏之心。有希望，就会有失望。不要总回忆过去，过去已经成为历史，就永远埋在心底。释迦牟尼说过：“无论你遇见谁，他都是你生命该出现的人，绝非偶然，他一定会教会你一些什么。”和老子说的：“或损之而益，或益之而损”异曲同工。

如果要总结现在成功商业组织的发展模式，诸如“抖音”“拼多多”这类互联网企业都是从“烧钱”开始，不计较前期的投入或者亏损。这种发展模式可以快速帮助企业在前期积攒用户流量，进而提升用户粘性。

六、善建不拔

善建者不拔，善抱者不脱，子孙以祭祀不辍。修之于身，其德乃真；修之于家，其德乃余；修之于乡，其德乃长；修之于国，其德乃丰；修之于天下，其德乃普。故以身观身，以家观家，以乡观乡，以国观国，以天下观天下。吾何以知天下之然哉？以此

“善建者不拔，善抱者不脱，子孙以祭祀不辍。”“建”就是立法的意思。“善建者”是指擅长立法的人。“善抱者”是指擅长收徒的人。比如孔子游历各国，最后聚拢弟子三千人，应该是第一个“善抱者”。老子不太赞同这种收徒传授自己学术的做法，他自己只有几个徒弟，不是自己刻意去接受的，而是这些徒弟死皮赖脸要拜

老子为师的。所以一生没有收徒。还有老子也不赞同孔子重视祭祀的提倡。老子认为，子孙祭祀自己祖宗，搞得轰轰烈烈的，有的还唱歌跳舞，大吃大喝，谈笑风生，热热闹闹的，实际上是对祖先最大的不敬，干扰了祖先的清静。

善于立法规的人一旦有所建立就不好动摇，善于搞聚拢的人一旦有所抱持就逃脱不掉。如果我们子子孙孙都沿袭“善建”“善抱”的理念，后代的烟火就不会断了。把这个理念付诸到自身，他的德就是纯正的，把这个理念扩展到一家，他的德就是绰绰有余的；把这个理念扩展到一乡，他的德就会受到推崇；把这个理念扩展到一国，他的德就会很丰硕；把这个理念扩展到天下，他的德就会普及久远。“善建”“善抱”的理念，把德扩展到一家、一乡、一国，乃至整个天下，因此，从己身修身之道推知他身，从己家推知他家。以自乡推知他乡，以自己的国家推知其他的国家，用自己的天下推知别人的天下。我凭借什么神通广大，坐在家里能知道天下的情况，就是用的这种方法。

楚庄王是春秋五霸之一，孙叔敖是辅助楚庄王的一个大功臣，但孙叔敖有个怪脾气，虽然有功，但是不肯接受楚庄王的封赏。临终之前孙叔敖就把儿子叫来了，孙叔敖说：儿啊，你老子这一生确实立了很大的功，大王多次要奖赏我，我从不接受，我即使不在了，你也不能接受。同时孙叔敖强调：你要记住，如果大王实在要给你封地，你推脱不掉，你一定要挑一块楚国最差的土地。后来孙叔敖去世了，楚庄王确实要给他儿子封地，按照君臣之礼，君有赐，臣不敢不受。孙叔敖的儿子就接受了，挑了一块楚国最差的土地。后来发生什么事呢？按照楚国立的规矩，封给功臣的土地两代以后国家都要收回，其他功臣的封地都被楚王收回来了，只有孙叔敖儿子这块封地没有要。为什么呢？因为地不好，又偏远。老子说：善建者不拔，善抱者不脱。

完美的创建者不会拔除根基，完美的守持者不会脱离守护物。这个理念和《小戴礼记·大学》中修身、齐家、治国、平天下的理念是一致的。“古之欲明明德于天下者，先治其国；欲治其国者，先齐其家；欲齐其家者，先修其身；欲修其身者，先正其心；欲正其心者，先诚其意；欲诚其意者，先致其知。致知在格物。物格而后知至，知至而后意诚，意诚而后心正，心正而后身修，身修而后家齐，家齐而后国治，国治而后天下平。”这段话的意思是，古代那些要想在天下宣扬正大光明品德的人，首先要治理好自己的国家；如果要想治理好自己的国家，就要先管理好自己的小家；要想管理好自己的小家，就要先修养自身的品性；要想把自己的品性修养好，要先端正自己的思想；如果要端正自己的思想，就要先使自己的意念真诚；要想使自己的意念真诚，就要先使自己获得知识，而获得知识的途径在于研究万事万物。然后再反过来，研究万事万物才能获得知识；获得知识后意念才会真诚；有了真诚的意念后，心思才能端正；心思端正之后，才能修养好品性；品性修养好了以后，才能管理好自己的小家；自己的家庭管理好了，才能治理好国家这个大家；治理好国家后天下才可能太平。这就是四个层次：“修身”“齐家”“治国”“平天下”。修身是本，老百姓向臣看齐，向圣贤看齐，而圣贤又向大道看齐，只有向大道看齐，才能把握事物的实质。

世间人心，上行下效。西周时期实行分封制，所谓分封制就是采用分封亲戚、以藩屏周，意思就是把他的同姓宗亲、功臣、谋士、盟国的首领都分封各地，建立诸侯国，对周王室起到拱卫的作用。史书记载，当时分封有800多个诸侯国，诸侯之间又有等级划分，公、侯、伯、子、男。周王是王、天子；侯国的头目叫公，比如齐桓公、晋文公、秦穆公等；诸侯下级是家，家的头目叫卿、大夫；最后是士。这就是天子建国，诸侯立家，卿置侧室，士有隶子弟。从天子、诸侯到卿大夫、士都是统治阶层，都是贵族阶层，士以下就是平民阶层了，如商人、奴隶、普通百姓等。因此，对于上层，自身修养很重要，因为你的言行举止都会影响到下面一系列的人。一沙一世界，一花一天堂。外表都是虚无的，内在的东西才是实在的。晏婴，被称为晏子，辅政齐国三朝，前后长达54年。晏子身材低矮，其貌不扬，但是聪明过人，为人乐观豁达。晏子位至卿大夫，但是他的结发妻子却是一个老妇人，一头白头发，满脸都是褶子，穿的也非常朴素，好像与晏子的地位不相称，但是晏子与他老婆一直恩恩爱爱，白头偕老。齐景公看到晏子很优秀，虽然个子低点，但非常欣赏他，就想把自己的一个女儿嫁给他，于是找了个理由去晏子家里坐坐喝酒，刚好晏子的老婆从他身边走过，齐景公故意问道："这是你的老婆吗？"晏子说："是啊，是不是很美？"齐景公说："别恶心我了，我从来没见过这么丑的女人。"齐景公接着说："我有一个女儿年轻又漂亮，把她嫁给你吧。"晏子恭敬地回答齐景公说："我的老婆，她现在又老又丑，但是她在我心中一直年轻漂亮，她将终身托付于我，我怎么可以辜负她呢？"

"其身正，不令而行。"领导者起着榜样的作用，纵观历史上出色的管理者，我们可以发现很多共性，诸如诚实正直、有责任感、决策果断等。这些特性不一定是天生就有的，主要是通过后天学习来弥补的。

七、物壮则老

含德之厚，比于赤子。蜂虿虺蛇不螫，猛兽不据，攫（jué）鸟不搏。骨弱筋柔而握固，未知牝（pìn）牡之合而朘（zuī）作，精之至也。终日号而不嗄（shà），和之至也。知和曰常，知常曰明，益生曰祥，心使气曰强。物壮则老，谓之不道，不道早已。

一个人最好的状态，就是要修炼无为大道。含"德"深厚的人，就会像天真无邪的婴儿那样。毒虫遇到他也不刺，猛兽碰到他不会去伤害他，巨鸟看见他也不会搏击他。他的筋骨比较软弱柔嫩，但是握成拳头后会很坚固。他虽然不懂男女，但是他也会有自然需要。他即使整天号哭，嗓子也并不会因此嘶哑，因为他的元气很足。知晓中正的道理称为"常"，知晓常称为"明"。纵欲贪生会引起灾祸。欲念支撑着精气称为逞强。事物达到壮盛就会开始走向衰退，这就是违反了"道"，不遵守就会消亡。

一个人最好的境界，是什么？就是达到一个无我的境界。王国维曾经提出了两个不同的境界：有我之境和无我之境。关于这两种境界，他列举了两个例子：

一种是有我之境：“泪眼问花花不语，乱红飞过秋千去。”（欧阳修《蝶恋花·庭院深深深几许》）“泪眼问花”，花没有生命，它也听不懂人话，泪眼问花，实际上就是问自己。“花不语”，花当然不说话了，它也不会说人话，因此，花中有我。“乱红飞过秋千去”，花虽然不语，但是它与人的命运是一样的，花如人，人如花，最后都是被沦落。“可堪孤馆闭春寒，杜鹃声里斜阳暮。”（秦观《踏莎行·郴州旅舍》）“孤馆”“寒”写出了人的孤独凄凉。杜鹃啼血，残阳日暮，可以想象一下是多么的凄惨，说明词人的仕途将要结束，生命也将要结束，从景物到内心都是凄凉。

一种是无我之境：“采菊东篱下，悠然见南山。”（陶渊明《饮酒·其五》）“悠然见南山”，实际上就是作者悠然地见到南山，或者可以理解为见到悠然的南山，“悠然”不是山悠然，而是人悠然，人闲适自由，山安详静穆，但是人置身于其境中，一起惬意。为什么是“见”而不是“望”？“见”是自然而然的状态，而“望”是有意而为之，在陶渊明的理念中，只有处于自然无外求的状态，人才是自由自在的快乐。人与自然融为一体，人是自然的一部分，也具有自然的本性，是无意而“见”，就是无我的状态。宋祁《玉楼春·春景》：“绿杨烟外晓寒轻，红杏枝头春意闹。”“红杏枝头春意闹”，这是词的绝唱。诗人心中开了各种花朵，什么花朵，是感情的花朵，“闹”字写出了红杏的繁多，不仅有色，而且还有声。王国维在《人间词话》中说：“着一‘闹’字而境界全出。”杜甫《水槛遣心二首·其一》：“细雨鱼儿出，微风燕子斜。”诗句中展现的是细雨蒙蒙，鱼儿欢快地跳出水面喷吐着水泡儿；微风习习，燕子斜着掠过灰蒙蒙的天空。“出”写了鱼的欢快，非常自然；“斜”写了燕子的轻柔，非常生动。诗人主要写了微风细雨中的鱼和燕子，实际上是在写诗人自己的喜悦心情。叶梦得《石林诗话》云：“诗语忌过巧。然缘情体物，自有天然之妙，如老杜‘细雨鱼儿出，微风燕子斜’，此十字，殆无一字虚设。细雨着水面为沤，鱼常上浮而淰。若大雨，则伏而不出矣。燕体轻弱，风猛则不胜，惟微风乃受以为势，故又有‘轻燕受风斜’之句。”

有我也好，无我也罢，诗人都是把自己以很隐蔽的方式内化到物象之中了，“物”就是“我”，“我”就是“物”。王国维说：“有我之境，以我观物，故物我皆著我之色彩。无我之境，以物观物，故不知何者为我，何者为物。”有我之境，是用自己的感情来看或者来写物，所以物我都带有我自己的主观色彩。无我之境，是诗人忘记了自我，用物去看待物，所以不知道自己是什么，也不知道外物是什么。

比如巴尔扎克有一次写作就到了“无我”之境。据说他写得入了迷，有一个朋友来拜访他，看见他正在专心地写作，不忍心打扰它，就坐到一边耐心等待他，当然巴尔扎克也没有察觉到。到了吃午饭的时候，家里的人给他端来了午餐，他埋头写作也不知道，甚至视而不见。这位拜访他的朋友误以为是主人招待自己的，于是毫不客气地把午餐吃光了。又过了一会儿，看见他还是手不停笔，就悄悄地回去了。巴尔扎克还在继续写，后来确实感到肚子饿了，搁下笔来找饭吃，发现桌子上只剩下残羹冷炙，然后自言自语道：“我不是吃过了，怎么又饿了呢?”转身又继续写作。

有一个故事说，从前有个人，奉命到很远的地方去办事，有一天晚上，他一个人住在野外一间空房子里。到了半夜，有一个鬼扛着一个死人过来，把死人放在他前面。后面又进来了一个鬼，骂前面来的那个鬼说：“这个死人是我的，你怎么把他扛来了?”说完两个鬼开始争夺这个死人。前面来的鬼就说：“你看，这里有个活人，你可以问他，这死人是谁扛来的?”这个人心想：“这两鬼力气很大，我如果照实说，必然是一死，如果胡说也是一死，反正都是一死，我就实话实说了。”然后说道：“我看见前面的那鬼扛来的。”后来的那个鬼气死了，拧下了那个活人的一只手扔在地上，前面来的那个鬼就拿死人的一只手给这个活人补上了。后来的那个鬼又依次拔他的两只脚、头、腿，然后那个先来的鬼又用死人的两只脚、头、腿给他补上。接下来，这两个鬼一起把换下来的这个人身一起吃掉了走了。那个人心里就在想“我父母生了我的肉体，现在被这两个鬼吃掉了，而我这个肉身全是别人的，我是有自己呢，还是没有自己呢？如果说有，那全是别人的；如果说没有吧，但是又有个身子在这。”思来想去，越想越糊涂，越想越疯，第二天早晨，他就去寺庙找和尚问，和尚就问道：你是什么人呀？这个人回答说：我现在搞不清楚自己是不是人。这个和尚对众僧说道：“这人很厉害，自己知道无我，说明他是得道之人了。”

无我就是要达到婴儿的状态，婴儿的状态就是无欲无求，心无杂念，因此，婴儿的生命力特别强大。老子讲的情况，在婴儿中表现很明显，比如婴儿号哭，有的甚至哭得死去活来，整天哭喉咙都不会嘶哑，因为婴儿的哭，他不是为了争夺，不会伤心。人的哭，是因为目标没有达到，伤心到了极点，因此，这种哭会伤肝伤肺。老子要求人要回归到婴儿般的无求无欲的状态，回归纯朴的本性。《列子·黄帝篇》中说：你看喝得醉醺醺的人摔落下来，一般不会死亡，因为他没有知觉，跌落的时候也没有死亡的恐惧，因此，可怕的东西都侵入不到他的心中，这样他的精神是完整的，说明积聚了完整的天赋纯真之气。

强大的组织领导并不是靠强迫员工为管理阶层服务来实现的，而是对组织的共同使命负责。从日本的企业文化中我们就能发现：日本的企业注重强调长期目标的实现。指向长期的远景，目标理念比较宏观，追求的是“无我”的战略视角。为此，企业的人员培训、职责划分、决策方式都应该体现着为企业的最终目标服务的思想。这也是在无形中给组织树立了一种目标管理的意识。

八、长生久视

治人事天莫若啬。夫唯啬，是谓早服。早服谓之重积德，重积德则无不克，无不克则莫知其极；莫知其极，可以有国。有国之母，可以长久。是谓深根固柢，长生久视之道。

“啬”的本义是爱，引申义是爱惜或者保养，这里的意思就是收敛一些，隐藏一些。“治人事天”，“治人”指的是管理百姓，“事天”，不是要供奉天，而是要保养身心健康。治理百姓，养护身心，没有比爱惜身心健康更为重要的了。“早服”的意思是及早服从，爱惜身心健康要早做准备。早做准备，准备什么呢？就是厚积德行。厚积德行就没有不能做好的事，没有不能做好的事就无法估计他的力量有多大，力量的极点在哪里。到了无法估计力量这个点上，那他就可以担当起治理国家的重任。有了治理国家的准则和原理，国家就能够长治久安。这就是根深蒂固、长生久视的道理。

“兵马不动，粮草先行。年年防歉，夜夜防贼。”（《南皮县志·风土志下·歌谣》）歌谣的意思是出兵之前，先要准备好粮食和草料。今天比喻在做某件事情之前要提前做好准备工作。不管是古代，还是现代，后勤保障是最重要的，尤其是古代，粮草是打仗的必需品。如果没有粮草，再强的军队也是无计可施。因此，古代打仗，都是想办法断绝对方的粮草。比如，三国时曹操与袁绍打仗，袁绍兵力远远胜过曹操，但是曹操采纳了许攸的计谋，偷袭了袁绍的屯粮之处乌巢，这个计谋成为曹操反败为胜的主要原因。因此，粮草对于军队打仗是非常重要的。我们先看看粮草中的“草”。古代打仗，主要用到马，不像今天有飞机、航母、坦克、汽车等，那时就是靠马，骑马跑得快，还要搞运输，力气是靠什么呢？它的主要力量来自马和草，战马们吃的草也不是一般的草，而是中原朝廷引进了西域的一种草，这种草叫苜蓿，中亚一带比较多。马吃的草，还有一些讲究，要经过严格筛选，筛选后要把尘土抖去，除掉根须，还要把一些细灰全部去掉才可以，包括马吃的豆，必须在干燥透风的屋子里贮存，喂的时候还要把发霉的豆子挑出，还要挑出石子沙子，等等，也就是说马吃的草和料必须是清洁干净的。

再说士兵们吃的“粮”。军粮在各个时期有一些不一样，军粮主要是考虑携带方便，保质期长一些的。春秋战国时期，军粮主要是黍米，东汉时期是黍米和小麦，唐宋时期是烧饼。有的人问，军粮有没有大米，后来是有，但比较少。古代大米是非常昂贵的，一般人都吃不起，而小米和小麦类的东西比较普遍。那也有小伙伴问，除了这些以外，没有肉食吗？肉食一般没有，也比较少。那要吃肉怎么办，只有抢了，因为以前游牧的人比较多，都饲养一些猪牛羊之类的动物，因此，当时的军队只要攻破敌人的防地，就开始抢这些动物。古代的战争一般发生在秋天，为什么呢？因为秋天是收获的季节，各地都有一些粮食，所以进入敌方之后，就可以从敌国地方上抢得粮食草料等战略物资。古代我国少数民族就有猎秋和打秋风的说法。

"兵马不动，粮草先行。"也就是说，作为管理者要高瞻远瞩，保证老百姓的粮食供给，这也是君主德行的一个重要方面。物资充足，人民安定了，那就是"无不克"，如果做到这一点，说明他的德行是有一定的思想高度和深度的。《孟子·尽心上》中说，孟子曰："尽其心者，知其性也。知其性，则知天矣。存其心，养其性，所以事天也。夭寿不二，修身以俟之，所以立命也。"意思是一定要尽自己的善心，才是觉悟到了自己的本性。觉悟到了自己的本性，其实就是懂得了天命。保存自己的善心，颐养自己的本性，以此来侍奉天命。不论寿命是长是短都不改变自己的立场，只是修身养性等待天命，这就是确立自己命运的方法。孟子的这句话与老子的"以啬治人，则可以有国者是也；以啬事天，则深根固蒂者是也"有异曲同工之妙。

石崇，渤海南皮人，即今天的河北省南皮县人。是西晋时期大臣、文学家、大富豪，金谷二十四友之一，大司马石苞第六子。石崇这个人非常聪明，有才气，但是非常任性，且行为不检点。据说石崇有一颗巨富痣，这个痣一般人都不会有，位置在哪里呢？在右肩胛骨最下端靠近脊椎那个地方。因为石崇超富，因此这颗痣用他的名字命名，据说凡是有此痣的人，不管男女都富得流油，用今天的话说，动产和不动产颇丰。他有多富，给你讲讲他们家的厕所你就明白了。据《世说新语》等记载，石崇家里的厕所修建得华美绝伦，有各种各样的香水、香膏供客人洗手、抹脸。客人如厕时都有十多个女仆恭立侍候，而且一律穿着锦缎，打扮得妖艳美丽，个子都是高高的，列队在厕所那里侍候客人上厕所。客人上完了厕所，这些婢女要客人把身上原来穿的衣服脱下，侍候他们换上新衣服才让他们出去。他的朋友官员刘寔不管是骑马还是徒步，每到一处从不劳累主人，砍柴挑水都亲自做，后来官越来越大了，仍没有变。有一次，他去石崇家上厕所，看见厕所里有绛色蚊帐、垫子、褥子等这些极讲究的陈设，就忙退了出来，以为自己错进了别人家的内室。石崇说："那是我家的厕所！"刘寔说："啊，我受不了啦，我去别人家上厕所。"一个厕所就足以看出石崇有多富，财产真的不计其数。当时有句话叫凡天下美妙的丝竹音乐都进了他的耳朵，凡水陆上的珍禽异兽都进了他的厨房。据说当时的国舅王恺，自认为是晋王朝的首富，但是看到了高调的石崇之后，想要跟石崇一比高低，两人总想把对方比下去。王恺家用糖水刷锅，石崇家便以蜡烛代柴；王恺用赤石脂（一种陶土）涂屋，石崇就用从外域买来的花椒粉抹墙；王恺出游时设四十里紫丝布障，石崇竟用比紫丝还贵重的彩缎铺设了五十里的屏障，比王恺的路障更长、更豪华。

人要懂得"啬"，就是收敛、节俭。冯唐说："实在放不下的时候，去趟重症病房或者墓地，你容易明白，你已经得到太多，再要就是贪婪，时间太少，好玩儿的事儿太多，从尊重生命的角度，不必纠缠。"

贪欲与人们设定的想要达到的目标是不同的。但是如果将人的不满足与组织的目标结合起来，将会为组织的发展提供动力。管理者需要利用人性去为组织赢得更好的竞争环境，不过领导者要注意控制人的贪欲，不能让其过度膨胀。

九、不争之德

善为士者不武，善战者不怒，善胜敌者不与，善用人者为之下。是谓不争之德，是谓用人之力，是谓配天古之极。

士，在古代有一个演变的过程，刚开始"士"一般是指优秀的贵族阶层的底层，武士偏多。他们有俸禄，有食田。《左传》中写鄢陵之战："伯州犁以公卒告王。苗贲皇在晋侯之侧，亦以王卒告。皆曰：'国士在，且厚，不可当也。'苗贲皇言于晋侯曰：'楚之良，在其中军王族而已。请分良以击其左右，而三军萃于王卒，必大败之。’公筮之。”意思说伯州犁说：“这是在进行战前的祷告。”伯州犁把晋公的亲兵情况全部告诉了楚王。苗贲皇在晋侯的旁边，也把楚王的亲兵情况告诉了晋侯。都说：“国家的优秀的人在那里，而且阵容强大，不可抵挡。”苗贲皇对晋侯说：“楚国的精兵在于他们中军的王族而已，请求把我们的精兵分开来攻击他们的左、右军，而把我们的三军集中向楚王的亲兵攻击，一定可以大败楚军。”晋侯让太史占筮。这句话表明“士”在国家统治者心目中的地位极高，都是优秀的武士。“士”是一个士族阶层，而且子承父业，世代相袭。

其实古代的学校，刚开始也是培养武士的。《孟子·滕文公上》：“设为庠序学校以教之。庠者，养也；校者，教也；序者，射也。夏曰校，殷曰序，周曰庠；学则三代共之，皆所以明人伦也。人伦明于上，小民亲于下。有王者起，必来取法，是为王者师也。”意思是要兴办“庠”“序”“学”“校”来教育人民。“庠”是习射的地方，“校”是校武的场所，“序”是教射箭的地方。夏代叫“校”，商代叫“序”，周代叫“庠”。“学”这个名称，三代都这么叫，“学”者即射。古代的学宫就是掌管射箭之地。学习的目的都是为了让人明白伦理纲常。诸侯、卿、大夫、士都明白了伦理纲常，老百姓自然会一团和气、亲密无间了。这时候如果有圣王兴起，也一定会来学习效法，这等于做了圣王的老师。我们可以看出，古代庠、序、学、校这些地方就是培养武士的地方，诸侯、卿、大夫、士等贵族阶层都要在这些地方习武。“士”，都是靠学习来获得知识，或者掌握一门技术来养活家人。《论语·微子》中记载了掌管乐的人的去向，比如太师挚逃到齐国，亚饭乐师干逃到楚国，三饭乐师缭逃到蔡国，四饭乐师缺逃到秦国，击鼓乐师方叔逃到黄河边，敲小鼓的乐师武逃到汉水边，少师阳和敲磬的乐师襄逃到海滨。亚饭，古代天子和诸侯吃饭要奏乐，亚饭是第二次吃饭时奏乐的乐师，“三饭”“四饭”依此类推。这些人都是属于“士”阶层，掌握乐器的技能。

后来，武士逐步向文士过渡，成为有自己独特风格的人。《荀子

·非十二子篇》云："弟佗其冠，神禫其辞，禹行而舜趋，是子张氏之贱儒也。正其衣冠，齐其颜色，嗛然而终日不言，是子夏氏之贱儒也。偷儒惮事，无廉耻而耆饮食，必曰君子固不用力，是子游氏之贱儒也。"意思是说，帽子戴得歪斜都快掉下来，话说得平淡无味，没有什么文化水平，学禹的跛行，一瘸一拐的，学舜的快走，急匆匆的，这是子张一派的贱儒。衣冠整整齐齐，面色严肃，口里像含着什么东西似的整天也不说话，这是子夏一派的贱儒。苟且偷懒怕事，没有廉耻之心而热衷于吃喝玩乐，总是说"君子本来就不用从事体力劳动"，这是子游一派的贱儒。这是讲子张、子夏、子游类士的风格，自成一家。

"士"由武士演变为读书人。《史记·苏秦列传》曰："苏秦者，东周洛阳人也。东事师于齐，而习之于鬼谷先生。出游数岁，大困而归。兄弟嫂妹妻妾窃皆笑之，曰：'周人之俗，治产业，力工商，逐什二以为务。今子释本而事口舌，困，不亦宜乎！'苏秦闻之而惭，自伤，乃闭室不出，出其书遍观之。曰：'夫士业已屈首受书，而不能以取尊荣，虽多亦奚以为！'于是得周书《阴符》，伏而读之。期年，以出揣摩，曰：'此可以说当世之君矣。'"意思是说，苏秦是东周洛阳人，他曾经向东到齐国拜师求学，在鬼谷子先生门下学习。外出游历好几年，搞得穷困潦倒，狼狈地回到老家。兄嫂、弟妹、妻妾都私下里讥笑他，说："周国人的习俗，人们都得干点产业，努力从事工商，追逐那十分之二的盈利为本业。如今你却丢掉本行而去干耍嘴皮子的事，穷困潦倒，不也应该的嘛！"苏秦听了这些话，暗自惭愧、惆怅，就待在家，闭门不出，把自己的藏书全部好好阅读了一遍。说："一个读书人既然已经从师受教，埋头读书，可又不能凭借它获得荣华富贵，即使读书再多，又有什么用呢？"于是找到一本周书《阴符》，开始伏案而钻研它，下了一整年的功夫，悉求真谛，然后找到与国君相合的门道，激动地说："凭这些就足可以游说当代的国君了。"

后来武士指将帅，也指游侠一类人。《史记·游侠列传》："今游侠，其行虽不轨于正义，然其言必信，其行必果，已诺必诚，不爱其躯，赴士之困厄。既已存亡死生矣，而不矜其能。羞伐其德。盖亦有足多者焉。”意思是说，现在的游侠，他们的行为即使不合乎当时的国家法令，但他们说话一定是守信用的，办事求结果，答应人家的事一定要兑现，甚至不吝惜自己的生命，去解救别人的危难。做到了使危难的人获生，施暴的人丧命，却从来不夸耀自己的本领。以称道自己对他人的恩德为耻。为此，他们也有值得称颂的地方。

老子论述了士，也就是将帅，是个领导者，应该怎么做呢？老子认为应该“不武”“不怒”“不与”“为之下”。“不武”就是不穷兵黩武，“不怒”就是被人征服没有办法但不迁怒别人，“不与”就是不与别人争一时之高低，“为之下”就是要总处于下位，柔弱不是懦弱，谦下不是卑下。老子说善于带兵打仗的将帅，不崇尚勇武；善于打仗作战的人，不会轻易被激怒；善于作战的人，不与敌人正面冲突；善于用人的人，对人总是表示谦下。这就是不与人争的“德”，这就是运用别人的能力，这就是符合自然的道理，是古代德的准则。

不争为德。从前，有个叫朱洪的人，总是夸耀自己有多么宽宏大量，他一直强调说：“不管别人怎么骂我，我也不会生气，我是真正的男子汉大丈夫。”他不仅嘴上如此说，还在自家门前挂了一副对联：“八风吹不动，端坐紫金莲”，以显示自己宽大的胸怀。有一个过路人看了，决定试试他，就在对联旁边添加了两个字走了。后来有人告诉朱洪，朱洪过来一看差点被气死，只见写了两个大字：放屁。朱洪立即骑马追上那个过路人，抓住他就问：“我跟你无冤无仇，为什么在我的对联边写‘放屁’两个字？”过路的人反问道：“你自己说你是‘八风吹不动，端坐紫金莲’，我只是写了一个‘放屁’，没有想到，这屁大点的风就把你吹过来了，难道这就是你的肚量吗？”朱洪听了之后，无言以对。当然这个故事被演绎了多个版本，但反映的道理没变。

据说从前有个财主，人们称他为笑面虎。他见了衣着体面的人就阿谀奉承，见了粗衣烂衫的人就肆意嘲笑。有个叫王少的青年，因为衣服穿得破烂，曾经被他狠狠奚落过。王少回家后越想越气，就在元宵节这天扎了一顶大的花灯，来到笑面虎的家门前。这大花灯上写了一首诗："头尖身细白如银，称称没有半毫分。眼睛长到屁股上，光认衣裳不认人。"笑面虎看了以后，气急败坏地说："大胆，你竟然敢来骂老爷。"王少笑嘻嘻地说："老爷不要猜疑，我这四句诗是个谜，谜底就是'针'，你想想。这'针'怎么是说的你呢？你怎么认为是针对你说的呢？"笑面虎气得干瞪眼，只好灰溜溜地走了，周围的人都哈哈大笑起来。后来这件事传遍了大街小巷。到了第二年元宵节，人们都纷纷仿效，把谜语写在花灯上供人猜，这就是"灯谜"。

我们每个人一定要学会海阔天空，得饶人处且饶人。有一首诗叫《莫生气》，"人生就像一场戏，因为有缘才相聚。相扶到老不容易，是否更该去珍惜。为了小事发脾气，回头想想又何必。别人生气我不气，气出病来无人替。我若生气谁如意，况且伤神又费力。邻居亲朋不要比，儿孙琐事由他去。吃苦享乐在一起，神仙羡慕好伴侣。"

还有一首打油诗，希望大家记住："不争长短是非远，淡看名利天地宽。劝君莫装烦恼事，日子越过越心欢。"

不争是一种策略，但不是一种可以纵容的法则。不争是最高的境界，但管理者很难要求组织里的人都有这种思想。因此，管理者应把管理的重点放在过程上，不应过分追求结果，建立一个良性竞争的环境。

十、为而不争

信言不美，美言不信；善者不辩，辩者不善；知者不博，博者不知。圣人不积，既以为人，己愈有；既以与人，己愈多。天之道，利而不害。圣人之道，为而不争。

这一章的内容可以分为两部分：前面部分讲"言"和"知"，后面部分讲"利而不害"。老子最后再一次告诫世人：为而不争，不轻易被美言迷惑，不要被虚名束缚，不要因为虚荣而炫耀自己。

老子提醒大家，真话不漂亮，漂亮的话不真实。行为善良的人不善于用言语辩论，爱用言语辩论的人不一定善良。有真知灼见的人所掌握的知识不一定广博，知识广博的人不一定有真知灼见。有道的人什么也不保留，他越帮助别人，自己反而更加富有；他越是把自己的一切给予他人，自己就越丰富。自然的规律是让万事万物都得到好处而不伤害它们，有道的人的准则是施惠于众人而不与人争夺。

“信言不美，美言不信。”齐宣王比较喜爱射箭，但是还有个臭毛病，即喜欢别人夸他能够使用很费力气的强弓。有一次，齐宣王在一些大臣面前炫耀他的弓，大臣们都想尝试一下拉弓，但是大家只能拉到一半，就都说：“这弓如果要拉开，至少要一千多斤的力气，除了大王你还有谁能用啊?”齐宣王听了沾沾自喜，几乎得意忘形了。喜欢美言的人是可耻的，喜欢听美言的人也是可悲的。齐宣王喜欢听美言，其实他用的弓也只不过是三百多斤的弓，但是他到死都以为自己拉开的是一千多斤的弓。其实很多美言都是用一些花哨漂亮和夸大其辞的话取得别人的信任。孔子说：“巧言令色，鲜矣仁。”意思是花言巧语，装出和颜悦色的样子，其实这种人的仁心就很少了。怎么做到“仁”？司马牛问仁。子曰：“仁者，其言也讱。”曰：“其言也讱，斯谓之仁已乎?”子曰：“为之难，言之得无讱乎?”(《论语·颜渊》)

司马牛问仁德。孔子说：仁者，他的言语慎重。司马牛说：言语慎重，这就叫作仁了吗？孔子说：做起来不容易，说话能够不慎重吗？司马牛想要了解仁，于是就问老师，孔子说我说不出来，但是仁者说话一定是很谨慎的，司马牛一听就非常激动了，原来说话谨慎就可以了做到仁了！

有一个寓言故事，说猎人养了一只从小就从深山里捡回来的狗熊，他们之间原本感情非常深厚，可是有一天，狗熊把邻居家的一片玉米地糟蹋了。邻居找上门来索要赔偿，猎人很生气，就拿起棍子打了狗熊一顿，而且口中还不断骂着：“畜牲就是畜牲，我白养你了。”打完后，他把狗熊赶出了家门。第二天，他就后悔了，可是狗熊已经回到了山里，他找不到了。后来有一次他上山打猎，碰到了一只老虎，以为这次死定了，狗熊却突然出现把老虎赶跑，救了他。他高兴地走上前，抚摸着狗熊说："太好了，上次我打了你，还疼吗？跟我回去吧！"狗熊说："早就不疼了，可是你说过的话却还让我疼，很疼很疼。"说完，狗熊头也不回地走了。

口舌是致祸之源。据说苏轼与佛印和尚两个人是好朋友，经常互开玩笑，捉弄对方。一次二人游玩，苏轼笑着问佛印看自己像什么，佛印回答说："我看你像佛。"苏轼哈哈大笑。佛印问他为何发笑，苏轼回答道："你看我像佛，我看你像狗屎！"说着又笑得直不起腰来。过了好一会儿，等他不笑了佛印接着说："相由心生，心中有什么就能看到什么。"苏轼才知道自己本想捉弄别人，却被别人捉弄了。

还有一次，苏轼悟出了一首禅诗："稽首天中天，毫光照大千。八风吹不动，端坐紫金莲。""八风"的意思是指人们生活中常遇到的称、讥、毁、誉、利、衰、苦、乐八种境况。他觉得自己的体悟很深，于是立刻让童子过江拿去给佛印禅师看。佛印看完后，知道这是苏轼在向他炫耀自己的文采，于是想捉弄一下他，立刻题了字，让童子送给苏轼。苏轼打开一看，竟然是"放屁！放屁！"四个字。他立刻起身，前去同佛印理论。

苏轼见面就嚷道："禅师！我的诗，你看不上没关系，但也不能侮辱人呀！"佛印平静地说："我什么时候侮辱你啦？"苏轼拿出纸说："今天你一定要给我个说法！"禅师顿时哈哈大笑起来："你不说'八风吹不动'吗！怎么'一屁就打过江'了呢？"苏轼听后十分羞愧，知道自己的修为还不够。

古人说："三寸不烂之舌，强于百万之师。"三人成虎，众口铄金。《鬼谷子·中经》说："言多必有数短之处。"少言，体现的是一个人的修养。闭嘴，显露的是一个人的智慧。孔子诛少正卯这件事也说明这一点。孔子诛杀了鲁国大夫少正卯，少正是姓，卯是名。"少正"是当时周朝所设的一种官职，少正卯是以官职为姓。少正卯和孔丘两人都开办私学，招收学生。少正卯讲的课还是很不错的，把孔子的很多学生都吸引过去听，据说只有颜回没有去。鲁定公十四年（前496），孔丘任鲁国的大司寇，代理宰相，上任后七天就把少正卯以“君子之诛”杀死了，而且暴尸三日。子贡等弟子十分不解，孔子回答说：少正卯是“小人之桀雄”，而且一下子列了五种罪名。《荀子·宥坐》中说：门人进问曰：“夫少正卯，鲁之闻人也，夫子为政而始诛之，得无失乎?”孔子曰：“居！吾语女其故。人有恶者五而盗窃不与焉：一曰心达而险；二曰行辟而坚；三曰言伪而辩；四曰记丑而博；五曰顺非而泽。此五者，有一于人，则不得免于君子之诛，而少正卯兼有之。”这其中的五种罪状，“心达而险”就是说这个人通晓古今之变，用心险恶；“行辟而坚”就是说这个人违背周礼，行为不端，不知悔改；“言伪而辩”就是说这个人强词夺理，还喜欢狡辩；“记丑而博”就是说这个人刻意关注社会的阴暗面；“顺非而泽”就是说这个人讲的内容是顺着非正统甚至违背道德来引导思想，就好像江河泛滥般散播四方。其实，最主要的罪行就是搞团伙，会忽悠，哗众取宠。“巧言乱德”意思是说着天花乱坠的话，未必有一句话是真知灼见；唇枪舌剑的辩论，没有什么用处，只会乱了蠢蠢欲动的人的心。

一家有为的企业意味着这家企业是干实事的，一家有争的企业可以说它是尊重劳动成果的。不争并不是组织或人放弃进取、放弃上进的心态。相反，只有竞争才能推动组织的进步，但是为此头破血流或是包装成奋斗的样子则是消极的争。

第六章 《道德经》的领导方法

本章重点论述领导的方法。领导方法主要建立在科学文化知识、理论修养、领导经验、思维能力基础上形成的人格魅力、智慧、学识、胆略、经验、作风、品格和能力等。如“去彼取此”讲领导与规律；“执古之道”讲领导与教育；“微妙玄通”讲领导与平民百姓；“大仁大义”讲领导与祸福；“独异于人”讲领导与名实；“惟道是从”讲领导与民主；“圣人抱一”讲领导与外交；“希言自然”讲领导与民本；“有道不处”讲领导与吏治；“道法自然”讲领导与机制。其中涉及领导的民主、放任、独断等类型；领导的权力观和领导的用人艺术等。

一、去彼取此

五色令人目盲，五音令人耳聋，五味令人口爽，驰骋畋猎令人心发狂，难得之货令人行妨。是以圣人为腹不为目，故去彼取此。

先说说“五色”，即五种颜色青、赤、白、黑、黄，古代以这五种颜色为正色，古代认为东方是木是青色，南方是火是赤色，西方是金是白色，北方是水是黑色，记住水是黑色，《千字文》中有句话叫天地玄黄，中间是黄色。古代的望闻问切诊疗法就是按照五行学说来诊断疾病的位置的，青属木属肝，赤属火属心，黄属土属脾，白属金属肺，黑属水属肾。这句话中有三个“五”，五色、五音、五味均不是确数，其中“五色”指各种各样的颜色。各种各样的颜色反而使人变成一个瞎子，因为颜色太多了，让人眼花缭乱，因此，五色令人目盲。

再说“五音”。古代音律是按照五度的相生顺序，从宫音始到羽音依次是宫、商、角、徵、羽，按照今天的音高顺序就是1、2、3、5、6。唐朝时使用的是合、四、乙、尺、工。按照《礼记》的说法，宫音代表皇上，商音代表大臣，角音代表老百姓，征音代表的是政事，羽音代表的是万物。当然了，这里的“五音”也不是五种声音，而是纷繁嘈杂的声音。各种声音没有规律地叠加一起，就成了噪音，人耳只能感觉40分贝的声音，超过了这个分贝，耳朵就没有感觉了，就好像聋子一样，不知道发出的是什么音，因此，五音令人耳聋。

最后说一下“五味”。中医上认为是酸、苦、甘、辛、咸五种味。《灵枢经》中认为酸味入肝，苦味入心，辛味入肺，甘味入脾，咸味入肾。《素问·五运行大论》中更具体地说明了五味对五脏的作用非常大，“酸生肝，肝生筋，筋生心”“苦生心，心生血，血生脾”“甘生脾，脾生肉，肉生肺”“辛生肺，肺生皮毛，皮毛生肾”“咸生肾，肾生骨髓，髓生肝”。人们常说“酒过三巡，菜过五味”，这句话出自《酒规》，是西周时关于行酒礼仪的一本书。“三巡”是敬酒的次数，“巡”在古代是个量词，就是“遍”的意思。“三”不是确数。“菜过五味”中的五味指的是酸、甜、苦、辣、咸五种基本口味。在我们平时吃的五谷之中，粳米属于甘，芝麻属于酸，大豆属于咸，麦子属于苦，黄米属于辛。在我们常吃的水果之中，枣属于甘，李子属于酸，栗子属于咸，杏子属于苦，桃子属于辛。在我们平时吃的肉类之中，牛肉属于甘，狗肉属于酸，猪肉属于咸，羊肉属于苦，鸡肉属于辛。在我们平时吃的蔬菜之中，葵菜属于甘，韭菜属于酸，豆叶属于咸，薤属于苦，葱属于辛。因此，如果我们的脏器有病的话，可以采取饮食调理的方法辅助治疗。脾有病，宜食粳米饭、牛肉、枣、葵菜等；心有病，宜食麦子、羊肉、杏子、薤；肾有病，宜食大豆芽、猪肉、栗子、藿；肝有病，宜食芝麻、犬肉、李子、韭菜；肺有病，宜食黄米、鸡肉、桃子、葱。“五味令人口爽。”“爽”古文指嘴里的味觉出现问题了。各种味道加在一起，就不知道是什么味道了。有个成语叫“五味杂陈”，是指各种味道混杂在一起反而说不清楚是什么味道了。“忆往昔，五味杂陈，百感交集"，就是说甜、酸、苦、辣、咸一起涌上心头，说不出具体是什么味道，人的心情非常难受。

"驰骋畋猎令人心发狂，难得之货令人行妨。"你在草原上骑着快马狩猎，容易使人心发狂；难得到的金银珠宝、漂亮衣服、可口的食物等，容易使人失去操守，甚至犯下偷窃的罪行。因此，"圣人为腹不为目"，只求基本温饱，不求外在的眼睛所见的诱惑。佛教中把人类的感觉器官分成了六根，即眼、耳、鼻、舌、身、意。俗话说"六根清静"，就是远离了人们眼睛看到的，也就是眼不见心不烦，也要远离耳朵听到的、鼻子闻到的、嘴巴尝到的、身体接触到的甚至脑子里想到的，你自然就没有烦恼了。这六个器官，感知着色、声、香、味、触、法六种境界，因此产生了喜、怒、哀、乐、忧、思六种意识。

春秋之时，春秋五霸中楚庄王原来是很有作为的，干了很多大事，但是他有一个致命的弱点，就是沉迷于田猎饮酒，爱宝马美人。他有一匹宝马，非常喜欢，他给马穿上华美的衣服，吃一些高档的食物，住的房子富丽堂皇，马的这种待遇超过了老百姓，甚至超过了大臣。后来有一天，这匹马因为吃的太好了，得了肥胖症死了，楚庄王竟然让群臣来吊唁，并且以大夫的标准来安葬。大家都觉得这是侮辱，有人小声议论楚庄王的不是，议论他的人就被处死了。

因为他生活如此腐化，还导致了别国攻打楚国时失地了，而且那些曾经臣服于楚国的小国，一个个也露出本来面目。楚国处于灭亡危险境地，楚庄王还说："进谏者，杀毋赦！"不让进谏，怎么办呢？后来有个大臣叫伍举，他想了个办法，让楚王猜一个谜语，楚庄王说："什么谜语？"伍举说："有人在南方见到有一种鸟，什么鸟呢？它落在南方的土堆上，三年不飞也不鸣叫，这只鸟叫什么？"楚庄王听了说："这只鸟三年不飞，一飞冲天；三年不鸣，一鸣惊人。我知道你是什么意思了。"伍举高兴地退了出来。后来楚庄王远离酒色美女，处理朝政，攻伐背叛的国家，重新取得了霸主地位。

有句话叫"眼不见为净，耳不听为清，心不念不烦，情不深自忘"，跟老子的这段文字有异曲同工之妙。

“去彼取此”是对领导者自身做出的要求，身居要职更需要加强对自我的管理监督。事业成功往往需要经历一番磨难，但是一步走错就有可能造成努力全部白费。

二、执古之道

视之不见名曰夷，听之不闻名曰希，搏之不得名曰微。此三者不可致诘（jié），故混而为一。其上不皦（jiǎo），其下不昧（mèi），绳（mǐn）绳不可名，复归于无物，是谓无状之状、无物之象。是谓惚恍。迎之不见其首，随之不见其后。执古之道，以御今之有，能知古始，是谓道纪。

这句话有几个字要先搞清楚意思。“夷”是看不见的意思，“希”是听不见的意思，“微”是摸不到的意思。这三个词的意思就是视觉、听觉、触觉都不能把握这个“道”。“诘”是追的意思，“一”是指代“道”，“皦”是光亮的意思，“昧”是昏暗的意思，“绳绳”是不清楚的意思，“道纪”是指“道”的纲纪。这段文字有些深奥。

大致的意思是你看也看不见，把它叫作“夷”，肉眼看不见的东西，不能说就是不存在的，这个我们等会儿再讲；听也听不到，把它叫作“希”，就是你侧着耳朵仔细听，什么也听不见，因为它声音太小，你听不清楚，而且你听不见，并不代表人家没有说，人家说话了，你为什么听不见，因为你离得很远很远，大道离得很远，它发出的声音，你只是听不见而已；摸也摸不着，把它叫作“微”，因为大道离我们很远，我们没有办法触及它，没有办法了解得很透彻，你就觉得它很神秘。这三者的形象不好区分，它本来就是一体的。它的上面不显光亮，它的下面也不显昏暗，它绵延不断但是又说不出形象，又要回到看不见物体这种虚无状态。这就是没有形状的形状，没有具体物象的形象，把这个叫作“惚恍”。从前面去接近它，看不见它的头；从后面去追它，又看不见它的尾。但是根据自古而在的“道”的运行规律来考察当今的具体事物，就能够了解宇宙的原始，这就是道的规律。不管怎么说，这个东西一定是存在的，但是问题来了，如何去了解它呢？看肯定是看不到了，听也没法听到了，摸就更不用说了，那只能在心里感知了。

说了这么多，归结为一句话，“道”，任何人都感知不到，但又真实存在，是个“无状之状，无物之象”。怎么理解老子说的话呢？有人说你看不见就是不真实的，不存在的，其实这个观点是错误的。我们的肉眼看到的范围很有限，即使你看到了，但也不能说是真实的。比如筷子在透明的玻璃杯里，你说筷子是直的还是弯的，结果不言而喻。还有的微生物、病毒、细菌，比如新冠肺炎病毒，没有人的肉眼看得见，但是谁都知道这个病毒是真实存在的。“道”也一样，是不以人的意志为转移的，无法说出它的形状，有时还又若有若无，若隐若现，只能用心去感知，它不像有的东西能够通过科学的手段来证明它的存在，“道”这个东西无法通过任何手段认知，或者探测，或者分析它的存在。一句话，“道”是存在的，而且一直在发挥着它的作用，甚至推动万事万物的变化。上一讲我们讲的比较抽象，这一讲我们先举个例子来说：

战国时梁国有一个大名鼎鼎的厨师叫庖丁，他每天的工作就是替梁惠王宰牛。这个人杀牛的时候，手所接触的地方，肩所靠着的地方，脚所踩着的地方，膝所顶着的地方，都会发出咯吱咯吱的皮骨相离声，刀子刺进去的时候更神奇，就像在放流行音乐一样，很好听，而且他确实还把这些声音同《桑林》、《经首》两首乐曲与伴奏的舞蹈节奏相合拍。

站在一旁的文惠君，看呆了，整个神情都凝滞了，忍不住大喊道：“你宰牛的技术怎么这么厉害？”把庖丁反而吓了一跳，庖丁放下刀子回答说：“我的技术确实超过了一般人。”他说他当初学宰牛的时候，对于牛的身体结构也不了解，眼睛里看见的只是整头的牛。几年之后，见到的就不一样了，像戴了透视眼镜一样，看到的是内部肌理筋骨，而且都看不见外在的整头的牛了。宰牛的时候，他都不用手、脚、身体等去接触牛，有人说隔空取物吗？他是用精神去接触牛的身体，不必用眼睛看，顺着牛的肌理结构，很自然地顺着筋骨间大的空隙，沿着骨节间的空隙使刀。后来庖丁又大肆讲了一通他的理论，他说技术高明的厨工每年换一把刀，为什么呢？是因为他们用刀子去割肉。一般技术的厨工每月换一把刀，为什么呢？因为他们用刀子去砍骨头，整天只知道下蛮力，他的这把刀已经用了十九年了，宰了数千头牛，而刀口还像刚从磨刀石上磨出来的一样，刀刃锋利。庖丁说他杀牛，用完刀，哗啦一声骨肉就已经分离，像一堆泥土一样散落在地上了。文惠君听了庖丁的一席话，连连点头，说："好啊，好啊！"

其实庖丁并没有什么过人之处，主要是他掌握了牛的肌理结构，宰牛技术才如此高超。世间的万事万物都有规律，只要你做个有心人，把握事物规律，那时，再复杂的问题也会迎刃而解。

掌握事物的规律，就是掌握老子所说的"道"，这个"道"是解决事物的最佳途径。北宋文学家、政治家王安石写了一首七言绝句《登飞来峰》："飞来山上千寻塔，闻说鸡鸣见日升。不畏浮云遮望眼，自缘身在最高层。"飞来峰顶有座很高的塔，听说鸡鸣时分就可以看见太阳升起。不怕层层浮云遮住我那远眺的视野，只是因为我站在飞来峰顶，登高望远，心胸宽广。毛泽东老人家曾经说："不论做什么事，不懂得那件事的情形，它的性质，它和它以外的事情的关联，就不知道那件事的规律，就不知道如何去做，就不能做好那件事。"

抓住事物的"道"即遵循事物发展规律，这是成功的关键。华为在困难时期也曾面临是否放弃发展的选择，但是华为的管理者在当时就认识到科技创新的重要性，咬牙坚持搞科研。华为把核心技术作业务涅槃的途径，比如鸿蒙系统、基带、5G、麒麟芯片等。如今的华为公司这些全球通信技术方面处于领先地位，这归功于华为明智的战略决策。

三、微妙玄通

古之善为士者，微妙玄通，深不可识。夫唯不可识，故强为之容。豫焉若冬涉川，犹兮若畏四邻，俨兮其若容，涣兮若冰之将释，敦兮其若朴，旷兮其若谷，混兮其若浊。孰能浊，以静之徐清？孰能安以久动之徐生？保此道者不欲盈，夫唯不盈，故能蔽不新成。

这句话中的“士”是一个象形字，象形字是按照造字法来分的，最早见于西周金文，金文“士”的字形看起来像一把斧头。关于“士”的称谓，在五帝的时候“士”是管理监狱的刑官。比如《尚书》中说“汝作士，五刑有服。”这里的“士”就是刑官的意思，即管理监狱的司法官。因为是司法官，所以用像斧头的字来表示。后来“士”不再是一个称谓了，而成了一个阶层。在西周和春秋的时候，“士”的地位处于卿大夫与普通老百姓之间，属于上层阶级，但是上层中的底层，这个地位是非常尴尬的。战国中叶开始演化为士大夫，士与当官的人结合了，成为中心人物，他们将“修身、齐家、治国、平天下”作为追求目标，由此“士”的境界就非常高了，普通人难以企及。

老子一开始就说“士”这样的人，善于用道行事，观点十分微妙而且深邃通达，不是一般人所能理解的。正因为没法理解，所以只好勉强用一些比喻来描述。用什么比喻呢？“犹豫”。我们先说“豫”，再说“犹”。“豫”，河南省的简称，是一种野兽，是一种长得像啮齿类的哺乳动物，这种野兽生活在 1.6 亿年前的侏罗纪到 4000 万年前的新生代的始新世。这种野兽生性多疑，一旦有什么动静，它就踟蹰不敢前行，这里老子是用“豫”这种野兽的性格特点来形容“士”的瞻前顾后的性格特点。“犹”也是一种野兽，从字形上一眼便能看出，《说文解字》：“犹、玃属。从犬、酋声。一曰陇西谓犬子为猷。”犹，据说是五尺长的大犬，像猴子一样的，腿比较短，喜欢爬崖边树，有时一腾百步，或者三百丈，顺往倒返，行走若飞，但是最大的特点是进退多疑，跟那个“豫”一样，所以“犹”“豫”两个动物合起来，就说明这个“士”非常迟疑不定。

老子讲“士”非常的小心谨慎，连用很多比喻句，怎么比喻的呢？就像冬天赤脚涉水过河的时候那样犹豫不前，他的警觉和戒备啊，就好像自己居于强邻的包围之中，不得不时时高度警惕；他的拘谨和严肃啊，就像到别人家的客人一样；但是他的融合亲近啊，就好像正在消融的冰；他的质朴纯厚啊，就像没有雕琢过的自然的原木；他的豁达旷远啊，就像空旷的山谷一样；他的浑厚宽容啊，就像大江大河一样。有谁能够在动荡中静止下来，在安静中慢慢地变得澄清？有谁能在安定中变动起来，使其慢慢显出勃勃生机？谁呢？保持道的人，含而不露，不骄傲自满。正因为他高深莫测，从不骄傲自满，因此能够革故鼎新。一句话，士这样的人，因为是得道之人，所以每一步都是无比小心谨慎的。

“俨兮其若客”，就是要善于把自己摆在别人的位置上来思考。每个人都是人生道路上的匆匆过客，都是大自然的一个过客。俄罗斯有一首小诗叫《短》，写得很好：“一天很短，短得来不及拥抱清晨，就已经手握黄昏。一年很短，短得来不及细品初春殷红窦绿，就要打点素裹秋霜。一生很短，短的来不及享用美好年华，就已经身处迟暮。总是经过的太快，领悟的太晚，我们要学会珍惜。珍惜人生路上的亲情、友情、同事情、同学情、朋友情。一旦擦身而过，也许永不邂逅。”人生苦短，任何人都无法超越生与死，这就是老子的“道”。

“道”本身就很玄妙精深，而且虚空无形，视而不见，听之不闻，搏之不得，一般人是得不到“道”的，只有那些大智慧的人才能得“道”，因为他们修养高，可动可静，可清可浊，与时俱进。有个故事，我们来看一个女士与得道之人的对话，有个女人不停地在述说自己的苦难，没完没了。得道之人就打断她的话说：“你什么时候能够说完？”那个女人说：“别的人诉苦最多只要三天三夜，我诉苦可需要三年！”得道之人说：“什么时候的苦？”女人说：“前几年的。”得道之人说：“那不都过去了吗？为什么还紧抓不放呢？”又问：“你拉出的粪便臭不臭？”女人说：“当然臭啦！”得道之人说：“现在粪便在哪里？”女人：“拉完就冲掉了。”得道之人说：“你为什么不把它包起来放在身上？见到人就拿出来展示告诉别人我被这东西臭过？”女人：“太恶心了！”得道之人说：“对呀！苦难也是一样，它过去了。回忆和诉苦就如同把粪便拿出来向人展示，既臭自己又臭别人！”女人说：“听懂了！”得道之人说：“记住越诉苦越苦，越抱怨越怨。”

苦是什么？苦就是你缺少某种东西，而你又不认可，离自己的目标很远，你会感叹，就是一些人常说的“不如意”，“人生不如意事十常八九”。“苦”字是一个形声字，这个字在《说文解字》的小篆文字中，上面是一种植物的形象，就是草，下面是一个古字。有的人说我们的人脸就是画的“苦”字，眼睛和眉毛就是“苦”的草字头，鼻子和嘴巴就是一个“古”字，因此，人本来就是苦的。出家人讲人有八苦，比如生、老、病、死、爱别离、求不得、怨憎会、五阴炽盛等。就是说出生，老去，生病，死去，和自己所爱的人分离，想得到的东西却总是得不到，和怨恨、憎恶的人或物在一起，无法摆脱。五阴炽盛，求不得清明，芸芸众生无知，把苦痛当作乐趣，喝鸠毒来止渴。下面我就来讲讲这八苦：

生，为什么是一种痛苦呢？人一生下来就是受苦的，还有“生”本身就令人非常痛苦。当小孩在母胎里面的时候，子宫那么小，就是一个牢笼，孩子没法伸腿伸脚，缩成一小团，就跟今天被判刑的人一样，在蹲监狱，所以怀胎十月，小孩子都痛苦极了，因此，每个婴儿一出生就要大哭，因为在母胎里面的十个月苦不堪言，我至今没有听谁说他是大笑着出生的。因此生是苦的。

老是苦的，因为得不到青春，经常有人说，人老了，不中用了，吃不了好的，眼神不好了，听也听不见了，想去外面的世界看看，腿脚全是毛病，你说，人老苦不苦？

病是苦的，求不得健康，生病了会疼痛难忍，吃不好睡不好，病情轻了要吃一堆苦药，病情重了，有的还会手术，承担肉体之苦，有的得了癌症，还要化疗，等等，这些都是苦的。

死是苦的。求不得永生吗？现在医学虽然延长了人的寿命，但是还不能永生。

爱别离是苦的。人是一个情感动物，一旦有情感，就会有喜怒哀乐，悲欢离合。什么是爱别离？就是与自己所爱的人分离的痛苦。《五王经》中说：“何谓恩爱别苦？室家内外，兄弟妻子，共相恋慕，一朝破亡，为人抄劫，各自分张，父东子西，母南女北，非唯一处，为人奴婢，各自悲呼，心内断绝，窈窈冥冥，无有相见之期。”天下没有不散的筵席，我们所有的团聚都是相对的，最后都是要分离的。一切美好的姻缘终究会有散灭之日，但是对于姻缘的不舍、执着、贪爱，势必使人泪水如海。

求不得是苦的。求不得的原因是因为放不下，还忘不了，心里舍不得。你越想得到的某个东西你就越得不到；你越想成为富人，你就越亏本；你越想升官，你就越升不上；你越想得到的人或者物，你反而越得不到。我们要懂得看破、放下。比尔·盖茨说：“如果你想同时坐两把椅子，就会掉到两把椅子之间的地上。我之所以取得了成功，是因为我一生只选定了一把椅子。”法国作家司汤达的墓碑上刻着这样一句话：“活过了，写过了，爱过了。”这是对司汤达人生的总结，同时他自己的人生观也是这样的。

怨憎会是苦的。“怨”就是指抱怨与自己过不去的人或者物；“憎”是指憎恨人或者物；“会”是指相遇和碰撞的意思。怨憎会是指你和很讨厌的人处在同一屋檐下，抬头不见低头见，不想理他还就是不行。比如一对夫妻，本来婚姻生活是美满的，后来两人吵翻了，到了要离婚的地步，但是中国绝大多数家庭为了儿女都是忍着不离婚，其实夫妻的姻缘已经断了，但还要生活在同一屋檐下，还要天天见面，这是很痛苦的。老子说什么叫“旷兮其若谷”？就是我们这个社会会藏污纳垢，没有得到大道的人就会厌恶这个污垢，不同流合污，喜欢莲花的出污泥而不染，但是真正有大道的人，处在污垢的环境中，他对污垢视而不见、听而不闻，对纯洁也是这样的态度，达到这个境界，你就无所谓痛苦了。

五阴炽盛是苦的。“五阴”就是五蕴，指色、受、想、行、识。“阴”是遮盖的意思。“色”，是我们所拥有的身体和各种物质的存在，能够看见的形象都是“色”。“受”，是一个人所受的各种苦和乐。“想”是心里头各种念头，好的、坏的都是。“行”是心里头想的念头，是行为。“识”是各种意识。“五阴炽盛”，有了这五阴，贪、瞋、痴的心就出来了，而且是“炽盛”，就是火势旺得很，这是痛苦的事情。就像我们很饿的时候，我们吃一碗或者两碗米饭、面条，这是快乐的；但是现在一定要让你吃五碗、六碗，甚至更多，你一定是痛苦的。

宫崎骏的动画作品《千与千寻》里面有这样一段文字与大家分享："人生就是一列开往坟墓的列车，路途上会有很多站口，没有一个人可以自始至终陪着你走完，你会看到来来往往、上上下下的人。如果幸运，会有人陪你走过一段，当这个人要下车的时候，即使不舍，也该心存感激，然后挥手道别，因为，说不定下一站会有另外一个人会陪你走得更远。在一切被外包的过程中，人们发现，真正属于自己的，只有自己，其他人都是过眼云烟。父母会死，夫妻会离异，孩子长大会走掉，公司会倒闭，朋友会背叛，兄弟姐妹也会不知去向，能寄托的只有自己。"

"微妙玄通"这四个字拆开来看都蕴含着管理之道。从细微处管理、优化资源配置、深谋远虑、打通渠道。道家思想为管理提供了丰富的经验指导，即从细微处着落，获取最大的效益，实现管理的某种预设目标。

四、大仁大义

大道废，有仁义；智慧出，有大伪；六亲不和，有孝慈；国家昏乱，有忠臣。

大道被废弃了，才会出现仁义。反过来，你就理解了，为什么会出现讲仁讲义，是因为大道被抛弃了。那奸诈虚伪的人出现了，就会有智慧出现，因为人们要提防他们。这句话讲了"六亲"。关于六亲，说法有三种，一种是《左传》里讲的父子、兄弟、姑姊（父亲的姐妹）、甥舅、婚媾（妻的家属）及姻亚；一种是《老子》里的讲的父子、兄弟、夫妇为六亲；一种是《汉书》讲的父、母、兄、弟、妻子、子女为六亲。老子的六亲就是指父子、兄弟、夫妇，他们不和的时候，才会出现孝顺和慈爱。

仁义好不好呢，肯定很好，但是仁义的出现。说明有严重问题产生了，那就是大道被抛弃了，大道存在的时候，仁义可以说是遍地开花，人们感觉不到它的存在，更没有必要去提倡了，但是当社会上都在呼吁仁义的时候，说明仁义已经很少见了，缺乏这些东西，大道也不存在了。孔子和孟子提倡仁义，是因为他们生活在礼乐崩坏的时代，在混乱的时代，只有圣人才能看清楚仁义缺失了。

吴忠全的短篇小说《白桦林》，讲述了当下乡村中三个逝去的生命的故事。第一个故事讲主人公是一对母女。在父亲染上肝病、村民又不肯借钱相助而去世之后，这对母女一直过着离群索居的生活。女儿得了肺结核，因为早年借不到钱的怨恨，母亲再也不愿向村里人开口，也无钱送女儿去大医院医治，只能靠偏方捡拾一些野生草药给女儿医治。女儿抱着对生的希冀和对爱的渴望，勉力支撑，最终在一个秋天的傍晚咯血而死。母亲也疯了。第二个故事讲的是一对父母双亡的姐弟俩的故事。姐姐含辛茹苦将弟弟拉扯长大，因为家境艰难和相貌不美，迟迟未能出嫁。在姐姐给弟弟娶了一个媳妇以后，这个家没了她的容身之地，她不得不匆忙嫁给了一个有两个孩子的鳏夫。最终，姐姐因为不堪忍受丈夫常年的打骂和精神折磨而自尽。在体会了人性的无尽悲凉之后，第三个故事展现了生命的“善”与“爱”：我的祖父有一只忠心耿耿的狗常伴左右，人狗情深。老人摔伤后是狗向家人报的信；老人去世后，狗不吃不喝，悲伤地守候着主人的遗体；老人下葬后，狗便守卫着他的墓地，久久不曾离去。逝去的三个生命都被埋葬在村子东面的杨树林，作者管它叫“白桦林”。①

我们知道，一个人只要会深入洞察，一般都能够从表面现象看到本质。好像说这个人有第三只眼，有通往深层内在与高层意识的门路。人本来是有九道门，比如两只眼睛、一个鼻孔、两只耳朵、一个嘴、还有排便的通道，一共九道，第三只眼就是第十道门。其实不然，现在还没有能够透视的人存在。不能透视，那一个思想很睿智的人凭什么能够看到事物的本质，看到底部，因为这些人都善

①本自然节文字引自徐欢：《仁义缺失的世界》，《南方日报》，2012 年 5 月 6 日。

于从反面思考问题，从表面看到隐藏的实质。比如说你行的“仁”和“义”是真的“仁”和“义”，还是虚假的，老子用了一个字叫“伪”。“伪者，人为之。”“伪”就是由“人”和“为”两部分构成的，就是人为的，有意干一些违背大道的事，不是素朴的，虽然有虚伪的外表掩饰，但是还会看出一些破绽。比如伪言，就是虚假的言论，一定会有说漏嘴的地方。伪行，就是虚假的行为，一定会有不符合常理的行为表现。伪态，就是虚伪的态度，皮笑肉不笑，这谁都能看出来。伪意，虚假的心意，装作对人热情，其实不是内心真心实意的传达。

王弼说：“甚美之名生于大恶，所谓美恶同门。”太美的东西一定也很恶。关于河豚，北宋诗人梅尧臣专门写了一首五言古诗《范饶州坐中客语食河豚鱼》赞赏这种美食，后来有人因为他写了这首诗，就称他为梅河豚。诗歌内容是“春洲生荻芽，春岸飞杨花。河豚当是时，贵不数鱼虾。其状已可怪，其毒亦莫加。忿腹若封豕，怒目犹吴蛙。庖煎苟失所，入喉为镆铘。若此丧躯体，何须资齿牙?持问南方人，党护复矜夸。皆言美无度，谁谓死如麻！我语不能屈，自思空咄嗟。退之来潮阳，始惮飧笼蛇。子厚居柳州，而甘食蛤蟆。二物虽可憎，性命无舛差。斯味曾不比，中藏祸无涯。甚美恶亦称，此言诚可嘉。”有一天，大文豪范仲淹请宾客吃饭，梅尧臣应邀参加。在吃饭的过程中，有人津津有味地讲起河豚这种美味，引起了梅尧臣的兴趣，就写诗记下了这一点。诗的前四句讲的是河豚上市的时间还有价格：春天，水边的小洲生出了嫩嫩的荻芽，岸上的杨柳吐絮，满天飞花。河豚鱼在这时候上市，价格昂贵，超过了所有的鱼虾。接下来八句，笔锋一转，写了河豚的“怪”和“毒”。河豚的腹部比其他的鱼大，有气囊，能吸气膨胀，眼睛突出，靠近头顶，故形状古怪，在诗人看来面目可憎。更为可怖的是，河豚的肝脏等部位含有毒素，假如处理不当，人食用后会很快中毒而死。吃河豚如镆铘（利剑）穿心一样，所以诗人其实对吃河豚是抗拒的，“何须资齿牙”。河豚的样子已足以让人觉得奇怪，毒性也没什么食物能比得上它。鼓动的大腹好像一头大猪，双眼突出，又如同吴地鼓腹的青蛙。烧煮如果不慎重或不得法，吃下去会马上丧命，就像遭到利剑的宰杀。像这样会给人生命带来伤害的食物，人们又为什么要去吃它？我把这问题请教南方人，他们却对河豚赞不绝口，夸了又夸。都说这鱼实在是味道鲜美，闭口不谈毒死的人多如麻。我没办法驳倒他们，反复思想，空自嗟讶。韩愈来到潮阳，开始时也怕吃蛇；柳宗元到了柳州，没多久就坦然地吃起了蛤蟆。蛇和蛤蟆形状也是古怪，令人厌恶，但对人的性命没什么妨害，不用担惊受怕，河豚鱼的味道虽然超过它们，而河豚则不然，“中藏祸无涯”，隐藏的祸患无边无涯。太美的东西一定也很恶，古人这句话可讲的一点也不差。

今天舜帝成了孝的典范，但是要知道是谁成就了他的孝，是因为他的父亲，他的父亲昏庸无能，造成了继母、异母兄弟等乱象。不仅如此，他的兄弟多次想要害死他，据说让舜修补谷仓的仓顶时，他的兄弟从谷仓下纵火，舜是手持两个斗笠跳下逃命的；让舜掴井时，他的父亲瞽叟与弟弟象却下土填井，舜是挖地道逃命的。可见他的父亲、继母、兄弟都不讲仁慈，在这样的家庭环境之中，舜做的比较好，“出污泥而不染”，所以才获得了孝的美名。

仁义思想对现代管理有很强的指导意义。“仁义”既包含了人与人之间和睦相处的精神，诸如领导者对下属要多一些宽容和理解等。这其中也包含了员工对组织文化认同感，强调组织对员工价值观的塑造功能。

五、独异于人

绝学无忧。唯之与阿，相去几何？善之与恶，相去若何？人之所畏，不可不畏。荒兮其未央哉！众人熙熙，如享太牢，如春登台。我独泊兮其未兆，如婴儿之未孩。儽儽（lěi）兮若无所归。众人皆有余，而我独若遗。我愚人之心也哉！沌（dùn）沌兮！俗人昭昭，我独昏昏；俗人察察，我独闷闷。淡（dàn）兮其若海，飂（liǎo）兮若无止。众人皆有以，而我独顽似鄙。我独异于人，而贵食母。

老子在开篇就给大家抛出两个问题，第一个问题是“唯之与阿，相去几何?”“唯”是唯唯诺诺、应答的意思。“阿”是呵斥、反对的意思。顺从和反对相距有多远？第二个问题是“善之与恶，相去若何?”善和恶相距有多远？别人所害怕的，自己也不可能不害怕。自己的精神视域开阔，就好像没有尽头的样子。众人高兴地手舞足蹈，就像要享受丰盛的筵席，又像春天登上高台观赏春景。而我却独处，淡泊宁静，没有意欲，有时浑浑噩噩，就像刚出生的婴儿连笑也不会。“儽儽”是十分疲倦的样子。儽，通“累”。十分疲倦，就像长途跋涉的羁旅游子漫无目的的流浪。

众人的东西多得都用不完，可是我呢，什么也没有。我就是一个愚笨的人的心，什么也不知道。当俗人光鲜亮丽都在自我炫耀的时候，我却昏昏昧昧。当俗人都察言观色的时候，我却什么都没有看出来。茫茫无涯，像辽阔的大海一样没有边际。“飂”是指狂暴的风，狂暴的风横扫万里，没有死角。众人都是很有作为的，而我却碌碌无为，愚昧、固执、笨拙。我与众不同，因为我贵在守“道”。

老子在这段文字里比较了我与“众人”的不同，众人看似收获颇丰，有名利、地位、财富，什么都有，连热闹也有，而我呢，什么也没有，整天昏昏沉沉、迷迷糊糊地过着。但是众人因为要占有名利、地位、财富，所以你争我夺，而我什么也不要。众人因为争，有很多的烦恼和忧愁，而我内心坦然，了无牵挂，安静自在。众人都在斤斤计较，而我却清净寡为。我为什么能做到这一点，因为我是用万物的根源来充实自己，这万物的根源就是“大道”。

你想想，你为什么不快乐？因为你总是纠结在得和失，得到时欣喜若狂，失去时沮丧郁闷。你的追求就是不断得到，不断失去，永远痛苦。一个禅师有三个徒弟，有一天，师父就问这三个徒弟，你们说：门前有两棵树，一棵荣，一棵枯，你们说是枯的好，还是荣的好？大徒弟首先发话：荣的好。二徒弟接着说：枯的好。三徒弟最后说：枯也由它，荣也由它。佛教中有三句话比较流行，第一句，“少欲无为，身心自在”。少做欲望的事，自己的身体和精神都清静自在，如果总是找得失，心思就会起伏不定。第二句，“心若轻浮要安心向下，须知心净则国土静”。内心浮躁的时候就要安下心来静想，要知道心思清净了，身体也就安泰了。第三句，“得失随缘，心无增减”。不要太在乎得与失，一切随缘，内心就不会有大起大落。生有何喜，死又何忧？

在一列高速行驶的火车上，有个小孩不小心把一只新鞋掉到火车外面了，众人都觉得挺惋惜的。谁也没有想到，这个小孩迅速把另一只新鞋也从窗外扔了出去。既然那只鞋失去了，剩下的一只再昂贵也毫无价值，还不如扔出去，成全另一只，也许被人捡到，还能穿呢。舍得，舍得，有舍方得；得失，得失，有得有失。一只老鼠掉进米缸之中，它看到有大半缸米，高兴极了。有首歌叫《老鼠爱大米》。从此，它过上了吃了睡、睡了吃的生活，从来没有想过米会越吃越少，缸底与缸口的距离，已经越来越大，最后米见底了，小老鼠怎么也爬不出去了，就饿死了。

佛家妙语中说：一个人在“处世中，拿得起是一种勇气，放得下是一种度量。对于人生道路上的鲜花、掌声，有处世经验者，能等闲视之，屡经风雨者更有自知之明。但对于坎坷与泥泞，能以平常之心视之，就非常不容易。大的挫折与大的灾难，能不为之所动，能坦然承受，则是一种胸襟和肚量。佛家以大肚能容天下之事为乐事，便是一种极高的境界。既来之，则安之，便是一种超脱。拿得起，实为可贵；放得下，才是人生处世之真谛。”

有句顺口溜写得很好：金子、银子、票子，不如一个好身子；车子、轮子、房子，不如一个好妻子；镯子、链子、戒指，不如有俩好孩子；杯子、瓶子、圈子，不如幸福的一家子！

佛说：人生有八万四千烦恼。这些烦恼从哪里来？即人们常说的“天下本无事，庸人自扰之”。

据说，很早很早以前，有个寺庙叫钟灵寺，每天都有很多人去上香拜佛，香火特别旺。后来，在钟灵寺的横梁上有只蜘蛛，而且结了张网，因为每天都会受到香火供奉，还有虔诚的祭拜，耳濡目染，“润物细无声”，经过一千多年的修炼，蜘蛛便有了佛性。有一天，佛主来到了钟灵寺，看见这里香火这么旺，非常高兴，离开寺院的时候，看见了横梁上的那只蛛蛛，佛主就问这只蜘蛛：“你我相见算是有缘啊，我来问你一个小问题，你说世间什么东西是最珍贵的？”蜘蛛想了想回答道：“世间最珍贵的是‘得不到’和‘已失去’。”佛主点了点头，没有回答就走了。

时间走啊走，又过了一千年，蜘蛛仍然在钟灵寺的横梁上蛰伏着，但是它的佛性与从前不一样，是大增。又有一天，佛主又来到这个寺里，对蜘蛛说道：“你还记得一千年前我问你的问题吗？你现在是怎么想的？”蜘蛛说：“我还是觉得世间最珍贵的是‘得不到’和‘已失去’啊。”佛主又没有说什么就走了。这样又过了一千年，有一天，刮起了狂风，风将一滴甘露带到了蜘蛛网上，蜘蛛看到后很激动，觉得这是三千年来最开心的时候，可是突然刮起了一阵大风，又把这甘露给吹走了。蜘蛛一下子就觉得失去了什么，非常难过。这时佛主来了，问这只蜘蛛：“现在你认为世间什么是最珍贵的？”蜘蛛想到了甘露，依然对佛主说：“世间最珍贵的是‘得不到’和‘已失去’啊。”佛主说：“嗯，现在我派你去人间走一趟吧。”

蜘蛛投胎到一个官宦家庭，成了一位富家小姐，父母为她取了个名字，叫珠儿。后来，珠儿长到十六岁了，成了个非常漂亮的少女，楚楚动人。这天新科状元甘鹿觐见皇帝，皇帝在后花园为他举办宴会，邀请了很多妙龄少女参加，其中当然有珠儿。这个状元甘鹿在酒席上吟诗作赋，在场的少女无一不被他折倒。又过了几天，无巧不成书，珠儿陪同母亲去上香拜佛时，状元甘鹿也正陪同母亲来了，上完香，两位长者在一起礼貌地聊了几句，珠儿和甘鹿就走到走廊上聊，珠儿和心中的男神在一起聊天很开心，但是甘鹿对她并没有什么兴趣，珠儿就对甘鹿说：“你难道都不记得十六年前钟灵寺蜘蛛网的事了？”甘鹿很讶异，觉得这姑娘怎么说话有点疯疯癫癫的，就和母亲离开了寺庙。

珠儿回到家，心想，佛主既然安排了我们这桩姻缘，为什么不让他记起这件事，甘鹿对我没有感觉啊！过了几天，皇帝下诏，命令新科状元甘鹿和自己的女儿长风公主完婚，珠儿和太子完婚。这样的结果，对珠儿来说如同晴空霹雳。她不吃不喝，一病不起，生命危在旦夕，太子知道了，就赶来对珠儿说：“我对你是一见钟情的，我是苦苦哀求父皇，他才答应我的。如果你死了，我怎么活啊。”说完拿起了宝剑准备自刎。就在这个时候，佛主又来了，他对珠儿说：“蜘蛛，你想过没有，甘露是由谁带到你这里来的？是风，最后也是风把它带走的。甘鹿是长风公主的，他只是你生命中的过客。而太子则是当年钟灵寺门前的一棵小草，他看了你三千年，爱了你三千年，但你却从来没有低下头欣赏过它。蜘蛛，我现在再问你：世间什么才是最珍贵的？”蜘蛛听完，一下子大彻大悟了，对佛主说：“世间最珍贵的不是‘得不到’和‘已失去’，而是把握住眼前的幸福。”说完，佛主走了。珠儿起身，与太子紧紧地相拥在一起。

这一段文字是《道德经》灵魂所在。老子想要告诉世人，所谓“贵贱”“贫富”之分都是以世俗的眼光去定义的，“道”是超脱于世俗的。由此可以看出，老子是鄙视名利的，他的精神是超脱世间的。这对管理的启迪在于，领导者不应随波逐流，要保持清醒的头脑，以组织为大，不要被太多的世俗名利所左右。

六、惟道是从

孔德之容，惟道是从。道之为物，惟恍惟惚。惚兮恍兮，其中有象；恍兮惚兮，其中有物。窈兮冥（mǐng）兮，其中有精；其精甚真，其中有信。自古及今，其名不去，以阅众甫。吾何以知众甫之状哉？以此。

首先说一下“孔”是“大”的意思，大德是什么样子，它是随着“道”的，也就是“道”是什么样子，大德就是什么样子。道，这个物是恍恍惚惚的，也就是忽闪忽闪的，忽闪忽闪的东西其实你看不清形象，但是它呢，有形象，不仅仅有形象，而且那惚惚恍恍的还有实物，那深远暗昧的，是有精质的。既然是精质，那一定是非常实在的，是可靠的。从古至今，它的名字永远不会消失，根据它我们才能看到万物的起始地。那么我哪里知道万物起始地是什么回事呢？首先是从认识道开始的。

道是什么？你虽然看不见摸不着，还有些恍惚，甚至虚无缥缈，但是它确实是有的，是真实存在的，而且是万物的本源。道是大德的根本，德是道的外在表现；没有道就没有德，有道才有德。在老子眼里，真正的修德就是悟道。“孔德之容，惟道是从”，只有符合道的德才是真正的德。“孔”是广大，“容”是包容，“宀”指房屋，“谷”指山谷，房屋和山谷都是能够容纳东西的。“孔德之容”，那一定是心胸比较宽大的人，才能好人坏人都能够包容。很多人读到这里非常不解，如果坏人坏事也包容，那就是姑息养奸，纳污藏垢，养痈畜疽。其实没有那么严重，我们要知道为什么要包容坏人？对于一个坏人，或者作恶多端的人，用法律惩处天经地义，但是还需要改造他，不能让他无翻身之日，不能让他厌倦世界，否则必然报复人类，这样反而损害其他人的利益，侵犯他人。对于这样的坏人，最好的方法是改造，让他回馈社会，为社会做贡献。对于一件坏事，要用宽恕的心去对待，要以大局为重，去解决问题，把坏事变成好事。如果你不是坏人，别人总是误解你，怎么办？寒山和尚问拾得禅师说：“世人谤我、欺我、辱我、笑我、轻我、贱我、厌我、骗我，如何处之乎？”拾得回答说：“只是忍他、让他、由他、避他、耐他、敬他、不要理他。再待几年，你且看他。”

飞廉，这个人大家可能不太熟悉，但是他做的事在历史上却是轰轰烈烈的。在久远的黄帝蚩尤时期，飞廉是蚩尤的心腹人物。其实人们叫他风伯。蚩尤为什么如此信任他？因为他是蚩尤的师弟。飞廉的相貌比较怪异，身体表面像鹿皮一样，有着豹子似的花纹，就像今天女性喜欢穿的豹纹的衣服，但是他的皮肤就是这样，也像今天的纹身一样。他的头长的像孔雀一样，头上有角，形状峥嵘。此外，他还长有蛇一样的尾巴。他和蚩尤两人一起拜一真道人为师，在祁山上修炼。据说，有一天在修炼的时候，飞廉发现对面山上有块大石头，每次风雨来时便飞起来，像小燕子；等雨停了，石头又安然无恙回到原处，他觉得奇怪，就想要探个究竟。有一天夜里，这块大石头又动了起来，在大风中盘旋。飞廉一跃而上把石头抓住，原来这不是一块普通的石头，而是掌八风消息的风母。于是，他从风母那里学会了致风和收风的技术。后来蚩尤和黄帝两个部落打仗，蚩尤就让飞廉施展法术，最后黄帝都迷失了方向，最终失败了。

到了商朝末年，帝乙的小儿子帝辛继位后，沉湎酒色，用人政策改变，拒谏饰非，重刑厚敛，穷兵黩武，还多次发兵攻打东夷诸部落。帝辛，就是纣王，政务非常混乱，微子多次劝谏，帝辛甚至想杀了他，微子逃离了殷国。比干就是一个例子，比干认为："我既然给纣王做臣子，不能不拼命纳谏。"他就使劲地劝。帝辛非常生气，说："我听说你们这些人的心有七个孔。"于是他就用刀剖开比干的胸膛，把比干的心挖出来看。箕子看到此情此景，心里非常害怕，就装疯卖傻，最后去给别人家当了奴隶，后来纣王把箕子抓回来并囚禁起来。纣王的重臣比干被杀，箕子被囚禁，微子奔走，一个个左膀右臂都离开了。但是，只有一对父子没有离开，而且对纣王还一直忠心耿耿，就是蜚廉和他的儿子。蜚廉对纣王忠贞不二，基本是这样的：纣王在他在，纣王亡他亡。纣王被杀时，蜚廉刚好不在，他后来听说纣王已死的消息后，真的是痛不欲生，就自杀殉王了。史书记载，蜚廉在北方为纣王立坛于霍太山（在沁州沁原县西七八十里），得一石棺，棺上铭文：帝令处父不与殷乱，赐尔石棺以华氏。蜚廉遂触棺而死，葬霍太山。其后非子建立秦国。

小说《封神演义》关于蜚廉的传说是这样的：商亡国以后，恶来与蜚廉，恶来是蜚廉的儿子，他们两个向姜子牙投降，但姜子牙只是接受了两人的投降，在最后封神的时候，封神榜上还有两个空岗，姜子牙认为恶来与蜚廉两人是奸臣，就命人将他们斩首，把他们的魂魄封了神。

其实蜚廉只是对大家都不喜欢的纣王愚忠了，这本来是无可厚非的事，那他怎么就成了乱臣贼子了，这是为什么呢？因为他们虽然符合"忠"这个德，但是却不符合"道"，德应该遵从于道，才能称为德。

忠，就是一个人对国家或者君主等都大公无私，始终如一，这是对的。“愚忠”的人，除了忠，哪怕是昏君或者暴君，即使个人及亲族有灭顶之灾，他们还是为君效力。古代一直提倡三纲五常，在这样的传统文化的教育下，我国出了很多忠臣良将，他们无私报国，可歌可泣。但是愚忠就不一定可取了。比如伯夷叔齐，这是亲兄弟。商朝末期孤竹国的王子，一共兄弟三人。伯夷是老大，叔齐是老三。叔齐聪明，孤竹国国君本想让叔齐继位，但是叔齐不同意，认为应让哥哥伯夷继位，而伯夷认为，自己各方面的才能都不及叔齐。两人相互推让，最后谁都不去当国君，国君的位置只好让给二儿子了。后来，孤竹国被周统一了。兄弟俩誓死不吃周朝的粮食，最终饿死在首阳山了。

纣王无道，天下人共讨之，这时，你讨伐纣王是正义之举，是符合“道”的德，如果这个时候你还忠于纣王，就是不明事理。周朝已经统一天下了，这是明道，你吃周的食物并没有违反忠，是有“道”的德。

古代流行一句话是：君叫臣死，臣不死，臣为不忠；父叫子亡，子不亡，子为不孝。中国人特别强调忠孝两全，忠心和孝道当然重要，但是如果你盲目追寻，那就是愚忠愚孝。

古时关羽被迫归降曹操，曹操对他十分喜爱，不仅封他为将军给予大量珍宝，而且十分信任关羽，将他时常带在身边。即便如此，关羽仍然心在刘备那方，当得知刘备去向后，毅然离开曹操前去汇合。其实，刘备在当时也很落魄，财力实力方面都不如曹操，但他善于利用人的忠诚。以光复汉室的理想激励，在桃园三结义时以感情打动，刘备以此满足了下属的精神和情感需求，赢得了下属的忠诚，竭诚为他服务。作为企业，特别强调忠诚度。员工认可企业，全身心投入工作，为企业创造价值，而且有利于企业员工的留才和用才。

七、圣人抱一

曲则全，枉则直，洼则盈，敝则新，少则得，多则惑。是以圣人抱一，为天下式。不自见故明，不自是故彰，不自伐故有功，不自矜（jīn）故长。夫唯不争，故天下莫能与之争。古之所谓曲则全者，岂虚言哉！诚全而归之。

“式”的意思是“法则”。这段文字的大致意思是受尽委屈是为了得到保全，一个人总是顺从屈服反而能得到伸展，这就像低洼的地方能够充盈，破旧才能革新，不要太贪，少取才能多得，贪多反而不知可否。因此持道的人坚守这一原则作为治理天下的法则。不自我表扬反而让自己更显现，不自以为是反而是非彰明，不自我夸耀反而能功勋卓著，不自视高大反而能长久存在。正因为你不与世人相争，所以天下反而没有谁能够和你争高低。因此，古人说“曲则全”。

老子强调的是要以退为进，不争而争。三国时魏国文学家李康在《运命论》中说：“故木秀于林，风必摧之；堆出于岸，流必湍之；行高于人，众必非之。前鉴不远，覆车继轨。”在一片树林里，如果哪棵树长得太高并且突出于其他的树木，大风一刮过来必定首先摧断这棵树。因此如果树木高出树林，风肯定首先会把它吹断；如果土堆突出河岸，急流一定会把它冲掉；作为人，如果德行高于众人，众人也一定会对他进行诽谤。前车之鉴不太远，后来的车继续翻覆在前车翻覆的道路上。但是志士仁人，还要踏着忠直之路前行而不后悔，还要坚持独立的操守而不肯失掉，这是为什么呢？他们的目的是要以此实现自己的志向，成就自己的声名。

这句话告诫人们不要在众人中太出风头，风头出多了，势必遭到首先发难。心理学家认为，人为什么会忌妒？因为人与人之间存在竞争关系，自己的占有欲没有得到满足。有的人当占有不了别人的东西时，就会去破坏别人的东西，想尽一切办法把别人拉回到和自己一样的地位上。无人妒者是庸才，被忌妒的人要注意保护好自己，你比别人优秀，但是你总骄傲，甚至容不下别人，那你就不会过得很轻松。大家都知道变色龙的绝技就是变色。变色龙皮肤的基本颜色其实是绿色，但是它可以随时变出深绿、浅绿、紫、蓝、褐色等颜色，还能变出花纹色，变色龙的肤色会随着周围环境的背景、温度，甚至自己心情的变化而变化，变色龙能躲避天敌，就是因为善变。我们人类应该向变色龙学习，自己很优秀，又想保护自己，根据老子的办法就是要学会隐藏。

古时候在边疆地区，有个老头儿，人们叫他塞翁。有一天，他养的一匹好马突然丢了，邻居们和亲友们听说以后，都到他家来安慰他。可是出乎所有人的意料他并不焦急，还在笑，旁边的人都说你还笑得出来他笑了笑说："马丢了，有什么急的，说不定这是件好事呢？"邻居们都很纳闷，丢东西了还是好事，也许是破财消灾吧。不知道过了几个月，突然有一天，想不到的事发生了，老头儿丢失的那匹马居然回来了，关键还带回来一匹更好的马。这事轰动了全村，村子里的人纷纷来向老人表示祝贺。可是老头儿闷闷不乐，在一旁抽着旱烟，而且心事重重，他对大家说："谢谢大家的关心，不要祝贺啊，这可能是一场灾祸呢！"过了几天，老人唯一的儿子，觉得那匹被带回来的马好玩，就跳上去骑，这匹马因为不熟悉新主人，吓得乱跑乱蹿，最终小伙子摔了下来，摔残了。这件事又在村子里传开了，村子里的人听说了，都纷纷来安慰老人。可是老人坐在凳子上，一点也不焦急，他说："可能这还是件好事呢！"过了一段时间，边境开战，很多青年人被征调入伍，上了战场，十之八九都死的死，伤的伤。只有老头儿的儿子因为身体残疾，没有应征入伍，留在家里，这样才侥幸活了下来。"塞翁失马"讲的就是这个故事。"木秀于林，风必摧之"和"塞翁失马，焉知非福"都反映了老子的思想。

说到"不争而争"，老子在《道德经》里多次说要不争，如"不尚贤，使民不争""水善利万物而不争""夫唯不争，故天下莫能与之争""以其不争，故天下莫能与之争""是谓不争之德""天之道，不争而善胜""圣人之道，为而不争"。老子作为智者为什么能够做到足不出一城而能对天下了如指掌，指点江山，就是因为他"不争"。"不争"不是躲避和退缩，而是玉韫珠藏，因为与人相争会有尔虞我诈，有钩心斗角，有彼此伤害，最后这个不争的人，反而什么都得到了，而其他拼命争的人不仅什么也没有得到，还伤痕累累。“鹬蚌（yù bàng）相争，渔翁得利。”有一只河蚌正张着壳在那里晒太阳，一只鹬鸟伸嘴就要去啄河蚌的肉，河蚌赶忙把壳合上，紧紧地夹住了鹬鸟的嘴，鹬鸟就说：“今天不下雨，明天不下雨，你就会死。”河蚌也对鹬鸟说：“今天不放开你，明天不放开你，你就会死！”谁也不肯放谁，最后渔夫路过看到了，就把它俩一齐捉去了。不管遇到什么，一定要互相谦让，退一步海阔天空，不要争，否则就会两败俱伤。

春秋战国时期，赵衰（cuī），即赵成子，嬴姓，赵氏，是辅佐晋文公重耳的贤士。晋献公派兵攻打重耳所在的蒲地，重耳被迫流亡，赵衰跟随流亡。有一次赵衰与重耳走散了，而赵衰携带着饭食，宁肯自己饿着也不吃一口。重耳后来因为骊姬之乱又逃亡翟，赵衰还是跟随着他。翟人讨伐廧咎如，得到了两个女子。翟君把年少的女子许配给重耳为妻，年龄稍大的女子给赵衰为妻，后来生了赵盾。赵衰在晋国的时候还有个元配妻子已生了赵括等三个孩子。重耳在齐国住了五年不想离开。赵衰、咎犯（即狐偃）有一天就在一棵桑树下商量怎么带重耳离齐，重耳妻子的侍女在桑树上听到了他们的密谈，回屋后偷偷告诉了主人。主人竟把侍女杀死了，劝告重耳快走。重耳不愿意走，赵衰等人用酒灌醉了重耳，用车载着他离开了齐国。后来使他终成为晋国国君。晋文公回国以后，开始大封功臣，其他一些人都表现自己的忠心还有功劳，而赵衰却从不争功。晋文公想让赵衰担任元帅，赵衰回答说：郤縠比较合适。又任命赵衰为卿，赵衰推辞说：栾枝这个人合适。后来文公又让赵衰任下卿，赵衰推辞说狐偃比较合适，文公就任命狐偃为下卿，狐偃推辞说狐毛比较合适，文公于是派狐毛统帅上军。晋文公曾这样评价，赵衰的三次推让，都没有失礼义。谦让是为了推举贤人，礼义是为了推广道德。因为他的让，他们家一直比较顺利。他死后，他的儿子赵盾做了晋国的执政，是晋国最显赫的家族。正应合了老子所说的那句话“夫唯不争，天下莫能与之争”。

上帝在关闭一扇门的同时，一定会为你打开另一扇门。高宗宪说：“临事让人一步，自有余地。临财放宽一分，自有余味。”

“抱一”是要领导者从全局的角度去看问题，“一”是“全面”的意思，只有管理者站在高处观察全局，才能理解组织要素间的联系，看到组织的问题。当然“一”也可作为“专一”去理解，做事专一，坚韧不拔。总的来说，“抱一”是对管理者思维整体观的要求。

八、希言自然

希言自然。故飘风不终朝，骤雨不终日。孰为此者？天地。天地尚不能久，而况于人乎？故从事于道者，道者同于道，德者同于德，失者同于失。同于道者，道亦乐得之；同于德者，德亦乐得之；同于失者，失亦乐得之。信不足，焉有不信焉。

不要整天言说各种政令，少惊扰老百姓，这才是合乎自然和道德的。再大的风也刮不过一个早上，再大的雨也下不了一整天。老子看似在讲自然现象，自然现象虽然变化无常，但还是有章可循，到底谁制造了风和雨呢？是天地。兴风起雨尚且都不能坚持多久，何况人呢？因此为道行事的人，才能同于道；为德行事的人，才能同于德；行事失道失德的，行为就是背道而行的。凡是同于道的人，道也会亲近他；凡是同于德的人，德也会亲近他；凡是失道失德的，要承担失道失德的后果。国君的诚信不足，老百姓自然不会接纳他。

在《艾子杂说》中记载了这么一件事：艾子有一天生病了，头昏沉沉的，说迷糊语，做梦梦游阴府，看见阎罗王升殿办事。他看到有几个小鬼抬着一个人来了，一个当官的就去问：“这个人在阳间的时候喜欢干缺德事，把其他人告诉给他的秘密拿来要挟别人，还敲诈别人的财物，还诱使正经人去干坏事，这个人坏透了，应该用五百亿万斤柴火放在锅底下去烧炖他。”阎王说可以，就下了命令，然后有个牛头鬼上来揪住他，把他押了下去。那个人便私下里问这个牛头鬼说：“你是什么人？”牛头鬼说：“我是镬汤狱的主管人（镬汤狱就是专门执行把人炖汤的），凡是镬汤狱中的事都由我做主。”那人说：“你啊，还是牢狱的负责人，是一把手了，你看看你穿的什么，这么破烂的豹皮裤子!”那人又说：“我的亲戚家是专门打猎的，常能够得到这种皮子，如果你减少一些柴火，我能够活着回去的话，我到时给你做一条好豹皮裤子。”牛头鬼大喜说：“我为你减去单位‘亿万’二字。”那人真的没被煮多长时间就出了汤锅，准备归阳间，牛头鬼说：“你可别忘了那豹皮裤子啊!”那人便回过头牛头鬼说：“我啊有一首诗要送给你：牛头狱主要知闻，权在阎王不在君；减刻官柴犹自可，更求枉法豹皮襬。”牛头鬼一听，快气死了，立刻又把那人用叉叉进滚烫的水锅中去烧煮他。“口是祸之门”，多嘴多舌容易招致灾祸。

在《道德经》中，老子不厌其烦地叮嘱我们：希言，就是少说话。首先是第二章中：“圣人行不言之教。”意思是圣人做无所成名的事务，施行无须仗名立言去劝教，就是说圣人在做事的时候不需要特殊的目的，教育人的时候也不需要使用语言，顺其自然。第二处是第五章中：“多言数穷，不如守中。”意思就是一个人说的话多了，会把自己陷入困境，还不如保持虚静沉默，把话留在心里。第三处是第十七章中：“悠兮其贵言。”意思是最好的统治者是比较悠闲的，他很少发号施令，事情也能顺利办成功。第四处是第二十三章中：“希言自然。”即本章所强调的。第五处是第二十四章中：“自伐者无功，自矜者不长。”意思是自我夸耀的人建立不起功勋，自高自大的人不能做众人之长。第六处是第四十一章中：“大音希声。”字面的意思是最大的声音是没有声音的，就是说最好听的声音是不能用耳朵去听的，而是用心去感受那天籁之乐，合道之乐，没有声音其实就是最强音。第七处是第四十三章中：“不言之教。”不言教，不用语言去让对方接受自己的观点。第八处是第五十六章中：“知者不言，言者不知。”知者不言，就是知道万物变化无穷无常的人，也就知道不能描述其本质，因此不言。言者不知，能够说出来道理的人，其实是没有了解大道之变化无穷的本质。

在社会上有的人总喜欢挑拨是非。古人说，静坐常思己过，闲谈莫论人非。我们小时候花了一两年左右的时间学会说话，却要花一辈子来学会闭嘴。说话有艺术技巧，要注意分寸，切忌口无遮拦，人们常说："良言一句三冬暖，恶语伤人六月寒。"你跟别人即使关系再好，也要顾及别人的面子。

俗话说："病从口入，祸从口出。"口就是一个人的门户，有出有进。进，是饮食之通道；出，是言语之道。因此，守好我们的口，要像守护军事要塞一样谨慎。《易经》曰："吉人之辞寡，躁人之辞多。"意思是急躁的人总是急于表达自己，是因为内心不安定。中医认为，说话太多，容易耗气伤阴，上火。寡言少语，可以养心养气养生。有一句谚语叫：钱是人之胆，口是祸之门。当下有的人有点钱，办事的胆量就大起来了，随便说话，就会招来祸事。记住："口是祸之门，舌是斩身刀；闭口深藏舌，安身处处牢。"有人总结了说话的艺术：急事，慢慢地说；大事，清楚地说；小事，幽默地说；没把握的事，谨慎地说；没发生的事，不要胡说；做不到的事，别乱说；伤害人的事，不能说；讨厌的事，对事不对人地说；开心的事，看场合说；伤心的事，不要见人就说；别人的事，小心地说；现在的事，做了再说。

希言，就是要不自夸，但是也不贬损别人，你自然而然就会得到别人的尊重和点赞。懂道的人，本身就没有自己，也就没有别人，就没有什么会遮蔽的，自己就变得非常透明，就能够顺应自然。这样才能做到"希言自然"。如果总是多言，甚至炫耀自己，必然引来别人的讨厌，甚至憎恨。如果你是领导者，更不要整天发号施令。每个人得到应该所得到的东西，那必然会失去应该会失去的东西。有失必有得，有得必有失。合于道的会得到，背于道的自然会失去。

"希言"我们在前面已经讲过了，管理者需要简政放权，少发布强制性命令来约束下属。管理之道也遵循着自然之道，顺应自然以激励下属才是领导的本质。

九、有道不处

企者不立，跨者不行，自见者不明，自是者不彰，自伐者无功，自矜者不长。其在道也，曰余食赘（zhuì）形。物或恶之，故有道者不处。

“企”的意思是踮起脚跟，用脚尖站立，与金鸡独立姿势差不多。据说金鸡独立这个平衡健身的方法，对于高血压、糖尿病、颈腰椎病等都有立竿见影的疗效，还能够治疗小脑萎缩，预防痛风等。但是这个姿势保持一会儿还行，如果时间长了，是站不牢的。这就是“企者不立”。脚步跨得太大，也走不了多远。跨就是三步并作两步走，也就是一条腿抬起来还没等落下就要迈开第二步，这种走法没有特别训练是走不了的，怎么可能实现呢？自己认为能够看得很清楚的，反而认识问题不深。自以为是的，反而得不到彰显。自我夸耀的，反而得不到多少功劳。自高自大的，反而不可能存在久远。用道去衡量，可以说都是剩饭赘瘤，让人厌恶。因此懂得道的人是不会这样表现的，就是不会“自见”“自是”“自伐”“自矜”，这些都是逆道而行的。

张之洞曾任四川学政，有一天他路过泸州，闻到酒香扑鼻，他也是个酒鬼，就叫仆人去打酒，谁知仆人去了一个上午才抬着一坛酒回来，张之洞正准备生气的时候，仆人打开了酒坛，立刻酒香沁人心脾，他猛饮一口，甘甜清爽，连连称是好酒。接下来就问仆人，你怎么用了一个上午才买回酒来？仆人说营沟头永盛作坊里的酒最好，但是要穿过一个很长很长的巷子，才能到最后一家温永盛作坊里买酒。张之洞点头微笑说“真是酒香不怕巷子深啊”。“酒香不怕巷子深”，也是“酒好不怕巷子深”，意思就是说酒只要酿得好，即使在很深的巷子里，也会有人闻香慕名前去品尝。

“自见”“自是”“自伐”“自矜”，这些都是不合乎道的行为。“自见者”，自逞己见的，自认为自己的意见是高论，或者是一个圈子里善于把控别人的人。“自是者”，自以为是的，只看到自己成就，而看不到别人成就了自己的功劳。“自伐者”，自我夸耀的，看不到别人的意义与价值。“自矜者”，自高自大的，错误地把自己看成是世界的主宰。这些人都是老子所鄙视的，不会得到别人的尊重与赞赏，有的甚至会落得一个不好的下场。老子教我们低调做人，少说话，多做事。

有一天，萨马林陪斯图帕托夫大公打猎，在闲聊的时候，萨马林就开始吹嘘自己说："我小时候练过骑射，即使算不上精通，也算得上箭不虚发。"大公当场要他射几箭看看，萨马林再三推辞，可大公非要看看他的本领。他只好拉弓搭箭，首先他瞄准了一只麋鹿，第一箭没有射中，他说："罗曼诺夫亲王是这样射的。"他开始射第二箭，又没有射中，这时他说："骠骑兵将军是这样射的。"他只好又射第三箭，恰巧他射中了，他骄傲地说："你看看，这才是我萨马林的真实本领。"自吹自擂有时候也免不了误打误撞。这个人只是运气比较好。

作家苏芩说："一个人要是永远不失恋、不失业、不失败，很难想象，他会变成何等轻狂自负的家伙。虽然没人愿意遭受坎坷，可不受点打击，真的就不能懂事。未曾失意的人生，上天也不会让他一直得意。"

这一章老子阐释了六种违反道的表现，这六种表现有一个共同的特征，都是人急躁、吹嘘夸耀自己的行为。有道的管理者向来都是低调做人、高调做事，因此不会做出这种被人厌恶的行为。

十、道法自然

有物混成，先天地生，寂兮寥兮，独立不改，周行而不殆，可以为天下母。吾不知其名，字之曰道，强为之名曰大。大曰逝，逝曰远，远曰反。故道大，天大，地大，人亦大。域中有四大，而人居其一焉。人法地，地法天，天法道，道法自然。

有一种物是浑然而成的东西，在有天地之前就已经存在了。它寂静无声而又广大无形，它独立长存而永不变化，周而复始地运行而永不停止，能够作为天地万物的根本。我不知道给它取什么名字才好，只好暂且叫它为"道"，我勉强给它取个名字叫"大"。它广阔无边而运行不止，大到人看不到，叫它为"逝"，在人看不到的尽头，它仍然在伸展到更远的地方，叫它为"远"；虽然它走得很遥远但是还能回到本原，叫它为"反"。因此，道是非常大的，天是大的，地是大的，人也是大的。天地间有这四大，而人只不过是其中的一个。在这四大之中，人是效法于地的，地是效法于天的，天是效法于道的，而道效法于自然。法，就是“遵从某种原则、规律”的意思。万物从开始到结束，都要遵循道的规则。

老子的“有物混成，先天地生”与《易经》里是一致的，《易经》里讲“屯卦”的时候说“开天辟地一念初心，有如凝神入定之心，心与虚空合而为一，心念所现，皆为实相，心物一元，不相分离”。其中“心物一元”就是这个意思。《易经》中讲了阴、阳两个基本符号，阴阳相生，心物交融，便产生万事万物，形成了无穷无尽的世界。

道法自然，这是老子思想根基。“道”与“自然”的关系表现为：首先，道生自然，“道生一，一生二，二生三，三生万物”，五十一章论述“道生之”。道是自然之母。《老子》第四章中论述道：“道冲而用之或不盈。渊兮，似万物之宗。”其次，道不主宰自然，第三十四章论述道：“大道泛兮，其可左右。万物恃之以生而不辞，功成而不有。衣养万物而不为主，可名于小；万物归焉而不为主，可名为大。以其终不自为大，故能成其大。”第五十一章中也论述有相似的意思：“生而不有，为而不恃，长而不宰。”最后，道就是要顺应自然，第三十七章中论述道：“道常无为而无不为。”“道常无为”就是顺应自然。

又有个人向师父求教说：师父，有人评价我是天才，也有人评价我是傻瓜。你是如何看待这个问题的？师父说：比如面粉，在厨师眼中可能是面条，在做烧饼人的眼里就是烧饼，在酿酒商眼中又成了酒，面粉还是那面粉。这个人若有所悟。接着这个人又问：如何才能使自己变成一个快乐的人？师父回答道：一个人有四种境界：把自己当成别人的人，这是“无我”的境界；把别人当成自己的人，这是“慈悲”的境界；把别人当成别人的人，这是“智慧”的境界；把自己当成自己的人，这是“自然”的境界。

“人法地，地法天，天法道，道法自然。”人、地、天、道，每一个层级都要受上一个层级的制约，最后是道的制约，道就是自然。

如果给它们比一下大小，“道大，天大，地大，人亦大。”道又成了最小的了，其实道大、天大、地大都不如人大，为什么呢？道、天、地都是为人服务的，这可以看出大道的包容性。道虽然生成了万事万物，但是道不主宰世间万物，人必须顺应道，按道的规律行事。“人大”就是“王”，“王”中三横的意思就是天、地、人，中间一竖是指一个人天地人贯通，才能够成为王。人怎样才能成为王？一个人必须做到“内圣外王”，这一点道家与儒家是一致的，是贯通的。“内圣”，就是要修身。比如儒家强调“仁”，仁，《说文解字》里说“从人从二”，段玉裁注释说“独则无耦，耦则相亲，故从人二”，“仁”就是强调人与人之间亲密关系的。老子更注重领导与下属之间的关系，领导要体恤下属。仁爱的对象，儒家说首先是至亲。“孝悌也者，其为仁之本与。”儒家强调要爱自己的至亲，比如父母，注重“孝”，“孝”这个字是上下结构，“上有老，下有子”。“老”代表着年老的父母亲，“子”代表自己的子女。“孝”这个字的字面意思就是做子女的要顺承父母，同时做子女的要背着老人，父母年老体衰行动不便时，要子女背着代步。不是近日世界首富比尔·盖茨曾接受意大利《机会》杂志记者采访，在回答“最不能等待的事情是什么”时说：“天下最不能等待的事情莫过于孝敬父母！”其次，泛爱众，“弟子入则孝，出则悌，谨而信，泛爱众，而亲仁。”子女在家要孝顺父母，出门要尊敬兄长，言行谨慎要讲究诚信，广泛地与众人相爱，亲近有仁德的人，这样做了如果还有余力，就可以用来学习各种文化知识。最后爱物，“断一树，杀一兽，不以其时，非孝也。”意思是砍伐一棵树，杀一只禽兽，不在合适的时节就是不孝。“外王”，在儒家那里就是“礼”，《说文解字·豊部》中说：“豊（lǐ），行礼之器也。从豆，象形。”礼的本义就是古代祭祀用的礼器。在道家那里就是遵循自然，受自然制约。

有个人问师父：“师父，您在得道前做的什么？”师父回答道：“砍柴、挑水、做饭。”这个人又问：“那得道以后呢？”师父说：“砍柴、挑水、做饭。”师父又问：“那什么是得道？”师父说：“得道之前，砍柴时惦记着还要挑水，挑水时惦记着还要做饭；得道以后，砍柴就是砍柴，挑水就是挑水，做饭就是做饭。”道法自然，大道就是如此简单，平常心是道，一切该放下的放下。有的人烦心事很多，是因为自己惦记的事很多，其实，我们要记住该记住的，同时也要忘记该忘记的。我们面临的困境与挑战，我们要改变能改变的，但是我们也要接受不能改变的，这样你的烦恼会少很多。

你若盛开，清风自来；你若安好，便是晴天。作家三毛说得好：“人生百年一瞬，多活少活不过五十百步微差。只要不负此心，一笑可置也。”著名作家贾平凹在《自在独行》中说得更好：“人既然如蚂蚁一样来到世上，忽生忽死，忽聚忽散，短短数十年里，该自在就自在吧，该潇洒就潇洒吧，各自完满自己的一段生命，这就是生命的全部意义了。”

“道法自然”揭示了“道”的本义，也对提升企业的管理水平有一定的启发意义。很多企业一直苦恼如何提升员工的工作积极性，显然薪酬激励是最有用的做法，但它提高了企业的成本。其实很多组织管理者忽略了员工真正的需求。比如有些员工希望工作被领导者认可，有些员工期待从工作中获得技能来充实自己。管理者需要真正了解他们的需求，对症下药，以此提升管理效率。

十一、知不知矣

知不知，上；不知知，病。夫唯病病，是以不病。圣人不病，以其病病，是以不病。

“知不知”可以有两种理解，一种是自己其实知道却自以为不知道，一种是知道自己还有所不知道的地方。“不知知”，意思是不知道而自以为知道。“病病”，两个名词放在一起，前一个“病”为动词，后一个“病”为名词，做动词的意思是痛恨，做名词的意思就是病。老子说知道自己还有所不知道，意思是知道自己是无知的，这是最好的，聪明的。自己不知道却自以为知道，竟然把无知当作有知，也就是说自己无知还自以为有知，这就是很糟糕的，其实是愚笨的。有道的人就是圣人一类，是没有缺点的，因为他痛恨毛病和缺点，正因为他把毛病当作病对待，所以他就没有缺点了。

傅盛在其著作《认知三部曲》中叙述了认知的四种状态：一是不知道自己不知道；二是知道自己不知道；三是知道自己知道；四是不知道自己知道。

第一种，不知道自己不知道，这种人应该是知识面比较狭窄，处于混沌无知的状态。“混沌”，是古代的一个凶神，没有五官的一种动物，据说还会唱歌跳舞，但是人们无法看见它，也没有办法听见它。《庄子·应帝王》中写道：“南海之帝为倏，北海之帝为忽，中央之帝为浑沌。儵、忽时相与遇于浑沌之地，浑沌待之甚善。倏与忽谋报浑沌之德，曰：‘人皆有七窍，以视听食息，此独无有，尝试凿之。’日凿一窍，七日浑沌死。”浑沌有一个不好的地方：如果遇到好人，浑沌会施暴；如果遇到恶人，浑沌反而会听从他的指挥。这类人用心理学上的词叫达克效应，英文是 Dunning - Kruger effect。大致的意思是能力欠缺的人在自己欠缺能力的基础上得出自己认为正确但其实错误的结论，无法正确认识到自身的不足，而且这些能力欠缺者都沉浸在自我营造的虚幻的优势之中，常高估自己的能力水平。

第二种，知道自己不知道，这种人有了一定的知识基础，开始发现自己不知道的东西还很多。这类人是喜欢班门弄斧的人，实际上这类人只是管中窥豹。唐代柳宗元《王氏伯仲唱和诗序》：“操斧于班、郢之门，斯强颜耳。”意思是说自己的学识、能力都不及人家。晋朝书法家王羲之的儿子王献之从小开始学习写字，我们都知道王羲之的书法那是一绝，他的儿子王献之也聪明过人，深得父亲的喜爱。一次王羲之的一些朋友及门生在玩骰子时，王献之就在旁边观看，随口说了一句“南风不竞”！门生听了以后笑道：“小孩子是管中窥豹，只看到一个斑点。”意思就是从竹管的小孔里看豹，你只看到豹身上的一块斑纹，就是说你小孩子只能看到事物的一小部分，所见不全面或略有所得。

第三种，知道自己知道，这种人有自己的方向，清楚自己的分量。美国田纳西州的一个小镇上，有一个小女孩因为自己是个私生女，经常被人看不起，她非常自卑，但是她经常听一位牧师布道，有一天散场之后，牧师就问她：请问你的父母是谁？这个最简单的问题让她感到非常的难堪。牧师看出了这背后有不可告人的东西，她对这个小女孩就说："我知道了，你是上帝的孩子，我们都是上帝的孩子。"没想到就是这么一句话，改变了小女孩的命运，他从此燃起了信心，最后通过自己艰苦的努力，成为了田纳西州的州长。德国哲学家卡西尔曾经说："认识自我乃是哲学探究的最高目标——这看来是众所公认的。在各种不同哲学流派之间的一切争论中，这个目标始终未被改变和动摇过：它已被证明是阿基米德点，是一切思潮的牢固而不可动摇的中心。"

第四种，不知道自己知道，这种人大智若愚，其实应该是聪明的。左宗棠非常喜欢下棋，棋艺高超，很少有人会赢他。有一次，他在街上看到一个老人在那里摆棋阵，招牌上写着"天下第一棋手"。左宗棠心想，我才是天下第一，他能够下过我，怎么这么狂妄？下棋的人有个特点，谁也不服谁，便立刻前去对决，没有想到这个老人不堪一击，连输好多盘。左宗棠暗自高兴，而且叫人把那块"天下第一棋手"的招牌给拆了，不要丢人现眼。左宗棠从新疆平叛乱回来了，看见"天下第一棋手"牌子还挂在那里，他十分不高兴，决定再和那人下棋，但是这次自己是三战三败，输得落花流水。第二天不服气再去，又是惨败。他很惊讶，不过去新疆几天，老人的棋艺怎么增进如此之快？老人笑着告诉他："你虽然隐藏身份，但我一眼就看出你是左公，而且准备出征，所以让你赢了，为了建立你的信心以便立大功。现在你已凯旋归来，我就当仁不让了。"古希腊雅典的一个神庙里有道神谕，说世界上最聪明的人是苏格拉底。而苏格拉底是怎么说的呢？他说："我唯一知道的事，就是我什么也不知道。"因此，什么是大智慧？就是不知道自己知道。

越愚蠢无知的人，总是说自己知道；越聪明的人，总是说自己不知道。有个小偷去一户人家偷东西，进去以后，这户人家的孩子回来了，小偷赶紧躲到床底，这家孩子回来以后一直就背书，背老师布置的课文，小偷本想等孩子睡了再偷偷地溜走，可是这孩子却一直在那背一篇短文章，背了几百遍还没背会，把躲在床底下的小偷气坏了，直接从床底下钻出来，夺过书骂这个孩子："你太笨了！我躲在床底下都听的会背了。"然后小偷一字不落的背了出来，扬长而去。不知道小偷是谁，但是我们知道那个孩子是曾国藩。你们想想，那个小孩子真的不会背吗？因为他知道，但是他表现为不知道，救了自己的一命。

人贵在有自知之明，摆正自己的位置，正如老子所说：知人者智，自知者明。

有道之人都是了解自己的缺陷，正视自己的缺陷的。作为领导者，要对自己有清晰的认识。世上没有完美的人，也没有完美的领导方式，不断改进以适应组织发展才是有为的领导。

十二、小国寡民

小国寡民，使有什伯之器而不用，使民重死而不远徙（xǐ）。虽有舟舆（yú），无所乘之；虽有甲兵，无所陈之。使人复结绳而用之。甘其食，美其服，安其居，乐其俗。邻国相望，鸡犬之声相闻，民至老死不相往来。

老子在这一章提出了自己理想国的模式是：小国寡民。就是让国家变小一些，让人民少一些。即使有各种各样的器具也并不使用，"什伯"是古代的兵制，十人为什，百人为伯。什是由十个人组成的军事单位，相当于今天军队编制中的一个班，伯是由一百个人组成的军事单位，相当于今天军队编制里两个排的规模。什伯之器，就是众多的、各式各样的器具。使人民重视死亡而不向远方迁徙。虽然有船只车辆，却没有必要去乘坐；虽然有武器装备，却没有机会去布阵打仗。要让大家回到什么年代呢？结绳记事的年代。

结绳记事是在文字产生前，人们使用的一种记事方法。《周易·系辞》说："上古结绳而治。"在当时一些部落里面，为了把本部落的一些风俗传统、传说还有一些重大事件记录下来，并且流传下去，人们想了这样一个办法，就是用粗细不同的绳子，在上面打成距离不等的结，结有的大有的小，而且每种结的打法、结与结之间的距离，以及绳子的粗细都代表不同的意思，然后一代一代的流传下去。《春秋左传集解》云："古者无文字，其有约誓之事，事大大其绳，事小小其绳，结之多少，随扬众寡，各执以相考，亦足以相治也。"古时候的人为了要记住一件事，就在绳子上打一个结。打这个结主要是提醒的作用，以后大家看到这个结就会想起那件事。如果要记住两件事，他就要打两个结。如果要记住三件事，他就要打三个结。据说，波斯王大流士出征前，一下子打了 60 个结的绳子，而且说："爱奥尼亚的男子汉们，从你们看见我出征塞西亚人那天起，每天解开绳子上的一个结，到解完最后一个结那天，要是我不回来，就收拾你们的东西，自己开船回去。"

关于结，古代诗歌中也有描写。如宋代词人张先的诗句："心似双丝网，中有千千结。"这是讲失恋后的女孩心里纠结思念男朋友。那么结发夫妻又是怎么来的？据说古时候的人洞房花烛之夜，男女双方各拿一撮长发相结，表示爱情永恒。有诗写道："交丝结龙凤，镂彩结云霞。一寸同心缕，百年长命花。"就是永结爱情的意思。

老子继续说，把粗疏的饭菜当作美味，把朴素的衣衫当作美丽的服装，把纯厚的风俗当作欢乐，把简陋的居所当作安适的地方，邻近的国家都能相互看到，鸡狗之声也能相互听到，但是百姓直至老死也互不往来。如果像这样的时代，就可以说是真正的太平治世了。

老子所构筑的理想社会有点类似母系氏族社会，母系氏族社会是以母亲的血缘关系为中心建立起来的。《吕氏春秋・恃君览》中说："昔太古尝无君矣，其民聚生群处，知母不知父，无亲戚兄弟夫妻男女之别，无上下长幼之道，无进退揖让之礼，无衣服履带宫室畜积之便，无器械舟车城郭险阻之备。"意思是说，从前，远古时期没有君主，那时的人民过着群居的生活，只知道母亲而不知道父亲，没有父母兄弟夫妻男女的区别，没有上下长幼的准则，没有进退揖让的礼节，没有衣服鞋子衣带房屋积蓄这些方便人的东西，不具备器械车船城郭险隘这些东西。这就是没有君主的祸患。老子的理想国，就是一个桃花源，就是世界外面的世界。李白《古风》诗曰：“一往桃花源，千春隔流水。”这句诗反映了李白对桃花源的向往和对目前尘世生活的厌恶。杜甫《北征》说：“缅思桃源内，益叹身世拙。”这句诗反映了诗人杜甫遥想桃源中人避乱世外，深叹自己的身世遭遇之艰难。

桃花源成了一代又一代人的理想世界。这是源自东晋大诗人陶渊明写的《桃花源记》，说是武陵有一个渔夫，沿着一条河行走，忽然看到山里面有一个缺口，就丢下船从这缺口里了走进去，然后发现了另外一个世界。在这个世界里，土地平旷，房屋整整齐齐，人民生活素朴而富裕，男女老少和睦相处，其乐融融，看到渔人来了大吃一惊，纷纷请他回家吃饭饮酒，自称祖先是为了逃避秦时的战乱逃进桃花源来生活。这些人都不知道秦以后有过汉朝，汉朝以后又有晋朝。渔人在这桃花源里住了好几天，这些人很热情，杀猪宰鸡招待他。最后他想家了，就与他们告别了。出了桃花源以后，过了一段时间想再去寻找，然后就找不到了。桃花源区现在是在武陵山腹地，据《酉阳直隶州总志》载：“核其形，与渊明所记桃花源者，毫厘不爽。”此外，《重庆通志》记载道：“酉阳汉属武陵郡之迁陵地，渔郎所问之津，安之不在于此?”其实中国叫桃花源的地方有很多，比如重庆酉阳、湖南常德、江苏连云港、湖北十堰、台湾基隆、安徽黄山、重庆永川、河南南阳等地。今天的专家多从地理、路线、景物等方面来考证陶渊明笔下的桃花源究竟在哪里？我觉得真的桃花源在哪里不重要，其实每个人心里都有个桃花源的存在。俄国作家托尔斯泰说：“理想是指路明灯。没有理想，就没有坚定的方向；没有方向，就没有生活。”

组织无论大小，“道”的管理的理念都是适用的。现实中并没有如桃花源般绝对美好的乌托邦，但是管理组织的人可以去营造一个良好的组织氛围让组织蒸蒸日上。领导者树立良好的榜样，处处关心下属，下属自愿服从管理，“无为而治”就做到了。

第七章 《道德经》的管理策略

本章重点论述《道德经》中反映的管理策略，主要涉及“尊道贵德”“哀者胜矣”“被褐怀玉”“自知自爱”“天网恢恢”“民不畏死”，等等。实际上老子论述了道治、德治、法治、人治四个层次。作为一个管理者，不但需要知识、技能等，还要讲究层次。道治的根本就是“无为”，本质就是把社会管理由他治变为自治，“无为而无不为”就是《道德经》管理的主要策略。

一、出生入死

出生入死。生之徒十有三，死之徒十有三。人之生动之于死地，亦十有三。夫何故？以其生生之厚。盖闻善摄生者，陆行不遇兕虎，入军不被甲兵，兕无所投其角，虎无所措其爪，兵无所容其刃。夫何故？以其无死地。

“出生入死”，这里是从生到死的意思，和今天说的“出生入死”的意思大不相同。人从一生下来一直到死，寿命长的有十分之三，寿命短的有十分之二，生下来之后本来是可以活得长久一些的，但是自己不知不觉地走向死路的也占有了十分之三。这是什么原因呢？是因为奉养太过度了。我曾听说会养生的这些人，在陆地上行走不会遇到凶猛的犀牛和老虎，在战争之中不会受到武器的伤害。犀牛即使很凶但是没有办法用它的角，老虎即使很凶猛但是无法用它的爪，兵刃即使锋利但是无法用利刃。这是什么原因呢？是因为他没有进入死亡之地。

有的人寿命比较长，有的人寿命比较短。我们知道，现在社会小孩都被视作珍宝，家长的百般呵护不如让孩子自我保护。怎么讲呢？孩子去野外，见什么东西都喜欢摸一摸，尤其是见到沙子，都喜欢玩一玩，堆一座城堡之类的，这是孩子的天性，而家长呢，总是教育孩子这个不能碰，那个脏，如果手上或者身上弄脏了，会赶紧洗掉，有的还会边洗边教育，叫你别碰你偏要碰，甚至有时候孩子生病了，也开始教育，我叫你注意不要太脏了，生病了吧，如此，等等。可是在这种环境中培养出来的小孩会怎么样呢？身体状况反而越来越差，越来越容易生病，甚至没有一点抵抗力，这就是家长过度保护，导致了孩子免疫力极差。温室里培养的花朵，怎么能经历风和雨？

据说内蒙古草原有个叫阿巴格的人，有一天，阿巴格和他父亲在草原上迷路了，看着茫茫无际的草原，阿巴格心里十分害怕，他父亲拿出了五枚硬币，把其中一枚硬币埋到了草地里，其余四枚交给了阿巴格，并且说：人的一生共有五枚金币，童年、少年、青年、中年、老年各有一枚金币，你现在已经用了一枚，就是埋在草地里的那一枚，但是你不能把五枚都用掉，你需要一枚一枚地用，每用一枚都代表你一个人生阶段的完成，你已经在草原上度过了童年，你需要走出草原，去走好你以后的人生道路。后来，阿巴格离开了自己的家乡，当了一名船长。

犀牛和老虎都是比较强悍凶猛的动物，对于这些凶猛动物而言，它们不会因为你害怕它们就停止攻击，也不会因为你不怕它们而停止攻击。你怕与不怕，它们都会攻击。对于人类而言，当凶猛的动物出现在你面前的时候，你怕也要行动，不怕也要行动。动物再凶猛，对于得道之人来说没有任何意义，一切顺应自然，对于死亡也没有什么恐惧的，得道之人就会敢于去搏斗。老子说“陆行不遇兕虎”，实际上不是说真的遇不到这些猛兽，而是说得道之人心里不畏惧它们，遇到跟遇不到一样，看见它们就跟没有它们一样。

美国著名作家欧·亨利有一篇很有名的小说叫《最后一片叶子》。病房里，一个快要死的病人从房间里看见窗外有一棵树，秋天到了，树叶一片片地掉落下来，这个病人每天望着窗外的落叶，身体也是每况愈下，一天不如一天。她说：“当树叶全部掉光时，我也就要死了。”后来有一位老画家听到这个消息后，用彩笔画了一片树叶挂在那棵树的树枝上，这最后一片叶子始终没掉下来，因为生命中的这片绿叶，病人竟然奇迹般地活了下来。

《钢铁是怎样炼成的》中保尔有一段名言：“人最宝贵的是生命，生命对人来说只有一次。人的一生应当这样度过：当他回首往事时，不因虚度年华而悔恨，也不因碌碌无为而羞耻；这样在他临死的时候，他就能够说：我已经把我的整个生命和全部精力，都献给了这个世界上最壮丽的事业。”我们每个人在人生旅途中，有苦有累，有欢笑也有悲伤，有时起有时落，每个人的酸甜苦辣，只有自己心里清楚，那些心酸惆怅，那些刻苦铭心的伤痛，都藏在自己的心底。人生顺风顺水时，淡定如尘；人生波澜跌宕时，静默如花。一切都要泰然处之，顺应自然，淡然于怀。

老子对过度的安逸是不赞同的。真正把握自己生命的状态是：饿了就吃饭，困了就睡觉。一些刚上任的管理者通常容易犯的错误是操之过急，想快速干一番大事业来证明自己的能力，这种方式会打乱下属原有的工作状态，获得适得其反的效果。而且有的企业管理者一直把员工的弦绷得太紧，提升了工作效率，企业收益增加了，但一段时间后就会失去激情。有的企业管理者又太松，企业亏损，员工也没有积极性，长此以往，企业最终关闭。正确的管理策略是松紧有度，收放自如，员工心服口服。

二、尊道贵德

道生之，德畜之，物形之，势成之。是以万物莫不尊道而贵德。道之尊，德之贵，夫莫之命而常自然。故道生之，德畜之：长之、育之、亭之、毒之、养之、覆之。生而不有，为而不恃，长而不宰，是谓玄德。

“道”与“德”这两个词在老子那里是分开的，与今天的“道德”完全是两码事。“道”是万物的本源，“德”是“道”的化身。“畜”是“畜养”的意思。是道生成了万物，是德养育了万物，万物有各种各样的形态，环境让它们生长起来。因此，万物没有不遵守自然之道而重视德的。道之所以必须遵守，德之所以必须讲究，就在于它没有任何外界的干涉而顺其自然。因此，道就生成了万物，德就养育了万物。道虽然产生了万物却不据为己有，滋养了万物却不自恃其功，哺育了万物也不做万物的主宰。这就是所说的最深奥的德。

我们做任何事情不要总惦记着得到回报。据说，古代有个有钱的人，有一天用麻袋装了五十两黄金送到了寺院。寺院的住持收下以后，头也不抬，只顾忙着做自己的事。这个有钱人对住持的态度非常生气，在当时五十两黄金在老百姓眼里可是天文数字，甚至能够普通人过一辈子，而寺院的住持拿到这笔钱，连一个“谢”字都不说，真是让人十分不解。旁边的小和尚就小声提醒住持道：师父，那可是五十两黄金啊。小和尚心想我这辈子还没有见过这么多钱呢。住持说：我当然知道。但是他依旧没有停下手里的活。这个有钱人也提高嗓门道：师父！我今天捐的可是五十两黄金。这个有钱人也是想提醒住持要感谢他，但是住持就是不感谢他，还说：你捐钱是给佛祖的，不是捐给我的，我为什么要感谢你？你这是积攒自己的功德，如果我对你说了谢谢，你这个捐钱就成了一种利益的交换，你把“谢谢”二字带回去了，从此你与佛祖也银货两讫了，谁也不亏欠谁的了。

今天很多人在做慈善，这是一种好的风气。有一个诗偈说：车内闲谈传佛语，慈善心声响大千，初机参透六度行，慈悲精进报师恩，不为春来添新意，只为耕耘种真知，大地做纸水做墨，写尽人间喜与悲。这个诗偈的意思就是我们做善事不要求回报，举头三尺有神明，不要说没有人会知道，对于做恶事的人来说：“祸福无门，唯人自招，善恶之报，如影随形。是以天地有司过之神，依人所犯轻重，以夺人算。算减则贫耗，多逢忧患，人皆恶之，刑祸随之，吉庆避之，恶星灾之，算尽则死。”而对于做善事的人来说：“所谓善人，人皆敬之，天道佑之，福禄随之，众邪远之，神灵卫之，所作必成。”中国有句俗话：善有善报，恶有恶报，不是不报，时辰未到，时辰一到，一切都报。

我们都知道漂母饭信的故事，前文说淮阴孤儿韩信河边钓鱼为生，漂洗丝絮的老太太经常把自己的饭分一半给他吃的故事。老太太不要什么回报。后来韩信真的有了出头之日，成为楚王，他还真的派人找到当年给他饭吃的老大娘，并送给她一千金作为酬谢。韩信不是忘恩负义之人，老太太当年帮他也不是图以后的回报。这就是积德无须人见，行善自有天知。

“生而不有，为而不恃，长而不宰。”生养了万物，但是不据为己有。帮助了别人，但是不自恃有功；成就了别人，但是不自以为主宰。这句话太精彩了，我常说现在好多的父母都要读一读《道德经》，现在有的父母跟自己的孩子之间的关系搞得非常紧张，就是因为他们认为孩子是我生养的，你就要听我的，还当面训诫孩子，训诫的内容都是属于教条式的，孩子根本不会接受，也听不进去，同时父母对自己孩子的期望过高，干预太多，又刻板地认为你是我生养的，我可以主宰你，导致父母与孩子之间矛盾和冲突不断升级，剑拔弩张。你生养了孩子，供他吃供他穿，供他上学，这不错，孩子以后该报答的会报答，但是孩子的人生成长与规划要遵循孩子的实际情况，不要如此霸道，否则势必引起孩子的反感，长此以往，关系就会越来越疏远。我们遵循大道，大道强调的自然而然，尊重事物的本性发展，尊重孩子自己的成长选择，不要违背天道。幸福的家庭都是相似的，不幸的家庭都有自己不足为外人道也的问题。为什么会走到不幸的地步？就是因为没有遵循老子说的“为而不恃”。英国的洛克说：“儿童在跟前的时候，应使他们感到舒适自如，他们在父母或导师的跟前应该获得他们的年岁应有的自由，不可无故加以不必要的拘束。假如他们觉得处在父母、导师的跟前等于坐牢似的，他们自然就不喜欢跟父母、导师在一起了。”有的老师跟学生之间的关系紧张也是因为没有做到老子讲的“为而不恃”。

著名教育家陶行知说：“捧着一颗心来，不带半根草去。”战国时期，齐国的孟尝君准备派人到薛邑这个地方去收租。门客冯谖主动要求前去收租。冯谖到了薛邑这个地方以后，私做主张把所有的借契都烧掉了，还假借孟尝君的名义赦免了薛邑这个地方所有的赋税。冯谖回来后，孟尝君十分不高兴，说叫你去收租，你一分没收来，还撕毁了契税，取消了当地赋税，冯谖也没有解释。后来孟尝君被齐王猜忌，离开朝堂，贬黜到薛邑这个地方，薛邑这个地方的百姓听说孟尝君要来，全都涌到城里，夹道欢迎。为什么这样呢？因为老百姓以为是孟尝君赦免了他们的赋税，老百姓拥护他，孟尝君这时候才明白冯谖的苦心，这也为他东山再起打下了群众基础。

李卡在《文明的危机》中说：”我们这一代就是施肥的一代，用自己的血灌溉快将实现的乐园，让后代享受人类应有的一切幸福，这就是我们这一代的任务。”

这一节依然是在强调领导者对下属的尊重，包括对下属工作成果的认可。领导者不可邀功，属于下属努力的部分一定要认可并奖赏。管理者还可以集思广益，鼓励下属多提意见，让组织充满活力。

三、天下有始

天下有始，以为天下母。既得其母，以知其子；既知其子，复守其母，没身不殆。塞其兑，闭其门，终身不勤。开其兑，济其事，终身不救。见小曰明，守柔曰强。用其光，复归其明，无遗身殃，是为习常。

这里的“子”和“母”是指什么呢？“母”是“道”，“子”是万物。世间自然万物得有一个总的根源，这个根源就是“母”。世间万物从哪里来，肯定都有起始的地方，这个起始实际上就是天地万物的根源。已经了解了万物的根源在哪里，也就知道了是它产生的万物；已经认识了万物，再守住万物的根源，那么终身都不会有危险了。堵塞欲望的孔，关闭产生欲念的心门，终身就没有心烦意乱的事。打开了欲望的孔，就会增添纷纷扰扰的事，让你终身不得安宁。如果你能从细微处察见事理，这叫作“明”；如果能守住柔弱，这叫作“强”。运用好外在智慧的光，去返观内在的“明”，这样就不会给自己带来灾祸，这就是常“道”。常“道”就是“大道”。

老子首先用了个比喻，把道比作母亲，把万物比作孩子，自古就有“十月胎恩重，三生报答轻”。(《劝孝歌》)“母称儿干卧，儿屎母湿眠。”(《劝孝歌》)“白头老母遮门啼，挽断衫袖留不止。”(韩愈《谁氏子》)，还有“慈母手中线，游子身上衣。临行密密缝，意恐迟迟归。谁言寸草心，报得三春晖。”(孟郊《游子吟》)母子情深，因此，作为“子”，必须要尊敬并孝敬“母”。但是不排除有“子”不孝敬“母”的情况，那就是不符合大道的，这就是“逆子”，逆子不教，家庭之祸。

有一个孝子，不知道叫什么名字，是河南遂平人，从小痴聋，家底殷实，但是后来家道中落，生活十分贫穷，他的父亲去世后，这个孝子连住的地方都找不到，他和母亲只能流落街头，靠讨饭生活。每次这个孝子都把讨的饭全部给母亲吃，母亲吃完以后，然后他吃剩下的。有时要的饭比较少，就没剩饭剩菜了，他就自己挨饿，而且母亲吃饭的时候，他还在旁边跳舞，目的就是让母亲吃饭时很高兴，这样可以多吃一些，如果哪天母亲吃的比平时少了一些。他就偷偷地抹眼泪，担忧自己的母亲是不是生病了。有时候讨的饭不多，但是有时候母亲也假装吃饱了，想让他多吃一些，但是这个孝子拒不接受，母亲直到七十多岁才去世，去世之后，这个孝子每天早上和晚上都要到母亲的坟前哭，并倾诉，一直到死。

还有一个关于兄弟争孝的故事。据说上海崇明吴氏有四个孝子，他们小时候父亲很穷，父亲就把儿子卖到条件比较好的人家去做奴隶，这四个儿子长大以后，自己赚钱进行赎身，他们成家立业后，整天商量怎样供养好自己的父母。他们开家庭会议，做出一个决定，每人供养父母一个月，轮流进行。关键不仅是兄弟们孝敬，他们的媳妇也很孝敬，都说公婆上了年纪，一个月才轮一次，要等到三个月后才能为公公婆婆做饭，觉得时间太长了。后来兄弟四人又开家庭会议，决定每人供养父母一天的膳食，他们的媳妇们又说了，公公婆婆这么大年纪了，每人一天的话，也得三天之后才能给公公婆婆做饭菜，时间还是有点长。后来，兄弟四个又重新召开家庭会议，决定老大负责早餐，老二负责午饭，老三负责晚饭，老四负责第二天的早饭，依次类推，而且五天后，四兄弟共同侍奉，子孙都在旁边服侍，媳妇们依次上好酒好菜，一家人其乐融融。兄弟四人奉养父母几十年，孝心从没有改变，一直活到近百岁。

孝敬母亲，这是大道。老子在这本书中一个主要核心思想就是要消灭欲望，尤其是私欲，所以老子想要堵住人的五色、五味、五音，等等，这些都是欲望的通道。母，本也，子，末也，不能舍本求末。圣人要掌握道，就是通过母亲来知晓儿子，忽视了道，就忽视了根本。因此圣人一辈子都活得很轻松，因为他们明智，不会主动占有一些东西。眼睛的视觉，耳朵的听觉，鼻子的嗅觉，嘴的味觉，身体的触觉，这些相当于“光”，内心的清明才是永久的存在。

孟子说：“世俗所谓不孝者五：惰其四肢，不顾父母之养，一不孝也；博弈好饮酒，不顾父母之养，二不孝也；好货财，私妻子，不顾父母之养，三不孝也；从耳目之欲，以为父母戮，四不孝也；好勇斗狠，以危父母，五不孝也。”孟子的意思就是说不孝的情形有五种：四肢非常懒惰，不顾赡养父母，这是第一种；喜欢酗酒聚赌，不顾赡养父母，这是第二种；贪吝钱财，只管自己的老婆孩子，不顾自己的父母，这是第三种；放纵淫色，贪图享乐，使父母感到羞辱，这是第四种；逞勇好斗，连累父母，这是第五种。

凡事都要探究本质，坏的事情需要堵住源头才能彻底解决。因此管理者不能治标不治本，事事都要透明清楚，查清源头。人心也要堵住名利的诱惑，克制欲望才能减少烦恼，对领导者来说更是如此。

四、哀者胜矣

用兵有言，吾不敢为主而为客，不敢进寸而退尺。是谓行（xíng）无行（háng），攘（rǎng）无臂；扔无敌，执无兵。祸莫大于轻敌，轻敌几丧吾宝。故抗兵相加，哀者胜矣。

先谈谈主与客，“主”是指打仗时主动的一方，进攻的一方。

“客”是指打仗时被动的一方，防御的一方。《孙子兵法·九地》中说：“凡为客之道，深入则专，主人不克；掠于饶野，三军足食。”意思就是在防御一方的境内进行作战的一般规律，越深入防御一方的腹地，进攻一方的军心就越坚固，防御一方就越不易战胜进攻一方。在防御一方丰饶地区掠取粮草，进攻一方的给养就有了保障。“诸侯自战其地，为散地。入人之地不深者，为轻地。我得则利，彼得亦利者，为争地；我可以往，彼可以来者，为交地；诸侯之地三属，先至而得天下众者，为衢地；入人之地深，背城邑多者，为重地；山林、险阻、沮泽，凡难行之道者，为圮地；所由入者隘，所从归者迂，彼寡可以击吾之众者，为围地；疾战则存，不疾战则亡者，为死地。”意思是诸侯国在本国境内作战的地区，叫作散地。在防御一方浅近纵深作战的地区，叫作轻地。进攻一方得到有利，防御一方得到也有利的地区，叫作争地。进攻一方军队可以前往，防御一方也可以前来的地区，叫作交地。多国相毗邻，先到就可以获得诸侯列国援助的地区，叫作衢地。深入防御一方腹地，背靠防御一方众多城邑的地区，叫作重地。山林、险阻、沼泽等难于通行的地区，叫作圮地。进攻一方行军的道路狭窄，退兵的道路迂远，防御一方可以用少量兵力攻击进攻一方众多兵力的地区，叫作围地。迅速奋战就能生存，不迅速奋战就会被进攻一方覆灭的地区，叫作死地。

《孙子兵法》一书认为作战中主客双方都有各自的优势，后来的兵家把战争中处于主动、进攻、有利地位的一方都称为主，把处于被动、防御、不利态势的一方都称为客。《鬼谷子》中曰：“故为强者，积于弱也；为直者，积于曲也；有余者，积于不足也。此其道术行也。”意思是说强大的一方是由弱小积累而成，直的是由弯曲的积累而成，有余的是由于不足的积累而成，这就是道得到了践行。“三十六计”中第三十计为“反客为主”，宋朝曾慥《类说》中说：“因粮于敌，是变客为主也。”主人是处于主导地位的，反客为主就是变被动为主动。反客为主，就是要趁主方疏忽时抓住对方的要害进行攻击，打对方一个措手不及。人有个毛病，欺软怕硬，这是人的劣根性。刘墉说："尊重那些与你抗争的人，因为你争的是理，不是去损毁对方的人格。"有人说人类的发展史就是一部抗争史。而米兰·昆德拉在《不能承受的生命之轻》中说："我可以说眩晕是沉醉于自身的软弱之中。意识到自己的软弱，却并不去抗争，反而自暴自弃。人一旦迷醉于自身的软弱，便会一直软弱下去，会在众人的目光下倒在街头，倒在地上，倒在比地面更低的地方。"

再谈谈尺与寸。《大戴礼记·王言》中说："布指知寸，布手知尺，舒肘知寻。"比如商代一尺相当于今天的16．95cm，按照这一尺度，一般的人身高约一丈左右，因此有"丈夫"之说。《说文解字》中说："尺，十寸也。人手却十分动脉为寸口。十寸为尺。尺，所以指尺规矩事也。从尸从乙。乙，所识也。周制，寸、尺、咫、寻、常、仞诸度量，皆以人之体为法。"丈相当于十尺，寻相当于八尺，常相当于二寻。古人是用自己身体作为参照来进行度量的。"寸"是极短的一个长度单位，"尺"比寸长一些，用兵的人曾经说过："我不敢主动进犯，而采取守势；不敢前进一步，而宁可后退一尺。"因为主动进犯别人一寸土地，就会遭到客方还击。老子这里用尺和寸来说明不要轻易挑起战争的道理。

"行无行，攘无臂"就是说，即使有阵势，却像没有阵势可摆一样；即使要奋臂，却像没有臂膀可举一样；怎么理解？第一个"行"是指"道路"，第二个"行"是指"行伍"。攘臂是与人相斗的一种常见动作，但是攘无臂也就是袖子只捋上来一点点，其实这是不用真正武力的表示，吓唬一下别人，有的也只是发发火而已。即使面临敌人，却像没有敌人可打一样；即使有兵器，却像没有兵器可持握一样。祸患再没有比轻敌更大的了，轻敌几乎丧失了我的"三宝"。因此，当两军实力相当的时候，怀有慈悲怜悯之心的一方能获得胜利。为什么？因为慈是道的三宝之首，慈也就是无为，谁奉行无为，最后谁就胜利。

哀兵必胜，这个成语就出自这里。意思是指受压迫而悲愤地奋起反抗的一方一定能胜利，往往是鼓励处于劣势的一方要建立必胜的信心和勇气。公元前496年，越王勾践刚刚即位没有多长时间就已经出兵打败了吴国。两年以后，吴王夫差反攻越国，并且攻破了越国都城，越王勾践被迫屈膝投降，这是非常耻辱的事情。吴王夫差把勾践抓起来并押解回吴国，几年后吴国赦免了勾践。越王勾践回国后，时刻不忘自己所受的屈辱，在自己的屋里梁上挂了一只苦胆，每顿饭都要舔尝苦味，时刻提醒自己：不能忘记在吴国所受的苦难和耻辱他穿着粗布，顿顿吃粗食，跟老百姓一起耕田播种。勾践的夫人也带领妇女养蚕织布，发展生产。勾践夫妻与老百姓同甘共苦，激励了全国老百姓齐心努力，奋发图强，早日灭吴雪耻。

关羽一生征战无数，经历过各种生死战役，名扬天下。但是就是这样一位一代名将却因轻视敌人，不听下属建议，固执己见而最终兵败麦城。骄纵是一种人格缺陷，老子也是劝诫人们要保持谦虚的态度，不要轻视他人，所谓“先礼后兵”也是如此。

五、被褐怀玉

吾言甚易知，甚易行，天下莫能知，莫能行。言有宗，事有君。夫唯无知，是以不我知。知我者希，则我者贵。是以圣人被褐怀玉。

大道，虽然看不见摸不着，但是真实存在的；大道虽然很神秘，其实是容易接受与理解的，但是人们却偏偏不能够理解，也不能够遵守，因此老子说“不我知”。这句话其实是个宾语前置句，就是“不知我”，即人们都不了解我。老子说我的话是很容易懂的，也很容易践行，可是世人却没有人懂得我的话，也没有人照着去践行。通俗地说，不用出门开窗户就能够了解；因此很容易了解，无所作为就办得到，因此很容易践行。因此，本章开始就说“甚易知”“甚易行”。说话是要有宗旨的，做事是要有根据的。可正因为有些人不理解这个道，所以就不了解我，能够懂我的人很少，能够取法于我的人就更难得了。因此有道的人从外表看总穿着粗布衣服，但是怀里却揣着美玉。这个场景就是李白在《月下独酌》中所描述的：“花间一壶酒，独酌无相亲。举杯邀明月，对影成三人。”意思是我在花丛中摆上一壶美酒，我自斟自饮，身边也没有一个知心的朋友。向天举杯，邀请明月，和我的影子相对，就成了三个人。李叔同《送别》中也写道：“天之涯，海之角，知交半零落。一壶浊酒尽余欢，今宵别梦寒。”意思是天南海北，昔日的知己们都分离了，再也不能相聚在一起了，就让我们饮了这最后的一杯酒，留下一些快乐的记忆，但愿今晚分离了，可不要在梦里再次分离。老子的话与今人常说的“懂我的人，无须多言；不懂我的人，百口莫辩”有异曲同工之妙。

知道的人少，知我的人也少，我就是世界唯一的，别人也没法比的，我的地位就显得特别高。化为《诗经》中的句子就是：“知我者，谓我心忧；不知我者，谓我何求。”我们欣赏一下《诗经》中的《黍离》篇，会有切身感受：

“彼黍离离，彼稷之苗。行迈靡靡，中心摇摇。知我者，谓我心忧；不知我者，谓我何求。悠悠苍天，此何人哉？”

黍（shǔ），是北方的一种农作物，形状跟小米相似，有点黏性。离离，行与列的形状。稷（jì），是古代一种粮食，粟或黍之类的农作物。这首诗写诗人行走到宗周，路过去看看宗庙宫室，当年的繁盛奢华都不见了。诗歌中写道：那里的黍苗很繁茂，那里的高粱也发芽长成幼苗。走上故地脚步很缓慢，心神不定的，惆怅难以消除。能够理解我的心的人说这是我心中的忧愁，不能够理解我的人就问我在寻求什么。高高在上的苍天啊，这究竟是个什么样的人？黍稷之苗本来是无情意的，但在诗人的眼中，自己的忧思不能够被理解，“知我者，谓我心忧；不知我者，谓我何求。”这是众人皆醉我独醒的状态，也是心智高于常人的一种悲哀。

《红楼梦》第57回中紫鹃曾对林黛玉说：“万两黄金容易得，知己一个也难求。”岳飞在《小重山》中写道：“欲将心事付瑶琴，知音少，弦断有谁听！”满腔的心事将要付与瑶琴，可是知音太少了，即使弹断了琴弦，又有谁来听呢？孟浩然也有同样的意思，在《夏日南亭怀辛大》中写道：“欲取鸣琴弹，恨无知音赏。”意思是说正想要拿琴来弹，可惜没有知音来欣赏啊。刘禹锡原来在偏远的南方过了一段非常漫长的贬谪生活，当时秋风起，雁南飞，这些都触动了诗人的孤客之心。他在《秋风引》中也写道："何处秋风至？萧萧送雁群。朝来入庭树，孤客最先闻。"就像《知音难觅》结尾写的那样："四时皆为觅音时，为何知音来却迟？举杯邀月共销愁，奈何明月难解我心悲！星朗朗，意绵绵，苍茫天地间，知我者其谁！"

知己难觅，知音难求。古代不乏其例。《列子·汤问》中记载："伯牙善鼓琴，钟子期善听。伯牙鼓琴，志在高山，钟子期曰：'善哉，峨峨兮若泰山！'志在流水，钟子期曰：'善哉，洋洋兮若江河！'伯牙所念，钟子期必得之。子期死，伯牙谓世再无知音，乃破琴绝弦，终身不复鼓。"相传伯牙擅长弹琴，钟子期喜欢听琴。伯牙弹到志在高山的曲调时，钟子期就说"峨峨兮若泰山"；弹到志在流水的曲调时，钟子期又说"洋洋兮若江河"。钟子期死了以后，伯牙不再弹琴了，以为没有人能像钟子期那样懂得自己的内心。他们两个不仅仅是知己，而且是知心。知己与知心不同，明代冯梦龙在《警世通言》中说："恩德相结者，谓之知已；腹心相照者，谓之知心。"俞伯牙是春秋战国时期的人物，这个人精通琴艺，属于为了音乐而生的那种人，很有音乐天赋，但是没有人能够听懂他的琴声，俞伯牙的内心越来越孤独，他有听众，但是听众听不懂他琴乐想要表达的含义，他十分苦恼。有一天，他乘船来到了汉阳江口，那里云开月出，景色迷人。俞伯牙琴兴大发，一个人在江边弹了起来，那天晚上他弹了一曲又一曲，但是没有听众，他只能孤芳自赏，正当他非常陶醉的时候，抬头看到一个人，吓了一跳，把琴弦拨断了，然后那个人大声地对他喊道："继续弹，我只是一名樵夫。"俞伯牙问他："我弹的曲子名字叫什么？"那打柴的人笑了笑回答道："是不是弹的孔子赞叹弟子颜回的曲谱，但是到第四句的时候，琴弦断了。"这就是流传后世的《高山流水》曲子。曲毕，俞伯牙大喜道："你是唯一一个可以听懂我的琴声的人，请问你尊姓大名？"那个樵夫回答道："我叫钟子期。"从此以后，俞伯牙经常弹琴给钟子期听。后来钟子期死了，俞伯牙伤心欲绝，只弹了最后一曲，然后把琴抱起来摔断，说道："子期已不再，我弹琴何用？"冯梦龙在

《警世通言》中赞曰：势利交怀势利心，斯文谁复念知音！伯牙不作钟期逝，千古令人说破琴。

《礼记·乐记》中写道："凡音者，生于人心者也。乐者，通于伦理者也。是故知声而不知音者，禽兽是也。知音而不知乐者，众庶是也。唯君子能知乐，是故审声以知音，审音以知乐，审乐以知政，而治道备矣。是故不知声者，不可与言音。不知音者，不可与言乐。知乐，则几于礼矣。"意思说所有的音是人心中所产生的。乐，是与伦理相通的东西。因此，单知声而不知音的，是禽兽。知音而不知乐的，是普通百姓。唯有君子才懂得乐。所以详细审察声以了解音，审察音以了解乐，审察乐以了解政治情况，治理天下的方法也就完备了。因此不懂得声的不足以与他谈论音，不懂得音的不足以与他谈论乐，懂得乐就近于明礼了。

高深的管理者会任贤为能，懂得安排合适的人完成相对应的任务。这是如何做到的呢？领导者首先要了解员工的性格与能力，同时要结合组织的内外部环境做出决策的调整。当然，一个与之配套的制度也是极为重要的，制度设计的简洁有效和领导者的慧眼识珠是保障组织人事稳定的两大法宝。

六、自知自爱

民不畏威，则大威至。无狎（xiá）其所居，无厌其所生。夫唯不厌，是以不厌。是以圣人自知，不自见；自爱，不自贵。故去彼取此。

"民不畏威，则大威至。"第一个"威"是统治者所拥有的权威，第二个"威"是统治者所面临的威胁。当人民不畏惧统治者的权威时，那么大的威胁就要到来了。狎同"狭"。"无狎其所居，无厌其所生。"不要压迫人民使人民没有办法安居，不要压榨人民使人民没有办法生计。只有不压迫人民，人民才不会厌恶统治者。因此，有道的圣人有自知之明，但是不会自我表现；有自爱之心但是也不会自显高贵。因此要舍弃后者而保持前者。

“自知”就是自己要认识自己，自己对自己明白清楚。“自知者不怨人，知命者不怨天；怨人者穷，怨天者无志。失之己，反之人，岂不迂乎哉！”（《荀子·荣辱》）有自知之明的人不喜欢怪别人，懂得命运的人不会动不动就埋怨老天；抱怨别人的人一定困窘而没有办法摆脱，抱怨上天的人就不会有志向而积极进取。错误其实都在自己身上，却反而去责求别人，去别人身上找原因，难道不是不合时宜了吗？因此，君子从来是淡定自若而不大惊小怪，小人则是常常一惊一乍而不能气定神闲。关于“自知”方面的论述有很多，比如孙武的“知己知彼，百战不殆”、莎士比亚的“愚者自以为聪明，智者则有自知之明”等。

《鬼谷子》中说：“故知之始己，自知而后知人也。其相知也，若比目之鱼。其伺言也，若声之与响；其见形也，若光之与影也；其察言也，不失若磁石之取针，舌之取燔骨。”比目鱼这种鱼身体扁平而宽，长大后两眼逐渐移到头部的一侧，平躺在海底。这种鱼一目，而且两两相并而行，像情侣一样。因此说知人必先知己，不了解自己，也无从了解对方。人们之间的了解，就像比目鱼一样形影相随；获得对方的说法，就像声音和回声一样呼应；弄清对方的实情，像光生而影现。圣人仔细辨析对方的言辞，绝对不会失误，像磁石吸引钢针，像舌头吮食骨头上的肉。与人相处要知道圆方转化。

自知，就是要知道不自知。

“自见”，意思就是自己的见解和观念都以个人的利益为出发点，自我表白，显露自己。这里的个人利益是指教育条件、工作条件和生活条件等方面。但是要注意的是，个人利益与个人主义不同，只要不损害集体的、社会的利益，个人利益都应受到保护。在利益面前，很多人都会争，亲情、友情、甚至爱情全部抛却脑后，这个时候也是识人辨人的最好时机。个人利益与私人利益不同，私人利益带有自私自利的性质。

“自爱”指爱护自己的身体，珍惜自己的名誉。苏格拉底说：“没有自知之明而对自己的能力有错误认识者，他们对别人和对别的人类事业也是一个样子，他们既不了解自己所需要的东西，也不了解自己所做的事情，也不了解自己所结交的那些人的性格和德行，而由于在所有事项上出了差错，他们不但不能获得好东西，反而要陷入灾祸中。”

晏子要出使楚国。楚王听到这个消息后，就对身边的侍臣说：“晏婴是齐国善于辞令的人，现在他正要来，我想要羞辱他，用什么办法呢？”侍臣回答说：“当他来的时候，请让我们绑着一个人从大王面前走过。大王就问：‘他是干什么的？’我就回答说：‘他是齐国人。’大王再问：‘犯了什么罪？’我回答说：‘他犯了偷窃罪。’”晏子来到了楚国，楚王请晏子喝酒，喝得正高兴的时候，两名公差绑着一个人到楚王面前来。楚王问道：“绑着的人是干什么的？’公差回答说：“他是齐国人，犯了偷窃罪。”楚王看着晏子问道：“齐国人本来就善于偷东西吗？”晏子离开了席位回答道：“我听说这样一件事：橘树生长在淮河以南的地方就是橘树，生长在淮河以北的地方就是枳树，只是叶相像罢了，果实的味道却不同。为什么会这样呢？是因为水土条件不相同啊。现在这个人生长在齐国不偷东西，一到了楚国就偷起来了，莫非楚国的水土使他喜欢偷东西吗？”楚王笑着说：“圣人是不能同他开玩笑的，我反而自找倒霉了。”

晏子正在吃饭，齐景公派使臣来到，晏子把食物分出来给使臣吃，结果使臣没吃饱，晏子也没吃饱。使臣回去后，把晏子贫困的情况告诉了齐景公。齐景公惊叹道：“唉！晏子的家真的像你说的这样穷？我不了解，这是我的过错。”于是派公差送去千金与税款，请他用千金与市租供养宾客。晏子没有接受。多次相送，最终晏子拜两拜而辞谢道：“我的家不贫穷，由于您的赏赐，恩泽遍及父族、母族、妻族，延伸到朋友，并以此救济百姓，您的赏赐够丰厚了。我听人这样说，从君主那里拿来厚赏然后散发给百姓，这就是臣子代替君主统治人民，忠臣是不这样做的；从君主那里拿来厚赏却不散发给百姓，这是用筐箧收藏财物归为己有，仁义之人是不这样做的；在朝中，得到君主的厚赏，在朝外，取得君主赏赐不能与士人共享而得罪他们，死后财物转为别人所有，这是为家臣蓄积财物，聪明的人是不会这样做的。有衣穿，有饭吃，只要心里满足就可以免于一切忧患。”齐景公对晏子说：“我们前代的君主桓公用五百里的土地人口授予管仲，他接受了并没有推辞，你推辞不接受是为什么呢?”晏子回答说：“我听人这样说，圣明的人考虑多了，也难免会有失误。愚蠢的人经过多次考虑，也有可取之处。想来这是管仲的错，是我的对吧。因此再次拜谢而不接受。”

“自贵”是认为自己有价值，但是否定他人的价值。德国著名诗人歌德说：“你若要喜爱自己的价值，你就得给世界创造价值。”爱因斯坦也说：“人只有献身于社会，才能找出那实际上是短暂而有风险的生命意义。”明朝刘元卿的《贤弈编》中写王婆开了个小酒店以卖酒为业，有一个道士时常到她店中喝酒，王婆从来没要过他一分钱。日子久了，道士过意不去，便说：“我喝了你这么多壶酒，也没钱给你。这样吧，我给你挖口井。”神奇的是，这口井挖好后，涌上来的不是井水，而是美酒。王婆凭着这口井赚了个盆满钵满。几年后，云游的道士再次来到王婆的店中，当他问起这口井的情况时，王婆回答道：“酒倒是不错，就是没有喂猪的酒糟。”道士听后，默不作声，在墙上写下一首打油诗后，大笑而去，从那以后，那口井再也没有流出一滴酒。“天高不算高，人心第一高。井水做酒卖，还道无酒糟。”

领导者需要有自我管理的意识和行为，优秀的领导者会三省吾身，检讨自己的行为，聆听他人的想法进而改善自己的管理方式。保持自省是为了减少错误的决策与管理方式，擅于自我管理才能管理他人!

七、天网恢恢

勇于敢则杀，勇于不敢则活。此两者，或利或害。天之所恶，孰知其故?是以圣人犹难之。天之道，不争而善胜，不言而善应，不召而自来，绰（chán）然而善谋。天网恢恢，疏而不失。

“勇敢”是个褒义词，意思就是不怕危险，不怕困难，胆子大。培根说：“我们要时时注意，勇气常常是盲目的，因为它没有看见隐伏在暗中的危险与困难，因此，勇气不利于思考，但却有利于实干。因为在思考时必须预见到危险，而在实干中却必须顾及危险，除非那危险是毁灭性的。所以对于有勇无谋的人，只能让他们做帮手，而绝不能当领袖。”培根说的跟老子的“勇于敢则杀，勇于不敢则活”意思相差不多。

“勇”，只有勇气而没有计谋，做事或者打仗只猛打猛冲，不讲策略，只是鲁莽行事。吕布骁勇善战，当时的人评论说“人中有吕布，马中有赤兔”，但是这个人非帅才。曹操的亲信陈留太守张邈和谋士陈宫趁曹操攻打徐州牧陶谦的时机发动了叛乱，他们认为吕布是勇敢之英雄，就推举他为首领，目的是要占据曹操的大本营兖州，后来吕布占领了兖州大部分的地区，但是却被曹操打败了。吕布就去投奔刘备，见面时竟然称刘备为“弟”，也不想想自己的身份，刘备心中很不高兴。后来袁术攻打刘备夺徐州，吕布就趁机占领了徐州，并且自称徐州牧，他尽管通过辕门射戟救了刘备一次，但是又出兵攻打刘备，迫使刘备投靠曹操去了。建安三年（198），曹操攻打吕布的根据地下邳，吕布有勇无谋，还猜疑诸将，不采纳陈宫的建议，导致军中上下混乱，最后吕布只好投降。曹操比较惜才，本来想饶吕布一命，让他为自己效力，刘备提醒他：“公不见丁原、董卓之事乎?”曹操下令缢杀吕布。陈寿在《三国志》中评论道：“吕布有虓虎之勇，而无英奇之略，轻狡反复，唯利是视。自古及今，未有若此不夷灭也。”

再说“敢”。如果延伸就有鲁莽不理智的意思，这是一种性格缺陷，恣意妄为，是违逆了老子的自然之道。《吕氏春秋·贵公》中说：“大匠不斫，大庖不豆，大勇不斗，大兵不寇。”意思是高明的木匠不亲自动手砍削，高超的厨师不亲自排列食器，真正勇敢的人不亲自格斗，正义之师不去劫掠侵害百姓。再往细处说，大工匠不会干刀劈斧砍那样的事，大厨师不会干剥毛豆那样的事，大勇士不会去与人打架斗殴，大部队不会像贼寇那样去做偷偷摸摸或强盗抢劫那样的事。

《荀子·荣辱篇》中说：“斗者，忘其身者也，忘其亲者也，忘其君者也。行其少顷之怒，而丧终身之躯，然且为之，是忘其身也；家室立残，亲戚不免乎刑戮，然且为之，是忘其亲也；君上之所恶也，刑法之所大禁也，然且为之，是忘其君也。忧忘其身，内忘其亲，上忘其君，是刑法之所不舍也，圣王之所不畜也。乳彘不触虎，乳狗不远游，不忘其亲也。人也，忧忘其身，内忘其亲，上忘其君，则是人也，而曾狗彘之不若也。”意思是说好争斗的人，他是忘记了自己的身体，忘记了自己的亲人，忘记了自己的君主。发出一时的愤怒，而丧失了自己的躯体，但仍然要做，就是忘记自己的身体。自己的家庭会立刻破碎，亲戚都要连累刑戮，但仍然要做，就是忘记自己的亲人。君主厌恶争斗，争斗是刑罚严厉禁止的，但仍然要做，就是忘记自己的君主。就自我担忧而言，是忘记了自己的身体；就家庭内部而言，是忘记了自己的亲人；就对上位者而言，是忘记了君主，这是刑法不会不管的，是圣王不容的。有道是，哺乳的母猪不敢去触碰老虎，哺乳的母狗不会远游去其他地方，就是不想忘记自己的亲人。而人，忘记了自己的身体，忘记了自己的亲人，忘记了自己的君主，这些人就是猪狗不如的了。荀子这话说得很严重，也很难听，但是良言。

《荀子·荣辱篇》中接着说：“有狗彘之勇者，有贾盗之勇者，有小人之勇者，有士君子之勇者。争饮食，无廉耻，不知是非，不辟死伤，不畏众强，恈恈然唯利饮食之见，是狗彘之勇也。为事利，争货财，无辞让，果敢而振，猛贪而戾，恈恈然唯利之见，是贾盗之勇也。轻死而暴，是小人之勇也。义之所在，不倾于权，不顾其利，举国而与之不为改视，重死持义而不桡，是士君子之勇也。”意思是说有狗猪的勇敢，有商人盗贼的勇敢，有小人的勇敢，有君子的勇敢。争喝抢吃，没有廉耻，不懂是非，不顾死伤，不怕众人的强大，眼红得只看到吃喝，这是狗和猪的勇敢。做事只图利，争夺财物，没有推让，行动果断大胆而振奋，心肠凶猛、贪婪而暴戾，眼红得只看见财利，这是商人和盗贼的勇敢。不在乎死亡而行为暴虐，是小人的勇敢。合乎道义的地方，就不屈服于权势，不顾自己的利益，把整个国家都给他，他也不改变自己的思想观点，虽然看重生命、但坚持正义而不屈不挠，这是君子的勇敢。

因此，老子在本章说，勇于果敢就会遭到杀害，勇于柔弱就能保全性命，这两种行为，一个会得利，一个会受害。天所厌恶的，谁知道是什么缘故呢？有道的人也难以解释清楚。自然之道是不通过斗争而善于取胜，不讲太多而善于奉承，不需要召唤而自动到来，宽缓从容而善于安排筹划。自然的范围宽广无边，虽然稀疏但并不会有一点漏失。

天道是客观规律，违反天道只会损害自己。管理是一门系统且有规律可循的科学。遵循管理的方法对一开始接触管理的人是极为重要的。只有在进行了多次管理实践后才能融会贯通形成自己的管理风格。

八、民不畏死

民不畏死，奈何以死惧之！若使民常畏死，而为奇者吾得执而杀之，孰敢？常有司杀者杀，夫代司杀者杀，是谓代大匠斫(zhuó)。夫代大匠斫者，希有不伤其手矣。

现在的人民不怕死，你为什么还要用死去恐吓他们呢？如果人民的确害怕死亡，至于那些为非作歹的人，我们就可以把他们捉来杀掉，那么还有谁敢为非作歹呢？经常有专管杀人的人去执行杀人的任务，代替行戮者去杀人，就如同代替高明的木匠去砍木头，那代替高明的木匠砍木头的人，很少有不砍伤自己的手指头的。

老子一向反对用重刑，反对以滥杀无辜的方式来维持自己的威严。他们总以为掌握了生杀大权就可以为非作歹，视人民的生命如草芥。老百姓整天处于朝不保夕的状态，他们反而不害怕死亡了。在老子看来，为官者应该各司其职，不要有越俎代庖的行为。

《左传·隐公十一年》中说："政以治民，刑以正邪。既无德政，又无威刑，是以及邪。邪而诅之，将何益矣！"意思是说政治是用来治理百姓的，刑罚是用来纠正邪恶的。既缺乏有道德的政治，又缺乏有威信的刑罚，所以才会发生邪恶。邪恶发生以后再去诅咒，是不会有什么作用的。治理国家应该政刑互补，宽严相济，恩威并重，这才是用“政”来教化百姓，用“刑”来惩戒奸邪，按照老子的说法就是以道化之，以刑纠之。

《孔子家语·政法》中有这样一段话：仲弓问于孔子曰：“雍闻至刑无所用政，至政无所用刑。至刑无所用政，桀纣之世是也；至政无所用刑，成康之世是也。信乎?”孔子曰：“圣人之治化也，必刑政相参焉。太上以德教民，而以礼齐之，其次以政焉。导民以刑，禁之刑，不刑也。化之弗变，导之弗从，伤义以败俗，于是乎用刑矣。颛五刑必即天伦，行刑罚则轻无赦。佣，侧也；侧，成也。壹成而不可更，故君子尽心焉。”

此段的意思是，仲弓问孔子说：“我听说有严酷的刑罚就不需要用政令了，有完善的政令就不需要用刑罚了。有严酷的刑罚不用政令，夏桀、商汤的时代就是这样；有完善的政令不用刑罚，周朝成王、康王的时代就是这样。这是真的吗?”孔子说：“圣人治理教化民众，必须是刑罚和政令相互配合使用。最好的办法是用道德来教化民众，并用礼来统一思想，其次是用政令。用刑罚来教导民众，用刑罚来禁止他们，目的是为了不用刑罚。对经过教化还不改变，经过教导又不听从，损害义理又败坏风俗的人，只好用刑罚来惩处。专用五刑来治理民众也必须符合天道，执行刑罚对罪行轻的也不能赦免。佣，就是侧；侧，就是已成事实不可改变。一旦定刑就不可改变，所以官员要尽心地审理案件。”

齐文宣帝高洋执政后期以功业自矜，赏罚无度，残暴滥杀，纵欲酗酒，最后是饮酒过度而暴毙，年仅三十四岁。高洋平时喜欢饮酒，饮醉以后就肆意鞭打后宫的妃嫔或宫女，后来竟然把杀人作为游戏。大臣高隆之是高欢老臣，但是因为劝谏高洋不要称帝，被高洋命令卫士乱拳活活打死。大司农穆子容有事激怒了高洋，高洋竟然让老臣脱光衣服趴在庭中，亲自挽弓弩射他，三发都没有射中，高洋竟然拔起一根拴马橛，把这位老臣活活刺死。

春秋时候齐景公跟儿子一起做游戏，装牛在地上爬，而且让儿子骑在自己背上，儿子不小心跌倒的时候把齐景公的牙齿挂断了，鲍子就说："汝忘君之为孺子牛而折其齿乎？"从此就称齐景公为"孺子牛"。鲁迅在诗歌《自嘲》中引用了"孺子牛"，具体如下："运交华盖欲何求，未敢翻身已碰头。破帽遮颜过闹市，漏船载酒泛中流。横眉冷对千夫指，俯首甘为孺子牛。躲进小楼成一统，管他冬夏与春秋。"意思是对敌人决不屈服，对人民大众要甘心像牛一样俯首听命。

组织里总会有一些人不服从管理，经常让领导者头疼。这类人不能放任不管，因为他们会危害组织的发展。那么应该怎么做呢？首先，让组织中的成员看到这类人的害处，让大家认识到这类人只为自己的利益与组织对抗，自然大家都会远离他们。其次，避免与他们直接发生冲突，等哪一天他们触犯了原则就将其彻底逐出组织。

九、民之轻死

民之饥，以其上食税之多，是以饥。民之难治，以其上之有为，是以难治。民之轻死，以其上求生之厚，是以轻死。夫唯无以生为者，是贤于贵生。

人民食不果腹，是因为统治者征收的赋税太多了，因此人民才遭受着饥饿。人民之所以难以统治，是因为统治者政令繁苛，肆意妄为，因此人民才难于统治。人民之所以会轻生冒死去触犯法律，是因为统治者为了供养自己，搜刮民脂民膏，因此人民才轻生冒死。只有那些不去追求生活享受的人，才比奉养奢厚的人更胜一筹。

这一章老子主要说明统治者要无为而治。什么是无为？从字面上看，无为似乎是无所作为、消极无为的意思，其实这是望文生义。老子所说的无为，绝不是什么也不做。"道"是无为的，但"道"有规律，以规律约束宇宙间万事万物的运行，万事万物均遵循规律。用《管子》的解析就是："无为之道，因也。因也者，无益无损也。以其形因为之名，此因之术也。名者，圣人之所以纪万物也。人者立于强，务于善，未于能，动于故者也。圣人无之，无之则与物异矣。异则虚，虚者万物之始也，故曰'可以为天下始'。"天道是

“虚”，地道是“静”，虚就没有曲折，静就没有变动，不需要自己亲自去行事，意思就是“因”。“因”这个字从口从大，“大”就是“人”。因，就是领导层面的组织力、领导力、执行力，怎样行“因”呢？管子说：“无益无损”，就是事物内部各部分之间不要有损益之行为，真正的“因”，就是不要增加也不要减少，是什么样就是什么样，给它起个什么名，这是“因”的一般做法。名称不过是圣人用来标记万物的，一般人做事总是强求立意，专务修饰，一味逞能，而运用故巧。圣人则不是这样去做事，没有这些就可以承认万物的不同规律，承认万物的不同规律就能做到“虚”，“虚”是万物的渊源，因此说“可以为天下始”。

“民之轻死”，就是老百姓不把死亡当回事了。生命对于每个人来说都是极其宝贵的，没有人不重视自己的生命，但是如果一个人真的对死亡都不再重视了，那么他就没有什么可惧怕的了。因此，如果老百姓不把死亡当回事了，那统治者就不好管理了，就“难治”了。

宋朝立国之初，宋太祖赵匡胤倡导节俭，而且以身作则。他睡的宫殿里只挂着青布和苇帘，用的丝织品都没有绣图案。他坐的御轿都已经修理过好几次了，也没有什么装饰。皇后说：“陛下，你都是天子了，怎么也不坐一个好的轿子？”赵匡胤严厉地批评她说：“我现在有四海之富，别说一个小轿子，装饰宫殿也用不完。我们国家之财是天下百姓之财，我不能随便用。”平定了后蜀以后，后蜀的亡国之君孟昶到了开封，给赵匡胤送了一个精美绝伦的尿壶，上面还装饰着七彩珠宝，赵匡胤看到以后，非常生气，把它直接摔到了地上，并让侍卫把它砸碎了。宋仁宗同样一生也很节俭。有天在内宴上，端上来了二十几只螃蟹，在得知一只蟹要很多钱的时候，仁宗竟不忍下箸。

朱元璋的故乡是凤阳，还流传着四菜一汤的歌谣：“皇帝请客，四菜一汤，萝卜韭菜，着实甜香；小葱豆腐，意义深长，一清二白，贪官心慌。”朱元璋给皇后过生日时，只用红萝卜、韭菜，青菜两碗，小葱豆腐汤，宴请众官员。并且约法三章：今后不论谁摆宴席，只许四菜一汤，谁若违反，严惩不贷。

皇帝如此，普通百姓也如此。据说，在河南的伏牛山下，住着一个叫吴成的农民，他一生勤俭持家，日子过得无忧无虑，非常美满。相传他临终前，把一块写有“勤俭”两字的横匾交给两个儿子，并且警告他们说：“你们要想一辈子不挨饿，就一定要照着这两个字去做。”后来，兄弟俩分家时，将匾锯成两半，老大分得了一个“勤”字，老二分得一个“俭”字。老大把“勤”字恭恭敬敬地悬在自己家中，每天日出而作，日落而息，年年五谷丰登。但是他的妻子却大手大脚，孩子们也不勤俭节约，常常把白白的馍馍吃了两口就扔掉，久而久之，家里就没有一点粮食了。老二自从分得半块匾以后，也把“俭”字供放于中堂，但是把“勤”字忘到了九霄云外。他不管农活，也不肯精耕细作，每年收获的粮食很少。尽管一家几口每天都节衣缩食，省吃俭用，还是难以维持生计。有一年遇上大灾，老大、老二家中的粮食都空空如也，他俩决定扯下字匾，将“勤”和“俭”二字踩碎在地上。这时候突然有个纸条从窗外飞进屋内，兄弟俩一看，上面写道：“只勤不俭，好比端个没底的碗，总也盛不满！只俭不勤，坐吃山空，一定要受穷挨饿！”兄弟俩恍然大悟，“勤”“俭”两字原来不能分开，相辅相成，缺一不可，他俩又把“勤俭”合起来挂在自家门上了。

老子批评统治者的暴政苛政，依然是对“无为而治”的推崇。在这里其实也是对管理者提出的期望，减少对下属繁重任务的安排。领导者要明白，权力并不能滥用，而是要用到实事上。

十、功成不处

天之道，其犹张弓与！高者抑之，下者举之；有余者损之，不足者补之。天之道，损有余而补不足。人之道则不然，损不足以奉有余。孰能有余以奉天下？唯有道者。是以圣人为而不恃，功成而不处，其不欲见贤。

这一章讲的是天道法则损有余而补不足。自然的规律就是天道，不就很像张弓射箭吗？弦位高了就把它稍微压低一些，如果低了就把它举高一些，弓弦拉得过满了就把它放松一些，拉得不足了就把它拉满一些，因此，天道就是减少有余的补给不足的。怎么理解？老子把天之道比喻成一把拉开的弓箭，人们张开弓箭目的就是为了射捕猎物，所以箭头的方向是随着猎物移动的方向而改变的，如果高了就压低它，如果低了就抬高它，有余的就减少，不足的加以补足。但是社会法则却不是这样，现在是要剥夺不足的用来奉养有余的人，那么，谁愿意把有余的拿来补给天下的不足呢？只有有道的人才能够这样做。有道之人会把自己多余的衣服、粮食和财物都拿出来救济贫穷的人。因此，有道的人有所作为但不自恃功高，有所成就而不居功自傲，他不愿意表现出自己的贤能，始终保持谦下的德行。

“天之道，损有余而补不足。”例如夏日天气炎热干燥，过一段时间天就会安排下雨，降低天气的炎热；白天太阳光太强烈，人们无法入睡，天就会安排夜晚的到来，让人们能够得到休息。可以说老子生活的时代是一个大鱼吃小鱼、小鱼吃虾米的时代，老子称之为“损不足以奉有余”，是违背天道的。

淮南王刘安在《淮南子·本经训》中说：“振困穷，补不足，则名生；兴利除害，伐乱禁暴，则功成。世无灾害，虽神无所施其德；上下和辑，虽贤无所立其功。”意思就是要赈济生活贫困的人，补助粮食不足的人，这样名声就会建立起来；兴办利民的事，消除社会的弊病，讨伐一些叛乱，禁止一些凶暴，这样功业就会建成。如果世上没有灾害，那么即使是神也无处表现他的德泽；如果上下和睦团结，那么即使是贤人也无法建树他的功业。淮南王刘安举例说，以前古帝容成氏的年代，人们能够像大雁一样在大道上行走，干农活时将婴儿放在家里也没有危险，多余的粮食放在田头也不会被偷走，甚至人们可以跟在虎豹的后面，可以脚踩毒蛇也不会受其侵害，天下太平。但是到了尧帝的时候，天上十个太阳一起出来，庄稼禾苗都烤焦了，树木花草也晒死了，老百姓没有食物可吃。猰貐、凿齿、九婴、大风、封豨、修蛇这些凶猛禽兽也出来残害百姓了。于是尧帝就让羿在畴华这地方杀死凿齿，在凶水这地方杀死了九婴，在青丘泽这个地方射死了大风，还射落了九个太阳，在地下杀死了猰貐，在洞庭斩断了修蛇，在桑林擒获了封豨。后来老百姓推举尧为天子。但是那个年代出了桀、纣两个暴君，夏桀修建了琁室、瑶台、象廊、玉床，商纣设置了肉圃、酒池，并耗尽了所有财物，纣王还挖出比干的心，剖开孕妇的胎腹。于是商汤率三百兵车在南巢讨伐夏桀，最终将夏桀放逐囚禁在夏台。周武王率三千甲卒在牧野征伐纣王，在宣室杀死了纣王。“损有余而补不足”，这是社会政治含义的一面。

“天之道，损有余而补不足。人之道，则不然，损不足以奉有余。”这可以称得上是“马太效应”。在圣经《新约·马太福音》里有一则寓言是这样写的：“凡有的，还要加倍给他，叫他多余；没有的，连他所有的也要夺过来。”1968 年，美国科学史研究者罗伯特·莫顿（Robert K. Merton）提出这个术语并用这个术语概括一种社会心理现象。有关马太效应名称来源的寓言是这样的：从前，有一个国王要出门远行，临行前，交给三个仆人每人一锭银子，并且吩咐道：你们都去做生意，等我回来的时候，你们再来见我。国王回来的时候，第一个仆人对国王说：主人，你当时交给我的一锭银子，我已赚了十锭了。于是，国王就奖励他十座城邑。第二个仆人也来报告道：主人，你给我的一锭银子，我已赚了五锭了。于是，国王就奖励他五座城邑。第三仆人最后报告说：主人，你给我的一锭银子，我一直把它包在手帕里，怕丢了，一直没有舍得拿出来用。于是，国王命令将第三个仆人的一锭银子赏给第一个仆人，并说：凡是少的，就连他所有的，也要夺过来。凡是多的，还要给他，叫他多多益善。

《世说新语·言语》中有一节写魏晋时期的名士司马徽对刘表性格的了解：徽居荆州，知刘表性暗，必害善人，乃括囊不谈议。时人有以人物问徽者，初不辨其高下，每辄言“佳”。其妇谏曰：“人质所疑，君宜辩论，而已皆‘佳’，此人所以咨君之意乎?”徽曰：“如君所言亦复‘佳’。其婉约逊遁如此。”司马徽居住在荆州这个地方，知道刘表的性格比较阴险狡诈，一定会加害正直的人，于是在他面前闭言不谈别人的短处。他的夫人就劝谏他说："人们质疑他们所疑虑的事情才来咨询你的，你应该对他们的问题加以辩别和如实评论，但是你倒好，只是一味说好，难道这就是别人来咨询你的意义吗?"司马徽说："像你所说的那样，也很好。"做人如此和顺谦恭。

圣人不会故意显露自己的贤能，而是低调做事，成就他人。成功的管理者给我们提供了很好的借鉴，要使组织成为一个整体，上下级之间的沟通和学习是很重要的方式。也正是如此，越成功的管理者越是低调行事，他不会满足于现有的成就，也不会炫耀自己的能力，而是默默为组织贡献自己的力量。

第八章 《道德经》的管理创新

本章重点论述《道德经》的管理创新，有理念创新、思想创新、方法创新等，很多创新都涉及顶层设计，是自上而下的，也有摸石头过河的理想创新。《道德经》的理念创新是“不尚贤，使民不争；不贵难得之货，使民不为盗”。思想创新就是“我无为，而民自化；我好静，而民自正”“以智治国，国之贼；不以智治国，国之福”“欲上民，必以言下之；欲先民，必以身后之”。方法创新就是“无为而治”。

一、大成若缺

大成若缺，其用不弊；大盈若冲，其用不穷。大直若屈，大巧若拙，大辩若讷。躁胜寒，静胜热，清静为天下正。

这一章讲的就是什么东西都要合于道，合于道就是自然，符合自然的，一定很平常，很平常的东西一定有缺陷。天下最美好的东西好像是有缺陷的，但是它的作用是不会衰败的，是会发生变化的。天下最充实的东西看起来会很空虚，但它的作用是不会枯竭的。最直的东西看起来也像是弯的，最灵巧的东西看起来也像是笨拙的，最卓越的辩手看起来像是不善言辞的。清静能够克服躁动，寒冷能够克服湿热。大家都清静无为了，天下就会走向正轨。

什么是十全十美？不是没有缺陷，没有缺陷的东西是不存在的。美是有点瑕疵的，有点瑕疵并不会遮盖美，美之所以是美的，因为有不完美的存在。空间也一样，一个空间已经很满，没有一定空隙，如果再往空间里塞东西，必然会溢出来，因此，我们要做一个设计，需要给予设计师充足的空间，要想装满空间，一定要先有空余，没有空余，设计师就发挥不了作用。直的东西如果一点都不弯，一定容易被折断。我们怎么去跟别人辩论，你口齿伶俐，但总有言辞穷尽的时候，不是话多就很有道理，就能赢，关键是如何辩论，讲究自然之理，你即使口吃，也会赢别人。老子一向反对过度张扬，就像一个有钱人，如果总是炫耀自己的财富，那么他的财富一定会受到损失，而且他一定会有危险，因此，很多有钱人挂在嘴上常说的话就是“我没有钱”，总是外露，或者总是说自己很有钱的，其实他才是穷光蛋。

任继愈先生在《老子新译》中说：“这一章讲的是辩证法思想。老子认为有些事物表面看来是一种情况，实质上却又是一种情况。表面情况和实际情况有时完全相反。在政治上不要有为，只有贯彻了‘无为’的原则，才能取得成功。”不管什么东西，到了极致，就意味着要向相反的方向转化，月满则亏，日中则昃，我们在处理事情的时候，也要多换位思考，多想想相反的方面，这就是以屈求直，有时候要做成一件事，不是说要迁就别人，而是懂得知得失，明事理，回归朴素，心归宁静。

北宋初期，宋太祖赵匡胤建立了宋王朝，《宋史》记载：徐铉到了大宋后，“朝臣皆以词令不及为惮，宰相亦艰其选，请于太祖。”有一天，宰相薛居正突然叩见宋太祖，宋太祖见他欲言又止，就说：“有什么事情，赶紧说，我还要批奏折呢。”薛居正禀道：“皇上，大事不妙，南唐李煜派一个使者来了”。宋太祖说：“派使者怎么了，他应该称臣进贡。”薛居正说：“这次派的使者不一样，臣早就耳闻，是江南派名士徐铉，徐铉见多识广，口才超群，如果这次朝中的大臣因为口才不如徐铉，这将丢了大朝得面子。”宋太祖听了以后哈哈大笑，说：“你不用管，这件事交给我处理。”宋太祖找了太监，对他说：“你查一下宫廷侍卫，哪个人一个字不识?”后来太监领了一位一个字不识的人，宋太祖还专门写了“人”字，让这个人认，这个人都说不认识，只会摇头，宋太祖说：“好，就安排这个人接待徐铉。”大臣们面面相觑，不知道宋太祖葫芦里卖的什么药。这个侍卫也犯嘀咕，皇上想让我干嘛，我一不是什么官，竟然安排这么重要的工作，二我不认字。他心里非常没有底。谈判开始，徐铉果然旁征博引，引经据典，口若悬河，这个侍卫都不知道徐铉在说什么，只知道说的内容很高深，也不知道怎么回话，只能一味地说“哦，嗯”。几天下来，侍卫只有这两个字“哦，嗯”，徐铉也弄不明白了，他感觉说了几天高论，都白说了，到了最后一句话也不愿意说，只说一句话：“请对方发表高见。”最后一天的谈判是这样的，一个人说“请对方发表高见。”，另一个说：“哦，嗯”。最后谈判大宋赢了。宋太祖为什么这样做呢？第一，我们只派一个小兵，我们没有把他当回事。第二，派一个小兵去，什么也不懂，让徐铉一个人在舞台上表演，观众只有一个，自讨没趣。这就是不战而屈人之兵。徐铉第二次来大宋的时候，宋太祖已不再派人打哈哈了，徐铉反而不敢吭声了。宋太祖如此高明，在于他对老子所说的“大辩若讷”理解与运用得炉火纯青。

“大成若缺”“大盈若冲”“大直若屈”“大巧若拙”“大辩若讷”，这些看上去很完美的东西，实际上都会有所欠缺。宋朝蔡襄在《十三日吉祥探花》中写道：“花未全开月未圆，看花候月思依然。”大家都知道花一旦全开了，马上就面临凋谢，月亮一旦圆了，马上就要缺失了，虽然你看到的事物是不太完美的，但是人还是不愿意接受美中有缺这个现实，一心想要找到完美的花或者月。白岩松深受启发，他在一次演讲中说：“花还没有全开的时候是最好的，月还没有全圆的时候是最好的。花一全开就离落花很近了，月亮一旦开始全圆离慢慢地变成残月就很近了。缺陷是完美的重要组成部分！这个世界上就没有完美！毁掉一个人的最好方式就是让他求完美和达到极致！”为人之道如此，处事之道如此，什么都要留一点分寸，未全开、未全圆，你的内心才会有所期待。

聪明的领导者善于抓住机会，为组织争取更多的利益。如果组织取得的成就看起来是很完美的，领导者不会向上级邀功，而是说那些是还可以改善的地方，争取到更多的资源支持。从来也不会有一个完美的组织，所以组织也需要在不断完善中成长。

二、知足常足

天下有道，却走马以粪；天下无道，戎马生于郊。祸莫大于不知足，咎莫大于欲得，故知足之足，常足矣。

“天下有道，却走马以粪；天下无道，戎马生于郊。”“粪”是人和畜的废料，留着给农田里的庄稼施肥，给庄稼施肥是属于农业生产，指代的是整个农业活动。“走马以粪”就是说让战马退还到田间去耕田，不再用于战争。“戎马生于郊”的意思是战马会在郊野战场上产下马驹。整句话的意思是天下有大道，政治清明，民间太平安定，就把运载的战马还给农夫去耕种；天下无道，就连怀孕的母马都要上战场。我们继续看下一句，最大的罪恶莫过于欲望放纵，最大的灾祸莫过于不知道满足，最大的罪过莫过于贪得无厌。因此，知道控制欲望，知道满足，才能保持恒久的快乐。

战争，为什么与私欲有联系？因为战争是为了掠夺财富和土地，是为了满足统治者的私欲而发动的。因为老子要求实行无为之治，合乎大道。据说春秋后期，从诸侯国君到黎民百姓，他们每个人都产生了各种各样的欲望，因为各自有了欲望，就有了争夺，老子把欲望看成一种罪恶极大的行为。

古代非常重视继承人，在继承人问题上是最大的一件麻烦事，如果选错了继承人，可能会导致家族破灭。智氏始祖是智庄子荀首，是晋献公托孤重臣荀息的一个幼孙。晋成公时，荀首受封于智邑，就是今天山西省永济市西北一带，其后别为智氏。智宣子智申为了确定继承人就举行家庭会议，讨论立嗣的问题。智申的意见是要立智瑶为继承人，但是家族的人都反对，大家认为智瑶不如智宵好，智申认为智宵面相有些不善，不适宜当继承人。智果发表意见说，智宵表面上看上去狠，其实智瑶内心狠，如果立智瑶为继承人，有可能会引起灭门之祸。智申固执己见，立智瑶为嗣。智果预感不好，就带领一小部分族人到晋国太史那里居住，改智氏为辅氏，另立宗庙。智瑶继位后，执掌了晋国大权。这个人的性格有很多缺陷，骄傲轻敌。智瑶讨伐郑国，与赵毋恤一同出征，但是按照规定统帅要先出兵，可是他不出兵，竟然让赵毋恤上，赵毋恤立刻拒绝执行命令，智瑶火冒三丈。打完仗后，诸将在一起喝庆功酒，智瑶凭借酒劲，用酒罐子砸赵毋恤。赵氏的家臣们要跟智瑶拼命。另外，智瑶攻打卫国归来，与韩、魏宗主韩虎、魏驹大办庆功宴，在宴会上，智瑶趁着酒兴羞辱韩虎和家臣。

应该说，智瑶属于喝酒误事的那种人，耽误的不仅仅是事情本身，还暴露丑恶的人品和性格缺陷。

智瑶除了喝酒误事，还欲壑难填。他直接向韩氏要一万户的封邑，韩虎自然不愿意，但段规劝道："智瑶这个人是贪得无厌的，如果他得不到土地，一定会派兵攻打韩氏。"最后韩虎只能交出了土地。智瑶得到了好处之后，又向魏氏讨要封邑。魏驹不想给，他的家臣任章劝魏驹说："我们给了他土地，他一定会变得更加变本加厉，我们这几家会由于害怕而联合，智瑶一定会倒霉。"魏驹觉得有道理也将土地交给了他。智瑶确实不费一兵一卒得到很多土地，胃口越来越大，又向赵氏要地，这次赵襄子立刻拒绝了他的要求，赵毋恤联合韩康子、魏桓子共同对付智瑶，最后打败了智瑶军队，并在此次战斗中杀死了智瑶。

贪婪是一切罪恶的根源。柳宗元的《蝜蝂传》写了蝜蝂（fùbǎn）这一种喜爱背东西的小虫子。它爬行的时候遇到东西，总是要抓取过来，然后抬起头背着这些东西。东西越背越重，即使非常劳累也不停止。它的背还很不光滑，东西堆上去也不会散落，最后终于被压得爬不起来。有的人比较可怜它，就替它去掉背上的东西。可是只要蝜蝂能起来爬行，又会像原先一样把东西抓取过来放在背上。这种小虫还喜欢往高处爬，即使用尽了所有力气也不愿意停下来，最后摔死在地上。柳宗元发表议论说现今世上贪得无厌的一些人见到钱财就想捞一把，都不知道财货已成为自己的负担，还怕财富积聚得不够，等到一旦被罢官，或者吃了苦头了才后悔。但是这些人一旦被起用，又不思悔改，最后导致财尽人亡。人生最大的祸患，往往因为不知道知足而引起；人生最大的错，也常常因为贪婪而发生的。

对已有的保持知足的态度，不占不义之财，保持贞操。这样的管理者不仅能令下属敬佩，也能在组织中树立良好的典范。

三、不为而成

不出户，知天下；不窥牖，见天道。其出弥远，其知弥少。是以圣人不行而知，不见而名，不为而成。

这一章老子从“无为”的核心出发，提出了有关认识论和实践论的观点。从认识论方面来说，掌握大道的人不需要出门户半步，便能推知天下事理；不需要向窗外看，就能知道大自然运行的规律。“知天下”“见天道”都是有了“无为”这个根基才能达到。从实践论方面来说，向外走得越远的人，其实懂得的也就越少。什么是向外走的人，不是真正的旅行者，而是说你的内心不能向外奔走，否则你的思绪就会杂乱无章，精神散乱。因此，有道的人不出行也能够推知事理，不用眼睛看就能够通晓一切，不主观妄为，看似什么也没干就成功了，这就是不为而成。我们很多人做不到，也看不到，因为你的内心被外物所蒙蔽，内心不能安静，有欲望和杂念，本性不纯净，因此你寻求你需要的外物走得越远，那你得到的东西越少。

《列子·仲尼篇》中写了一件事，说陈国的一名大夫被派到鲁国去访问，他以私人身份会见了叔孙氏，叔孙氏说：“我国有一位圣人孔丘，我经常听颜回说：‘孔丘能放弃心灵而只用形体。’”陈国的大夫说：“我国也有一位圣人，是老子的弟子叫亢仓子，他可不一般，他能用耳朵看东西，用眼睛听声音。”鲁侯听到后决定用丰厚的礼物去邀请他，亢仓子应邀来到鲁国，说：“传说的我的能耐不真实。我可能要让你们失望了，我能不用耳朵听，不用眼睛看，但这点并不能改变耳目的作用啊。”鲁侯说：“那你的道术是什么样的？”亢仓子说：“我啊，形体和心相合，心和气相合，气和神相合，神和无相合，但是如果有一点小的东西，极弱小的声音，即使在很远很远的地方以外，或者近在眼前以内，来侵扰我的，我一定都能知道。

我也不知道是我的五官和四肢所感觉到的，还是我的五脏六腑所知道的，反正它自然而然就知道了。”

另一个故事说，列子和南郭子两个人是邻居，一起生活了二十年，从不来往。在路上相见的时候，两人就跟不认识一样。列子门下的弟子和奴仆都以为列子和南郭子有仇。有一个从楚国过来的人，直接问列子说：“列子先生，你和南郭子为什么有仇?”列子说：“南郭子形貌充实但是心灵空虚，耳朵也不听，眼睛也不看，口也不说话，心灵甚至没有知觉，形体都没有变动，你去找他干什么呢?”咱们可以一同去看看，列子大概带了40个人去见南郭子，果然跟土偶一样，没法同他交谈。大家再回头看列子，列子也变成精神和形体不在一起了，大家也不能同他交流了。后来列子说：“什么都懂的人不愿意说任何话，无言为言，这也是一种言，以无知为知，这个也是一种知。应该以无言为不言，以无知为不知。”什么都不说，什么都不知道。

列子非常喜欢旅游，壶丘子说：“御寇喜欢旅游，其实旅游有什么可喜欢的呢?”列子说：“旅游的快乐，是因为所欣赏的东西都是新的。别人旅游，欣赏的仅仅是所见到的东西；我旅游，欣赏的是事物的发展变化。”壶丘子说：“御寇欣赏外物的变化，却不知道自身也在不停地变化之中。他只知道欣赏外物，却不知道欣赏自己。欣赏外物的，希望把外物都看遍；欣赏自己的，也应把自身都看遍。把自身都看遍，这才是最高的游览；把外物都看遍，并不是最高的旅游。”从此列子不再外出旅游了。壶丘子说：“最高的欣赏是不知道看到了什么。”

子舆曾说：“射箭技艺高的人能使后一根箭的箭头射中前一根箭的箭尾，而且一箭挨着一箭，一箭连着一箭，前面一箭对准的目标还没有射到，后面一箭的箭尾已经放上了弓弦，看上去好像连成了一根箭一样。”旁边听话的人都大为惊叹，公孙龙却说：“这不算什么。逢蒙有个弟子叫鸿超，对妻子不满意，想要吓唬她，便用乌号的弓綦卫的箭来射她的眼睛。箭头碰到了眼珠子，她的老婆都没有发现，眼睛都没有眨一下，箭掉落到地上，没有一点尘土飞扬。”公子牟说："聪明的人说的话，愚蠢的人是永远不会明白的。后一根箭的箭头射中前一根箭的箭尾，是因为后一根箭的用力与方向和前一根箭完全相同。箭碰到眼珠子那里而没有眨一下眼睛，是因为箭的力量到了眼睛那里时已经用尽了。"

曼德拉曾说："如果天空是黑暗的，那就摸黑生存；如果发出声音是危险的，那就保持沉默；如果自觉无力发光的，那就蜷伏于墙角。但不要习惯了黑暗就为黑暗辩护；不要为自己的苟且而得意；不要嘲讽那些比自己更勇敢热情的人们。我们可以卑微如尘土，不可扭曲如蛆虫。"

管理者肩负着让公司制度有效运行、创造积极的工作氛围、完善并执行奖惩机制的责任。在"无为而治"的管理境界下，这是管理者必经的途径。现代企业管理，尤其是人力资源管理，需要淡化"有为"的控制，让员工自由发挥创造力，收到事半功倍的效果。

四、为道日损

为学日益，为道日损。损之又损，以至于无为。无为而无不为。取天下常以无事，及其有事，不足以取天下。

老子认为，为学是"日益"，一天天增加。人的生命是有限的，但是知识是没有穷尽的，人的知识总会一天比一天增加。但为道却是"日损"，你要一天天去掉自己主观的妄念，摒弃杂念，最后消除欲望，达到了"无"，这就合于老子的道了。老子说追求知识的人，知识一天会比一天增加，而追求大道的人，杂念一天会比一天减少，私欲会减少再减少，最后达到了无为的境地。需要说明的是，懂的知识越多就越有见识吗？当然不是，因为你的妄想还在，你就达不到道这个层次。庄子说："吾生也有涯，而知也无涯。以有涯随无涯，殆已！已而为知者，殆而已矣！为善无近名，为恶无近刑，缘督以为经，可以保身，可以全生，可以养亲，可以尽年。"人的生命是有限的，而知识是无穷无尽的，你要用有限的生命追求无穷的知识，就会搞得精疲力竭，因此努力追求知识的人，就会弄得很疲惫。为善的人不做善事而追求名声，也不干恶事去触犯刑律，顺着自然去做事，这样可以保护生命，延续天性，能够养精神，颐养天年。老子说如果能够做到无为，即不妄为，就没有什么事情是做不成的。治理天下的人必须把清静无为作为治国之本，如果总是苛政扰民，就不配当治理国家的人。

“为学日益”，如何做到？古代关于获取知识的例子不胜枚举。《晋书·车胤传》记载：“胤恭勤不倦，博学多通。家贫，不常得油，夏月则练囊盛数十萤火以照书，以夜继日焉。”讲的是晋朝的车胤学习特别刻苦，甚至不知道疲倦。知识渊博，精通多门知识。由于家里很穷，不能经常弄到油点灯，夏天他就用白绢袋装几十只萤火虫来照明读书，一直读到天亮。古代关于学习还有一个例子，清代张英《渊鉴类涵》写道：“孙康家贫，无油，尝映雪读书。”意思说晋朝人孙康家里比较穷，也没有钱买油点灯，在下雪天的夜晚用雪的反光照着读书。《尚友录》也有记载：“孙康，晋京兆人，性敏好学，家贫无油，于冬月尝映雪读书。”

古代勤奋学习的人可谓是想尽各种方法。东汉时期，有个人名叫孙敬，是著名的政治家，年轻时勤奋好学，经常关着门，一个人读书，真的是两耳不闻窗外事。每天都从早读到晚，而且经常废寝忘食。读书太久，累了，也不休息，很疲倦的时候会打瞌睡，为了学习，他就想出了一个办法，将头发用绳子绑起来吊在房梁上，瞌睡打盹时，绳子就会揪一下他的头发，赶走睡意，继续读书。

古时候，男子的头发都很长，原因是古代人认为身体头发皮肤等，都是父母所给的，不能毁伤，这是孝的开始。头发在古代意义重大，比如男子成年了，要行冠礼，还有夫妻结发，等等。此外，古代把头发剃光是一种刑罚，叫髡（kūn）刑，中国上古五刑之一，就是把人的头发全部或者部分剃掉，古代夏商周到东汉都有这个刑罚。有一个故事说曹操行军时下达了一个命令，不允许践踏农田，谁的马如果踩了地里的庄稼就要杀头。据说曹操的骑兵全部下马步行，一只手牵着马，另外一只手用戈把麦子护住。曹操自己没有下马，但是有一只鸟突然从地里飞出让马受惊了，马就跳到麦田里面，践踏了麦田，曹操立即下马，把军法官叫来说，这该当何罪？军法官说，应该杀头。但是古代刑不上大夫，礼不下庶人，法不施于尊者，曹操是统帅，不可以杀头，曹操说那就割一缕头发吧，自己拔出剑来把头发割了一片表示受过罚了。

“为学日益”指知识没有起点，也没有终点，《庄子·内篇》中说：“吾生也有涯，而知也无涯。”人生是有限的，但知识是无限的，没有边界的。人生如白驹过隙，要抓紧时间刻苦勤奋地学习知识。人们常说，活到老学到老。年轻时，为了自己的远大理想和凸显时代价值而学习；中年时，为了丰富我们的内心精神财富和提升我们的智慧而学习；老年时，学习则是一种对生活的品味和对人生的思考，乐在学习中。

老子说完“为学日益”，接着就说“为道日损”，因为你的知识增加了，自己的主观意识与思维见解就多了，实际上这些东西会产生作用，有一定的破坏性，会造成一定的损失。因此，知识是增加的，而道行则是减损的，一直减损到什么地方，到无为，只要到达无为了，这个时候就无不为了。减损的是什么东西，就是知识、欲望和有为。老子一方面说你要学习，懂更多的知识，一方面又让你减损知识，为什么呢？从一点来说，我们可以了解庄子所说“以有涯随无涯，殆已”，就是说用有限的人生去追求无限的知识，那是必然失败的，而且是危险的。庄子不是反对学习，而是说你学习知识后，要能够“入乎其内，出乎其外”，最后你要把学习的知识再丢掉，然后再学习，这才是学习的最高境界，你才能得到道。

管理者应当通过学习来具备一定的知识素养。管理学、心理学、经济学等知识的习得对制度建设、员工管理、资源分配有一定的帮助，从而管理者可以更有效地实现组织目标。

五、圣无常心

圣人无常心，以百姓心为心。善者，吾善之；不善者，吾亦善之，德善。信者，吾信之；不信者，吾亦信之，德信。圣人在天下歙歙，为天下浑其心。圣人皆孩之。

“圣人无常心，以百姓心为心。”圣人，是指有道之人，他们是没有私心的，他们把百姓的心当作自己的心。善良的人，我会善良地对待他们；不善良的人，我也会善良地对待他们，这样就能做到人人向善了。守信的人，我当然信任他；不守信的人，我也很信任他，这样就能够做到人人守信了。有道之人管理天下，会收敛个人的欲望，让天下人的心都归于纯朴，老百姓专注于自己的事，“孩”的意思是使老百姓回归到婴儿般的状态，就是说让有道的人都回归到婴儿一样的纯朴状态。什么是纯朴的状态，就是没有私欲的状态。

《礼记·礼运篇》中提出“大道之行也，天下为公”。“天下为公”的思想和老子的“圣人无常心”的观点一致。这个“公”字，按照东汉经学家郑玄的解释，是“共”的意思。“天下为公”，也就是天下是大家共有的天下。要理解“公”，就要先搞清楚它与“私”的关系。众所周知，管仲和鲍叔牙是生死之交的好朋友，但是有一次齐桓公和管仲探讨重新选任国相的问题，齐桓公就说：恕我直言，假如有一天你去世了，应该由谁接任你的国相位置呢？管仲说第一个接我班的人是谁，然后齐桓公又说：如果第一个人我不满意，谁又是第二个人选呢？管仲想了想然后说了一个人的名字，齐桓公又说：这个人我还不满意呢？管仲过了几分钟，又说出了一个人，齐桓公说：你说的这些人，我统统不喜欢，有没有第四个人选呢？管仲说：让我好好想想。管仲大概想了几个小时，最后说：只能是鲍叔牙了。齐桓公说：我很奇怪，鲍叔牙平时对你那么好，据我所知，你们两个一起做生意，赚的钱基本上都归你，你辅佐公子纠的时候，你应该记得，当时我是想把你直接射杀的，就是因为鲍叔牙替你求情，我才放你一把，而且你当国相，也是鲍叔牙极力推荐的，现在让你推荐下任国相的人选的时候，你竟然没有把鲍叔牙放在首要人选的位置上，还把他放到第四人选，你对得起鲍叔牙吗？管仲说：大王，你在和我探讨谁能担任国相，我认为鲍叔牙不是首要人选。你如果和我探讨谁为人最好，我当然首推鲍叔牙。还有，你如果问我最好的朋友是谁，我当然说是鲍叔牙了，那只是私交，我该感激的得一辈子感激，但是公永远大于私啊。

什么是公？什么是私？先说“公”，它是个会意字。《说文解字》中说：“公，平分也。从八，从厶。八，犹背也。韩非曰：‘背厶为公。’”周代诸侯有公、侯、伯、子、男等五爵之分，公为最尊。《尔雅·释诂上》中说：“公，君也。”“公”由平分的含义引申出了公共的意思。再说“私”，“私”字最初的形体是《古玺》中的小篆，写作“厶”，意思是自己的，后来加上一个“禾”，“私”其实是“厶”的假借字，意思是私人所拥有的“禾”，“禾”是庄稼。人的生存所必须的衣、食、住、行和人一出生就避免不了的生、老、病、死，这都是私的。谈到“私”，很多人都想避开，其实，从“私”的产生来看，“私”并不是不好的东西，关键是你怎么样实现“私”，如果你为公来实现“私”，那么你的“私”就无可厚非，如果你的“私”是假公之名得自己私利，那你得到的“私”就不是光彩的，甚至还要受到法律的惩罚。

宋朝汪藻在《秦论邢焕·孟忠厚除授不当状》中说：“公与私不并行，恩与法不两立。以公灭私，以法夺恩者治；以私害公，以恩挠法者乱。此古今不易之道也。”“夺”是“取代”的意思。“挠”是“歪曲”的意思。大致的意思就是大公无私，用法律的意志取代私的，国家就能够治理得很好，如果用私损公，用私来违反法律，国家就会混乱不堪。《尚书·周官》中说：“以公灭私，民其允怀”。“允”是“诚信”的意思。就是要用公心消除个人的私欲，人民就会归附他。如果官员都认真地工作，言出即行，用公去私，位尊不骄，禄厚不腐，人民才能够心悦诚服。

伍子胥是春秋时期的楚国人，他的父亲和哥哥都是楚国的老忠臣，但是当时奸臣当道，他的父亲和哥哥都被陷害致死，并且是楚国国君亲自杀害了他们。伍子胥对当时的国君非常不满，一心想要替亲人报仇，就逃到了吴国，后来做了吴国的大臣，尽管伍子胥做了吴国的大臣，但是始终没有忘记要为亲人报仇雪恨，一心想要杀掉楚王。吴王看出了伍子胥的心思，主动提出来说：我们现在的国力也超过楚国了，咱们派军队攻打楚国，活捉楚王，然后由你处决他，替你的亲人报仇，以了你的心愿，可是伍子胥竟然拒绝了吴王的想法。伍子胥解释道："兴师动众发动国家战争，这是不合适的，我的仇是私仇，不能假公济私。"吴王认为有道理，就没有发动战争，而伍子胥等待了很多年，终于找到了机会为他的父亲和哥哥报仇了。

"圣人无常心"，"常心"，就是恒心，即拥有的持久不变的进取心。拿破仑·波拿巴有句人尽皆知的话："不想当将军的士兵不是好士兵。"人们积极进取，不满现状，坚持不懈地向新的、更高的目标迈进，具有蓬勃向上的精神状态。"常心"就是一种积极的心态，每个人都会更加努力向前。有"常心"就会积极肯干，不怕困难，就有完成目标的决心。有进取心，这应该是好事，但是老子认为要分人而言，对于普通百姓是可以的，但是对于圣人是不可以的，圣人应该是没有常心的，他们把老百姓的心当作自己的心，以百姓忧为忧，以百姓乐为乐，才能获得"善"和"信"。因为圣人的心连着民心，民心又连着国运，圣人与老百姓同呼吸，共命运。圣人想的一定是老百姓所想的，老百姓所想的都是比较简单的，正如习总书记所说："人民群众关心的问题是什么？是食品安不安全、暖气热不热、雾霾能不能少一点、河湖能不能清一点、垃圾焚烧能不能不有损健康、养老服务顺不顺心、能不能租得起或买得起住房，等等。"如果圣人能够做到这一点，老百姓也就没有常心了，也就没有什么目标与追求了。老百姓的心也是圣人的心，也会替圣人忧虑，这样圣人的心与老百姓的心融为一体，这样就回归到婴儿纯朴的状态了。我们都要像太阳一样，莎士比亚说："同一的太阳照着他的宫殿，也不曾避过了我们的草屋：日光是一视同仁的。"

管理者要尊重每个员工的个性，一视同仁，发挥每个人的长处。管理就是为了更有效率的达到目标，让成员从内心认同组织。

六、行于大道

使我介然有知，行于大道，唯施是畏。大道甚夷，而人好径。

朝甚除，田甚芜、仓甚虚。服文彩，带利剑，厌饮食，财货有余，是谓盗夸。非道也哉！

倘如我略微有了一些认知，走在大道之上的话，唯一担惊受怕的是走上歧路。其实大道是很平坦的，可是有的人偏要抛弃大道而走小路。朝廷已经非常混乱，老百姓的土地也都荒芜了，仓库也都没有粮食了，但是他们还穿着华丽的衣服，佩带着锋利的宝剑，吃的是精美的食物，搜刮了大量的财货，这其实是盗魁贼首，他的所作所为是不合天道的。

这一章，老子从反面来说“道”，老子说君王是放着平坦的大道不走，反而喜欢走邪路。老子虽然是针对为政的人说的，但是对于我们普通人也一样。我们要走的是阳关大道，是康庄大道。什么是阳关大道？唐王维《送刘司直赴安西》中写道：“绝域阳关道，胡沙与塞尘。”什么是康庄大道？《尔雅·释宫》中说：“四达谓之衢，五达谓之康，六达谓之庄。”阳关大道原来指古代经过阳关通向西域的一条大道。阳关，是古时候一个关口的名字，关在甘肃省敦煌市的南面，这是一条官道，也是光明大道，与之相反的就是羊肠小道。阳关大道和康庄大道都是指的大路。现在如果两个人闹崩了，分道扬镳，就会说从今往后“你走你的阳关大道，我走我的独木桥”。古代的路是这样划分的，“一达谓之道路，二达谓之歧旁，三达谓之剧旁，四达谓之衢，五达谓之康，六达谓之庄，七达谓之剧骖，八达谓之崇期，九达谓之逵。”（《尔雅·释宫》）解释一下：只有一个方向的路，叫作道；出现分叉的路，叫作岐；丁字路口，叫作剧旁；有四条的十字路口，则叫衢；有五个方向的岔路口，叫作康；六个方向的岔路口，叫作庄；七个方向的岔路口，叫作剧骖；八个方向的岔路口，叫作崇期；有九个方向的路口，叫作达。达的繁体字是逹。成语“九省通衢”是形容四通八达的大路，陕西、河南、安徽、江西、湖南、重庆等6个省，此外，蒙邑、滕州、武汉、淮安、定远、正定等城市都有“九省通衢”之称。比如武汉，被称为九省通衢，因为除了陆路，还有水路。有一个说法：武昌之地，襟带江、沔，依阻湖山。左控庐、淝，右连襄、汉，南北二涂，有如绳直。

有关“路”，有三句话，无人不知，无人不晓。一句就是鲁迅说的：“世上本没有路，走的人多了，也就成了路。”第二句是“条条大路通罗马”。为什么都通罗马，不是其他地方？因为世界上第一条马路是由罗马人发明建造的。第三句是但丁说的：“走自己的路，让别人去说吧！”路，有“道路”的意思，比如公路、水路、陆路等；有“思路”的意思，指人的思想的方向；有“正或者大”的意思，路门就是宫室最里面的正门，路车指古代帝王及诸侯贵族所坐的车，路舆是君主的座驾，路寝是古代天子、诸侯的正厅。关于怎么走好路，松下幸之助说：“在荆棘道路上，惟有信念和忍耐能开辟出康庄大道。”意思是人要有理想与信念，才有光明的路。屈原说：“路漫漫其修远兮，吾将上下而求索”，意思是人不断追求真理，才有美好的路。马克思说：“人类学会走路，也得学会摔跤，而且只有经过摔跤他才能学会走路。”意思是人生的旅途不可能一帆风顺，有挫折，有荆棘。爱因斯坦说：“一个人在科学探索的道路上，走过弯路，犯过错误，并不是坏事，更不是什么耻辱，要在实践中勇于承认和改正错误。”意思是走了邪路不要紧，要及时纠正，走正道。罗兰说：“各人有各人理想的乐园，有自己所乐于安享的世界，朝自己所乐于追求的方向去追求，就是你一生的道路，不必抱怨环境，也无须艳羡别人。”每个人所走的路不同，唯有不断奋进，勇敢追求属于自己的路，不要羡慕别人的路多么的顺，光鲜亮丽的背后一定也有不为人知的心酸。

人一定要走正道，不管做什么，都要居广居，立正位，行大道。就是说要居住在天下最宽广的住宅里，站立在天下最正确的位置上，行走在天下最宽广的道路上。1949 年 4 月，陈毅所率第三野战军占领南京当晚，毛泽东创作了七律诗《人民解放军占领南京》，其中有一句是“天若有情天亦老，人间正道是沧桑”。这句话运用了辩证唯物主义和历史唯物主义的观点，富含哲理，引用唐代大诗人李贺的“天若有情天亦老”的诗句，表达推陈出新、新事物必将战胜旧事物的含义。

《史记·孟子荀卿列传》中说："于是齐王嘉之，自如淳于髡以下，皆命曰列大夫，为开第康庄之衢，高门大屋，尊宠之。"成语"康庄大道"就是由此而来。"康庄大道"原来就是"康庄之衢"。稷下，是春秋时齐国都城临淄的稷门，齐国时在这里设稷下学宫，招聘了文学游士几千人，是战国时赫赫有名的学术中心。齐威王在位的时候，当时有名的人物有淳于髡、慎到、环渊、接子、田骈等，因为他们功成名就，所以给他们建了一些高大的屋宅，修了四通八达的路，表示君王对学术人才的重视，由此，也说明"康庄大道"是一条光明的前途。

老子在《道德经》中反复告诫人们无论做人还是做事都要走平坦的大道。什么是平坦的大道？首先你的理念或者思想意识要正确，要怀有一颗仁爱之心，具体来说就是不说谎话，不用粗言暴语，不诽谤他人、恶语伤人，所有邪恶的欲念必须要断除，清净无为，不偷盗邪淫，不允许发生一切恶行，然后修行，把身心臻于完善，言行举止达到至善至美。这就表示你在走正道，走的是康庄大道。

《孔子家语》中记载：子游为武城宰。子曰："汝得人焉尔乎？"曰："有澹台灭明者，行不由径，非公事，未尝至于偃之室也。"子游做武城邑宰的时候，休假时回来看望老师，孔子问他，你在这个地方上有没有得到人才？子游就说：有一个叫澹台灭明的人，这个人从表面上看，他做事不按常规，不循常道，还有点满不在乎的感觉，但是他很讲义气，公私很分明。他只有遇到公事，才会来找我问。因此在古代人的眼中，一举一动都代表着一个人的德性，人一定要沿大路前行，不走斜径小路。

春秋时期，卫懿公喜欢养白鹤，他为了养鹤，强占了好多良田沃土，还建造了亭苑专供白鹤休息。卫懿公每天不理朝政，总是在鹤苑里嬉戏游乐，更为荒唐的是，朝中有些职位空缺，他竟然不选拔贤能的人来补充，而是把这些职位封给他养的鹤，因此当时卫国出现白鹤司马等官职，被其他各国耻笑。有些正直的大臣们进谏让宰杀鹤，让出良田给农民，卫懿公听了非常生气，竟然把进谏的大臣给杀了。卫懿公的荒淫无道引来了全国人民的不满，也引起了别国的注意，狄人乘机进攻卫国都城，竟然没有人愿意抵抗，狄人不战而胜，而且卫懿公也被狄人杀掉了。

管理的大道对掌握着权力的人来说是一种准则，光明磊落的管理者有很强的追随力，也就是下属对领导者有很强认同感与自愿为其服务的意愿。领导力与追随力都是对领导者很重要的法宝。领导有了领导力、追随力，领导的执行力、影响力就顺利成章了。

七、治国烹鲜

治大国若烹小鲜。以道莅（lì）天下，其鬼不神。非其鬼不神，其神不伤人；非其神不伤人，圣人亦不伤人。夫两不相伤，故德交归焉。

“小鲜”就是指小鱼。小鱼的骨刺比较细小，肉质非常嫩，因此，你在烹煎小鱼的时候，最忌讳的就是不停地翻，这样势必会把小鱼搗烂。

要治理一个比较大的国家，一定要像烹煎很小的鱼那样谨慎，不能不停地乱翻。要运用“道”的准则去统治天下，那些鬼怪就发挥不了作用了。不仅鬼怪都起不了作用，神祇也不会伤害人。神祇不伤害人了，圣人也不会伤人。这样，鬼神和有道的人都不伤害人，人们就能彼此相安无事了。

传说，天地有阴和阳二气，掌握阳气的称为“神”，山神、河神、海神、灶神、树神等；掌握阴气的则称为“鬼”，比如夜叉、妖怪、精灵、饿鬼、游魂等。唯物主义的观点认为，世界先有物质，然后才有意识。意识是人脑对物质世界的反映。物质是世界的本原，是第一性的，意识来源于物质，它必须依赖于物质而存在，世界上没有离开物质而独立存在的精神，因此精神是第二性的。按照这种观点来说，鬼神是不存在的。在电影中，幽灵、丧尸和吸血鬼都是经常出现的形象，恐怖电影《灵媒缉凶》《人鬼未了情》《午夜凶铃》《鬼语者》等深受美国观众欢迎。佛罗里达大学物理学教授科斯塔斯·埃夫西米乌说：“我并不反对喜欢恐怖电影的人，只要他们不把现实生活与小说混淆。”但是很多人都表示奇怪，为什么一个提出了牛顿运动定律的人会相信神的存在？因为在牛顿生活的时期，人们普遍相信神是凌驾于科学水平之上的，而且由于当时的科学发展有限，也没有办法证明，因此就通过神学的帮助去理解这些不可知的东西，这就是牛顿最后信神的主要原因。

世界万事万物都是由道而生，春秋时期崩坏礼乐，大家的思想不一。由于人们认识世界的能力所限，人的生老病死和很多自然现象都无法解释，这时就有一些巫师或者术士借着鬼神的存在来迷惑欺骗百姓。老子看穿了他们愚民的内核，知道他们与统治者一道在愚弄百姓。统治者对老百姓的政策是朝令夕改。“朝令夕改”的意思就是早上刚发出的指令到下午就改变了，老百姓能受得了吗？西汉著名政治家晁错当时看到农民与商人贫富悬殊。农民收获粮食后，但是政府征收粮食的时间不固定，有时候甚至早上的规定可以收，到了晚上就改变了规定，说不能收。古代要保存好粮食不让发霉还是比较难的，再加之灾害性天气比较多，所以农民总是尽早交粮，纳税，他们甚至被迫将粮食半价卖出，有的还要借高利贷，卖儿卖女。因此，晁错向汉文帝上了一篇《论贵粟疏》，阐述农业是立国之本，政府的政策要有延续性，不能朝令夕改，驿骑相望。

“朝令夕改”与“朝三暮四”类似。“朝三暮四”这个成语来自《庄子·齐物论》：“狙公赋芧曰：‘朝三而莫（暮）四。’众狙皆怒。”说的是战国时期，宋国有一个老人十分喜欢猕猴，家里养了很多只猴子。时间长了，这个老人和猴子之间关系如亲人，就像今天有人叫自己的猫或者狗称为“儿子”或者“女儿”的，他们比较默契，言行举行都能相互理解，甚至还能讲话了。左邻右舍都称他“狙公”，相当于说是猕猴的老爸。因为狙公养的猕猴太多了，每天都要消耗大量的瓜、菜和粮食，人还要吃饭，想象一下，那个年代人还不能吃饱，哪能保证猴子能吃饱，但是猕猴不像猪、羊、鸡、狗这些动物，它们吃不饱的话，会自己出去觅食，而猴子呢，本身就顽皮，它如果吃不饱，会给你整很多事，当然都不是好事，因此狙公只好想办法去安抚它们。狙公家旁边有一棵大栎树，每年夏天都结满了好多猕猴爱吃的栗子。老人用栗子去给猕猴解馋充饥。因为猴子越来越多，所以他就想把每天的栗子数由八颗改为七颗，和猴子们商量道："从今天开始，我每天早上给你们三颗粟子，晚上还是照常给你们四颗栗子，这样够不够？"猴子们一听了，怎么早上少吃了一个？它们对着狙公叫喊发怒，老人一看，就连忙改口说："那就改成每天早上给四粒，晚上给三粒，这样总够了吧？"猴子们听到早上的粟子已经由三个变成四个，跟以前一样，就高兴地在地上翻滚起来，而且它们不停地给狙公磕起头来表示高兴。狙公一看，猴子也就这个智商，内心也暗自高兴起来了。

据说宋仁宗能够做到"不伤人"。一天早上，宋仁宗起床后对身边的侍者说：昨晚肚子饿得叽里咕噜的，也没有睡着，那时朕特别想吃烤羊排。侍卫听到后，马上就说：请问皇上为什么不下旨让做一些送来？宋仁宗听后回答道：你要知道，只要朕索要一次，皇宫外的人肯定天天要宰羊，供朕享用。我担心这样下去，每天夜里都会有宰杀。时间一长，这会导致浪费很多人力、物力、精力。你们想想，朕能因为一时的饥饿而开启无止境的杀戮吗？

作为组织的制度设计者，组织运转流程既要详细完备也要便于管控，做到全面且科学。在管理员工方面，既要强调竞争也要关注员工的内心需求。在决策上也要结合形势，分清轻重缓急。

八、柔弱处上

人之生也柔弱，其死也坚强。万物草木之生也柔脆，其死也枯槁。故坚强者死之徒，柔弱者生之徒。是以兵强则不胜，木强则兵。强大处下，柔弱处上。

刚强的东西趋向于死，柔弱的东西趋向于生。人活着的时候，面色红润，身体也非常柔韧有弹性，行动也很灵活自如，但是人死了以后，身体就开始变得坚硬僵直了。人是这样，动物是这样，植物也是这样。植物生长的时候，绿色葱茏，枝条柔嫩，但是死了以后，干枯衰弱，残枝败叶。因此，老子说，当人活着的时候，他的身体十分柔软灵活，但是死了以后身体就会变得枯槁僵硬。万物草木生长的时候形体是柔软脆弱的，死了之后就变得干枯残败了。因此，坚强的东西属于死亡的一类，柔弱的东西属于生长的一类。所以，用兵逞强就会招致灭亡，树木强大就会遭致砍伐摧折。“下”是指劣势。“上”是指优势。凡是刚强的往往处于劣势，而柔弱的往往能处于优势。

刘向《说苑·敬慎》中记载：常枞生病了，而且病得很厉害。老子前去看望他，问道：“老人家怎么病得如此严重，有什么遗教需要转告弟子吗?”常枞对老子说：“你就是不问，我也要告诉你了。你经过故乡要下车，你能记住吗?”老子回答：“哦，我经过故乡需要下车，就是要我们不忘本。”常枞说：“对呀。”又对老子说：“看到大的树就迎上前去，你知道吗?”老子说：“我看到大树就迎上去，就是要我们尊敬长辈。”常枞说：“是这样的。”最后，他又张开嘴给老子看了看，问道：“你仔细看一下我的舌头还在吗?”老子说：“当然还在。”常枞又问：“我的牙齿还有吗?”老子说：“早就没有了。”常枞又问老子：“你知道是什么原因吗?”老子回答说：“那舌头之所以存在，难道不是因为它是柔软的吗？牙齿早不存在了，难道不是因为它是坚硬的吗?”常枞说：“你悟得很深！我其他也没有什么可以转告你的了。”《菜根谭》中说：“舌存常见齿亡，刚强终不胜柔弱。”

据说，齐国的国君要封扁鹊为“天下第一神医”，但是扁鹊坚决不接受，说自己并不是天下第一。扁鹊说：我的两个哥哥医术都比我高明。国王闻之非常不解，问道：既然你两个哥哥的医术都在你之上，为何这二人名不见经传？扁鹊答道：“我二哥扁雁能够治大病于小恙，并且在那些重大疾病只出现微小症状的时候就能加以诊断并及时根治了。所以他只是在家乡的村里小有名气，而村里人知道有小毛病可以去找二哥。而大哥扁鸿的医术更加出神入化，能够防病于未然，只要看人一眼就可以判断出这个人可能会得什么毛病，然后在其得病之前就及时治疗。所以只有家里人知道大哥的医术最高明，连村里人都不知道大哥的水平。他们两个都很低调，其实医术都比我高。只有我扁鹊，既不能治大病于小恙，又不能防病于未然，等到我妙手回春的时候，病人已经病入膏肓了，所以我那两个没有名气的哥哥才是真正的神医，而我只是名满天下的名医而已。

人是这样，动物也是这样。有一种叫刺鲀的鱼，看起来很弱小，但它一旦受到攻击时就会胀大肚子，伸展开身上所有的刺，强大的鲨鱼有时候会把刺鲀一口吞下，但肚皮往往会被刺鲀刺破，然后刺鲀从鲨鱼肚里逃生，时间不久，鲨鱼就会死掉。

据说行军蚁很厉害，它们生活在亚马逊河流域，喜欢群体生活，一般一群有一二百万只。它们每天都在不断地迁移，所以叫行军蚁，白天行走，晚上抱成一个巨大的蚂蚁团。行军蚁其实都比较小，他们如果碰到沟壑就抱成团，像大的球一样滚下去，连接到对岸，形成一个蚁桥，然后让大军通过，场面壮观。它们能吃掉比它们身体大上百倍、千倍的蟋蟀、蚱蜢等，据说甚至一头猪或者豹子碰到行军蚁，半天之内也能被吃得只剩下骨头。行军蚁让其他动物胆战心惊，可以说是战无不胜。

西晋刘琨在《重赠卢谌》中说："朱实陨劲风，繁英落素秋。狭路倾华盖，骇驷摧双辀。何意百炼刚，化为绕指柔。"意思是红透的果子在凛冽的寒风中坠地，繁茂的花儿在霜降的秋天里凋落。世途险恶在狭路上翻了车辆，折断了车辕惊骇了驾车的宝马。怎么也不会想到百炼的钢铁梁子，如今变成可以在指头上缠绕的柔丝。

柔弱的东西往往也是比较灵活的，在面对环境的变化时，能轻易地改变自己以生存。管理也是如此，面对复杂多变的环境，敏锐的管理者会迅速做出反应，灵活调整组织战略来应对形势。当今社会，对管理者能适时调整的要求更高。

九、柔之胜刚

天下莫柔弱于水，而攻坚强者莫之能胜，其无以易之。弱之胜强，柔之胜刚，天下莫不知，莫能行。是以圣人云，受国之垢（gòu），是谓社稷主；受国不祥，是为天下王。正言若反。

弱能够胜强，柔能够胜刚。天下最柔软的莫过于水了，但攻坚克强却没有什么东西能够比过水的，因此水是没有事物可以代替得了的。弱小的能够战胜强大的，柔软的能够战胜刚强的，天下没有人不懂得这个道理，但也没有人能这样做。因此有道的人说：能够承担国家的屈辱，才能够称得上是国家的君主；能够为国家承受祸患的人，才配做天下的君王。好像是正话在反说一样。

水，与人和社会生活各方面都有紧密的联系。远古洪荒，具有野蛮的原始力量。但也有以水传情的一面，比如千古绝唱《蒹葭》中的一段："蒹葭苍苍，白露为霜。所谓伊人，在水一方。溯洄从之，道阻且长。溯游从之，宛在水中央。"大片的芦苇青苍苍，清晨的露水变成霜。我所怀念的心上人啊，就站在对岸河边上。逆流而上去追寻她（他），追随她（他）的道路险阻又漫长。顺流而下寻寻觅觅，她（他）仿佛在河水中央。

《孟子·告子章句》中，孟子借水比喻人性：告子曰："性犹湍水也，决诸东方则东流，决诸西方则西流。人性之无分于善不善也，犹水之无分于东西也。"孟子曰："水信无分于东西，无分于上下乎？人性之善也，犹水之就下也。人无有不善，水无有不下。今夫水，搏而跃之，可使过颡（sǎng）；激而行之，可使在山。是岂水之性哉？其势则然也。人之可使为不善，其性亦犹是也。"告子说："人性好比急流的水，东方开了缺口就朝东流，西方开了缺口就朝西流。人性是不分善和不善的，就好比水性不分东流或者西流一样。"孟子说："水性的确不分朝东流或者朝西流，难道也不分朝上流或者朝下流吗？人性的善良，就好比水朝下流。人没有不善良的，水没有不朝下流的。现在那儿有一汪水，拍它而让它涌起来，可以高过额角；汲水使它倒流，可以引上高山。这难道是水的本性吗？这是某种形势让它这样罢了。人之所以能够做坏事，它的本质也就是这样。"

《劝学》中说："故不积跬步，无以至千里；不积小流，无以成江海。骐骥一跃，不能十步；驽马十驾，功在不舍。锲而舍之，朽木不折；锲而不舍，金石可镂。"因此，不积累一步半步的行程，就没有办法到达千里之远；不积累细小的流水，就没有办法汇成江河大海。骏马一跨跃，也不足十步远；劣马拉车走十天也能到达，它的成绩来源于走个不停。如果刻几下就停下来了，那么腐烂的木头也刻不断。如果不停地刻下去，那么金石也能雕刻成功。子曰："知者乐水，仁者乐山。知者动，仁者静；知者乐，仁者寿。"（《论语·雍也》）意思是说仁爱的人像山一样平静，一样稳定，不为外在的事物所动摇，他以爱待人接物，像群山一样向万物张开双臂，站得高，看得远，宽容仁厚，不役于物，也不伤于物，不忧不惧，所以能够永恒。

钱穆先生在《论语新解》中说："首明仁知之性。次明仁知之用。三显仁知之效。然仁知属于德性，非由言辞可明，故本章借山水以为形容，亦所谓能近取譬。盖道德本乎人性，人性出于自然，自然之美反映于人心，表而出之，则为艺术。故有道德者多知爱艺术，此二者皆同本于自然……此之谓美善合一，美善合一之谓圣。圣人之美与善，一本于其心之诚然，乃与天地合一，此之谓真善美合一，此乃中国古人所倡'天人合一'之深旨。学者能即就山水自然中讨消息，亦未始非进德之一助。"

五行即金木水火土。五行相生相克，其中的水主智，其性聪，其情善，其味咸，其色黑。《三命通会》中也对五行中的水进行了论述，指出"水之性润下，顺则有容"。《孟子·离娄上》中，孟子曰："为政不难，不得罪于巨室。巨室之所慕，一国慕之；一国之所慕，天下慕之；故沛然德教溢乎四海。"孟子说的是什么意思呢？治理政事其实并不难，只要不得罪那些卿大夫家族就可以了。世家大族所仰慕的，一个国家的人都会仰慕；一个国家的人所仰慕的，普天下之人都会仰慕；因此就像大雨遍布一样，人生规律的教化就会到达四海。

《管子·水地》是关于水性的阐述。"地者，万物之本原，诸生之根菀也，美恶、贤不官、愚俊之所生也。水者，地之血气，如筋脉之通流者也。故曰：水，具材也。"意思是，地是万物的本原，是一切生命植根的地方，美与丑，贤与不肖，愚蠢无知与才华出众都是由它产生的。水则是地的血气，它像人身的筋脉一样，在大地里流通着。所以说，水是具备一切的东西。“何以知其然也？曰：夫水淖弱以清，而好洒人之恶，仁也；视之黑而白，精也；量之不可使概，至满而止，正也；唯无不流，至平而止，义也；人皆赴高，己独赴下，卑也。卑也者，道之室，王者之器也，而水以为都居。”意思是，怎样了解水是这样的呢？回答说：水柔弱而且清白，善于洗涤人的秽恶，这是它的仁。看水的颜色虽黑，但本质则是白的，这是它的诚实。计量水不必使用平斗斛的概，满了就自动停止，这是它的正。不拘什么地方都可以流去，一直到流至平衡而止，这是它的义。人皆攀高，水独就下，这是它的谦卑。谦卑是“道”的所在，是帝王的气度，而水就是以“卑”作为聚积的地方。“人，水也。男女精气合，而水流形。三月如咀。咀者何？曰五味。五味者何？曰五藏。酸主脾，咸主肺，辛主肾，苦主肝，甘主心。五藏已具，而后生肉。脾生隔，肺生骨，肾生脑，肝生革，心生肉。五内已具，而后发为九窍。脾发为鼻，肝发为目，肾发为耳，肺发为窍。五月而成，十月而生。生而目视，耳听，心虑。目之所以视，非特山陵之见也，察于荒忽。耳之所听，非特雷鼓之闻也，察于淑湫。心之所虑，非特知于粗粗也，察于微眇，故修要之精。”意思是，人也是水生成的。男女精气相合，而由“水”流布成人的形体胚胎。胎儿满三个月就能够含味。什么是含味呢？含味就是含收五味。什么是五味呢？五味是生成五脏的。酸管脾脏，咸管肺脏，辣管肾脏，苦管肝脏，甜管心脏。五脏都已具备，然后才生出五种内部组织。脾生膈膜，肺生骨骼，肾生脑，肝生革，心则生肉，五种内部组织都已具备，然后发生为九窍，从脾发生鼻，从肝发生目，从肾发生耳，从肺发生其他孔窍。满五个月，形体完成；满十个月，婴孩就生出来了。生出来后，目就能看，耳就能听，心就能思虑。目所能看到的，不仅是山岳丘陵，也能看到荒忽的东西；耳所能听到的，不仅是雷鸣鼓响，也能听到细小的声音；心所能想到的，不仅是大的事物，也能想到细微的情况。所以，水聚集在玉中就生出玉的九种品德。水凝聚留滞而成为人，就生出九窍和五虑。这就是水的精、粗凝聚，能存而不能亡的例子。

柔性管理也可理解为人性化管理。它更多的是关注人的个体。在疫情影响下，尤其是一些外派员工常年在国外工作，回国困难。企业需要在福利、人员调配、家属关怀等方面给予外派员工支持。

十、报怨以德

和大怨，必有余怨，安可以为善？是以圣人执左契，而不责于人。有德司契，无德司彻。天道无亲，常与善人。

这一章老子依然是讲统治者与百姓之间的矛盾。“大怨”从字面意思理解就是深刻重大的冤仇，就是人和人之间结下的深仇大恨，“余怨”是什么呢？就是难以消除的以至于长年累月沉积到心底的怨恨。很大的仇怨虽然经过调解了，但总还是留有余怨的，最好的解决办法是什么呢？接下来的两句话有两个词需要解释一下，“左契”是债权人所持的契约。古时候以竹木简为契约，分为左右两片，债权人执左片，故称左契。这是债权人向债务人索债的凭证。“司契”是指古时候贵族所用的管账人。因此，有道的人保存借据的存根，但并不以此强迫别人偿还债务。有德的人就像持有借据的人那样宽容不索取，没有德的人就像掌管税收的人那样苛刻刁诈。司契就是按照契约、法规办事。司彻是指税收的人，当时有一些收税人员常常利用自己手中的权力漫天要价、中饱私囊。不分亲疏，而常常伴随有德行的善人。不明白如何处理契约，即人与人之间的关系，是会形成大的仇怨的。

笛安在《西决》中说：“仇恨，是种类似于某些中药材的东西，性寒、微苦，沉淀在人体中，散发着植物的清香。可是天长日久，却总是能催生一场又一场血肉横飞的爆炸。核武器、手榴弹、炸药包，当然还有被用作武器的暖水瓶，都是由仇恨赠送的礼品盒，打开它们，轰隆一声，火花四溅，浓烟滚滚，生命以一种迅捷的方式分崩离析。别忘了，那是个仪式，仇恨祝愿你们每个带着恨意生存的人，快乐。”

苏联著名作家叶夫图申科写的《提前撰写的自传》里面叙述了一个故事：1944 年的冬天，莫斯科异常的寒冷，德国战俘大约两万人，排成了纵队，从莫斯科的大街上穿过。尽管天空中飘着一片一片的雪花，但是马路的两边还是挤满了很多围观的人群，很多的苏军士兵和治安警察在战俘和围观者之间画了一道警戒的黄线，防止德军战俘遭到围观的愤怒的群众的攻击。这些老老少少的围观者大部分来自莫斯科，还有一些妇女。她们之中的每一个人的亲人，或者父亲，或者丈夫，或者兄弟，或者儿子，都被德军杀害。她们都对德寇有不共戴天的仇恨。当这么多的德军俘虏出现在这些妇女们的眼前时，她们的牙齿都咬碎了，双手拳头都攥着，她们都想不顾一切地冲上前去拼命，苏军士兵和警察竭力阻拦了她们把这些刽子手撕成碎片。俘虏们这个时候都低垂着头，胆战心惊地从围观群众的面前慢慢走过。突然，一位上了年纪的妇女冲出了围观的人群，请求警察允许她走进警戒线去好好端详这些俘虏。警察看着她满脸慈祥，也没有什么恶意，就答应了她的请求。于是，她来到了俘虏身旁，颤巍巍地从怀里掏出了一个印花布包，里面是一块黝黑的面包，她把这块黝黑的面包硬塞到了一个疲惫不堪的年轻俘虏的衣袋里。年轻俘虏怔怔地看着面前的这位妇女，刹那间已泪流满面。这个年轻俘虏扔掉了双拐，“扑通”一声跪倒在了地上，并重重地磕了几个响头。其他战俘可能受到了感染，都接二连三地跪了下来，都拼命地向围观的妇女磕头。于是，整个人群中愤怒的气氛一下子全改变了。所有在场的妇女们都被眼前的一幕深深感动，纷纷涌向俘虏，把面包、香烟等东西塞给了这些曾经是自己仇人的战俘。叶夫图申科在故事的结尾写了这样一句话：“这位善良的妇女，刹那之间便用宽容化解了众人心中的仇恨，并把爱与和平播种进了所有人的心田。”

酒壑盛人在《芊泽花》中说：“仇恨不是报了就能化解的。因为那些记忆已烙在心，随你的血肉漫延一生。报仇不过是一种安慰的形式，它带给人快感，之后却是无穷无尽的寂寞和黑暗。用残忍的血腥，是无法洗去仇恨的。那只能让你本是光鲜的双手，再也洗不脱斑斑血迹。”

《耆那教圣典》中说：“一个宽宏大量的人，他的爱心往往多于怨恨，他乐观愉快、豁达、忍让而不悲伤、消沉、焦躁、恼怒；他对自己的伴侣和亲友的不足处，以爱心劝慰，述之以理，动之以情，使听者动心、感佩、尊从，这样他们之间就不会存在感情上的隔阂、行动上的对立、心理上的怨恨。”

管理者要做好情绪的控制，这是管理者区别于一般员工的重要特征。明智的领导者会隐藏自己的情绪，避免发生辱虐管理的状况。工作与生活是分开的，将情绪带入工作只会让两者更糟。小不忍则乱大谋。做好情绪的控制，这是对管理者的告诫。

参考文献

[1]（美）马歇尔·戈德史密斯，劳伦斯·S. 莱昂斯，莎拉·麦克阿瑟.《领导力教练：世界著名企业教练们的实践心得》[M]. 北京：机械工业出版社，2013.

[2]（美）约翰·C. 麦克斯韦尔.《领导力 21 法则系列大全集》[M]. 上海：文汇出版社，2017.

[3]（美）拉姆·查兰，斯蒂芬·德罗特，詹姆斯·诺艾尔.《领导梯队：全面打造领导力驱动型公司》[M]. 北京：机械工业出版社，2011.

[4] 杨思卓.《新领导力》[M]. 北京：北京大学出版社，2015.

[5]（日）稻盛和夫.《领导者的资质》[M]. 北京：机械工业出版社，2014.

[6] 杜大宁.《道法自然：至善至美的道学智慧》[M]. 北京：新世界出版社，2011.

[7] 王贵水.《道家的生存之道》[M]. 北京：海潮出版社，2011.

[8] 老子（著），魏亚（整理）:《道德经》[M]. 沈阳：万卷出版公司，2010.

[9]（美）彼得·德鲁克.《卓有成效的管理者》[M]. 北京：机械工业出版社，2018.

[10]（德）施万费尔德.《以静制动：老子管理学》[M]. 上海：上海译文出版社，2009.

[11] 苏勇.《中国企业伦理重建：经营绩效与社会责任》[M]. 北京：东方出版中心，2008.

[12] 葛荣晋.《中国管理哲学导论》[M]. 北京：中国人民大

学出版社，2007.

［13］韦明辉.《道德经智慧新解》［M］. 北京：地震出版社，2007.

［14］申明，柯琳娟.《国学管理》［M］. 南昌：江西人民出版社，2007.

［15］张应杭.《东方管理智慧》［M］. 厦门：鹭江出版社，2007.

［16］兰喜并.《老子解读》［M］. 北京：中华书局，2005.

［17］黎红雷.《中国管理智慧教程》［M］. 北京：人民出版社，2006.

［18］成刚.《利益相关人与企业伦理》［M］. 上海：华东理工大学出版社，2006.

［19］杨先举.《老子管理学》［M］. 北京：中国人民大学出版社，2005.

［20］周祖城.《企业伦理学》［M］. 北京：清华大学出版社，2015.

［21］曾仕强.《中国式管理》［M］. 北京：中国社会科学出版社，2005.

［22］王学义.《企业员工伦理培训读本》［M］. 成都：西南财经大学出版社，2004.

［23］王学义.《21 世纪新公司塑造：企业伦理学》［M］. 成都：西南财经大学出版社，2004.

［24］蒋信柏，杨林.《道德经》［M］. 北京：蓝天出版社，2004.

［25］苏勇.《管理伦理学》［M］. 北京：机械工业出版社，2017.

［26］戴木才.《管理的伦理法则》［M］.. 南昌：江西人民出版社，2001.

［27］欧阳润平.《义利共生论——中国企业伦理研究》［M］. 长沙：湖南教育出版社，2000.

［28］孙钱章.《现代领导方法与艺术》［M］. 北京：人民出版社，1998.

［29］阮忠.《道家的智谋》［M］. 武汉：武汉测绘科技大学出版社，1998.

[30] 许启贤，苑立强.《管理与道德》[M]. 太原：山西教育出版社，1992.

[31] 陈鼓应.《老子注释及评介》[M]. 北京：中华书局，1984.

[32] Danile Goleman，Chen Jialing. What Makes a leader：Why emotional intelligence matters [M]. Changsha：Hunan Literature and Art Publishing House，2018.

[33] John. C. Maxwell，Lu Weijun，Lu Benfu. Rule 21 of leadership [M]. Shanghai：Wenhui Press，2017.

后　记

《道德经》是我偶然拾得的，随意翻阅，便爱不释手。对《道德经》的解读不下百家，不同的专业背景的人对它都有不同的理解。我是研究管理学方面的，因此，我就用管理学的眼光来审视它、诠释它。《道德经》是一本讲“道”的书，而“道”也被视为中国式管理的核心内容。《道德经》就是中国式管理的经典著作，其中以人为本的管理理念、无为而治的管理原则、人尽其才的人力资源管理策略、道法自然的管理艺术与方法和上善若水的管理智慧等都值得管理者和管理学研究者深入思考、借鉴与研究。当今时代，人类的社会活动复杂，组织间的竞争环境激烈，各行各业都对管理有更高水平的需求。鉴于此，我希望通过对《道德经》的解读，归纳出其中的管理思想，抛砖引玉，提出一些有关当代管理的创新性见解，为受众拨开迷雾并获得启迪。

写作之初，我得到了冒建华教授的大力支持，沾溉良多。冒建华教授从著作选题、文献查阅、内容理解等方面都给予了悉心指导，在此表示崇高的敬意。关于《道德经》一书，我阅读了几十遍，结合我所知的管理学的理论，最终定下了本书的结构。本书从宏观到微观，列出了《道德经》中所蕴含的管理总则，阐释了管理的目的与意义，接着从管理者素养角度阐述领导者修身的方式与重要性，比如见素抱朴、明白四达等。然后进一步归纳了《道德经》中涉及的管理思想、方式、伦理和策略。无论处于何种复杂的管理环境，都有相应的方式予以应对。并在最后提出领导方式与管理创新，注重实践，与时俱进。这些内容基本涵盖了管理学的方方面面，对各组织的管理活动有很强的指导意义。在编写中，我用了一些实例和故事来帮助读者更好地理解，力求用精练的语言达到深刻的立意、内容的翔实、通俗易懂，最终在受众的脑海中可以清晰地构建出一个系统的《道德经》的管理学知识框架。

在本书付梓之际，我要感谢老师、同学、朋友以及家人给我的激励与关心、帮助与支持。首先要感谢我的父母。他们含辛茹苦将我养大，从我咿呀学语到如今成为一名研究生，他们将所有的爱都倾注在我的身上，我走的每一步都饱含了他们的辛劳，我也从他们身上学到了很多为人处世与求学治学的方式方法，让我敢于面对困难与挑战，他们永远是我继续前行的动力。三言两语也无法表达我的心情，此刻我虽不在他们身边，但在我写下这段话时，无数关于他们的回忆涌入我的脑海，我只想对他们说，因为有你们，我感觉我是最幸福的人。其次，我要感谢在香港浸会大学研究生学习期间遇到的好老师们。他们是刘文斌、李文、肖何、赵磊、杨易淳、李华强、王莹，胡喆华、陈锦霖、黄磊等老师，老师们渊博的知识，严谨治学的态度，诲人不倦的师德，端庄优雅的人格魅力，对我的影响都比较深远。攻读研究生期间，他们倾囊相授，耐心细致地为我解答问题，给我创作提供了很多广阔的思路，受益匪浅。在此对我的老师们表示衷心的感谢与祝福。最后，我还要感谢在香港浸会大学求学期间遇到的同学和朋友们，他们是曾倩、魏磊、黄黎伟、刘祎晨、马潇逸、张颖思等，感谢他们的陪伴，给我带来了许多的欢乐和美好的回忆。

此外，我还要向每一位在国学与管理学上做出贡献的学者表示感谢，他们在此领域上的探索给人类留下了宝贵的精神财富。我越是研究前人的成果就越感觉到自己的渺小，学无止境，我会永远在探索知识的道路上走下去。

2022年2月14日

钱汶杰

于珠海市香洲区